Thomas Jäger
Verena Diersch
Stephan Liedtke

# Was Europa wissen darf

## Die Geheimdienste der USA und die europäische Politik

orell füssli Verlag

Orell Füssli Verlag, www.ofv.ch


Umschlaggestaltung: Hauptmann & Kompanie Werbeagentur, Zürich
Druck und Bindung: CPI books GmbH, Leck

978-3-280-05724-7

---

Die Deutsche Nationalbibliothek verzeichnet diese Publikation in der Deutschen Nationalbibliografie; detaillierte bibliografische Daten sind im Internet unter www.dnb.de abrufbar.

MIX
Papier aus verantwortungsvollen Quellen
FSC www.fsc.org
FSC® C083411

# Inhalt

# Einleitung

Auf den ersten Blick ist die Europäische Union eine internationale Großmacht. Über 500 Millionen Menschen erarbeiten fast ein Viertel des Welt-Bruttosozialprodukts. Einige ihrer Regierungen sind in den G7, G20 und dem Sicherheitsrat der Vereinten Nationen vertreten. In vielen internationalen Organisationen, dem Internationalen Währungsfonds, der Weltbank oder der Welthandelsorganisation spielen sie eine wichtige Rolle. Entsprechend reklamieren die EU-Regierungen, ein »Hauptakteur auf dem internationalen Parkett« (Europäischer Rat 2019) zu sein. Dort möchten sie den europäischen Weg aus Demokratie, Multilateralismus und sozialer Gerechtigkeit durchsetzen. Deshalb versprachen die EU-Regierungen unter anderem im Mai 2019:

> *»Europa wird seine globale Führungsrolle verantwortungsbewusst wahrnehmen. Die Herausforderungen, mit denen wir heute konfrontiert sind, betreffen uns alle. Wir werden auch künftig mit unseren Partnern in der Welt zusammenarbeiten, um die regelbasierte internationale Ordnung aufrechtzuerhalten und weiterzuentwickeln, um neue Handelsmöglichkeiten optimal auszuschöpfen und globale Fragen wie die Bewahrung unserer Umwelt und die Bewältigung des Klimawandels gemeinsam anzugehen.« (Europäischer Rat 2019)*

Das will auch die Ende 2019 ins Amt gelangte neue Europäische Kommission, die sich selbst als »geopolitische Kommission« bezeichnet, zu deren selbstgesetzten Aufgaben es gehört, den technologischen Wandel anzuführen und die Klimapolitik weltweit durchzusetzen – freilich auf Augenhöhe mit den USA und China (Ladurner 2019). Die EU-Staaten wollen die internationale Ordnung mitgestalten. Dabei wurde ihnen in den letzten Jahren aber immer deutlicher bewusst, dass sie dies nicht nur im Bündnis mit anderen Staaten, sondern auch gegen sie und gegen deren Entwürfe für eine neue internationale Ordnung durchsetzen müssen. Bundeskanzlerin Merkel forderte: »Wir Europäer müssen unser Schicksal wirklich in unsere eigene Hand nehmen.« (Handelsblatt 2017)

Wir wollen uns hier nicht mit der Frage beschäftigen, warum es nach der ersten selbstbewussten Feststellung, die EU wolle mit den USA auf Augenhöhe globale Politik umsetzen – wie sie in der Europäischen Sicherheitsstrategie von 2003 getroffen wurde (Jäger/Höse/Oppermann 2005) –, vierzehn Jahre gedauert hat, diese Schlussfolgerung zu ziehen. Vielmehr interessiert uns, ob die EU auf einem bestimmten Gebiet, dem von Information und Wissen, wie es Geheimdienste ihren Regierungen bereitstellen, überhaupt dazu in der Lage ist (Jäger/Daun 2009). Denn über derartiges Wissen müssen Regierungen aus eigener Kraft verfügen, wenn sie souveräne, informierte und vertretbare Entscheidungen treffen wollen. Den Geheimdiensten kommt die wichtige Aufgabe zu, Regierungen mit korrekten Informationen und präzisem Wissen zu versorgen. Dieses Produkt nennt man »Intelligence«. Sie wird den Regierungen in einem Kreislauf von Beauftragung, Sammlung von Informationen, Verarbeitung, Analyse und Aufbereitung als Einschätzung der Lage zur Verfügung gestellt. Um deren Bedeutung in ihrer Komplexität zu erfassen, ist es nötig, sich einmal konzentriert zu vergegenwärtigen, was Intelligence eigentlich bedeutet.

Intelligence ist sowohl Prozess als auch Ergebnis einer bürokratischen Koordination von Behörden. Deren Ziel ist es, der politischen Führung auf der Basis öffentlich zugänglicher oder auf geheimem Weg erschlossener Informationen Kenntnis von allen Vorgängen zu vermitteln, die von Bedeutung für den Schutz der vorherrschenden gesellschaftlichen Werte und die Umsetzung der entsprechend definierten Ziele sind. Gleichzeitig sollen die möglichen Folgen des eigenen und fremden Verhaltens abgeschätzt werden. Darüber hinaus sollen eigene Positionen, Entscheidungen und Fähigkeiten anderen verborgen bleiben, wofür die Spionageabwehr Sorge zu tragen hat. Schließlich sollen alle anderen Akteure davon abgehalten werden, auf den Gebieten Kenntnis über die Wege der eigenen Informationsgewinnung zu erlangen, wo dies nach dem Willen der politischen Führung verweigert werden soll (angelehnt an Jäger/Daun, 2005, S. 57).

Zwei Beispiele verdeutlichen die Bedeutung von Intelligence: Im Juni und Juli 2019 gerieten die USA und der Iran mehrfach an den Rand einer militärischen Auseinandersetzung. US-Präsident Donald Trump war zum Militärschlag gegen den Iran bereit, bevor er diesen Entschluss kurz vor seiner Ausführung wieder revidierte. Doch was war in der Straße von Hormuz und beim dortigen Abschuss einer amerikanischen Drohne wirklich geschehen? In solchen Lagen ist eine objektive Wahrheit das erste Opfer und jede Seite trägt ihre eigene Version der Geschehnisse vor. Hatten die EU-Staaten ein eigenes Lagebild, das sie zu einer informierten Entscheidung in dieser konkreten Situation befähigte? Waren sie auf Informationen Dritter angewiesen? Konnten sie überprüfen, welche Handlungen wann und wie, wo und von wem mit welcher Absicht ausgeführt wurden? Ohne dieses Wissen sind Regierungen vom Wissen anderer abhängig und zu keinem unabhängigen Urteil in der Lage. Noch brisanter war die Lage im Januar 2020, als nach der gezielten Tötung des iranischen Generals Soleimani eine militärische Eskalation nicht ausgeschlossen werden konnte.Hatten die EU-Staaten auch hier ein eigenes Lagebild? Oder waren sie auf Wissen Dritter angewiesen?

Der Blick zurück zu den Auseinandersetzungen vor dem Irakkrieg 2003 verdeutlicht ebenfalls, wie wichtig eigenes Wissen ist. Denn damals behauptete die amerikanische Regierung, der Irak strebe nach Massenvernichtungswaffen (Jäger/Viehrig 2008). Sie wollte die Weltöffentlichkeit davon überzeugen, dass eine Staatenkoalition diese Entwicklung verhindern und präventiv vorgehen müsse, weil anderenfalls eine unkontrollierte Bedrohung durch den Irak entstehe. Das gelang sogar zum Teil, denn es kam tatsächlich eine solche Koalition zustande, und eine wichtige Quelle in der Hand des deutschen Nachrichtendienstes BND, »Curveball« genannt, spielte dabei eine unsägliche Rolle (Drogin 2008) bis hin zu Außenminister Colin Powells berühmter Präsentation vor dem Sicherheitsrat der Vereinten Nationen. Denn Curveball, ein irakischer Überläufer, stellte sich bald als Lügner heraus. Aber niemand hatte das Wissen, der amerikanischen Regierung öffentlich das Gegenteil zu belegen. Wissen war Macht – auch wenn es sich im Nachhinein als falsch herausstellte.

Angesichts der politischen Ansprüche der EU und der Volatilität der internationalen Lage stellen sich nun folgende Fragen: Ist die EU nachrichtendienstlich darauf vorbereitet, eine globale Führungsrolle verantwortungsbewusst wahrnehmen zu können, wie sie es von sich selbst behauptet? Ist sie in der Lage, nachrichtendienstlich für ihre eigene Sicherheit zu sorgen? Ist sie in der Lage, ihre Wirtschaft nachrichtendienstlich zu schützen? Ist sie in der Lage, weltweit aufzuklären?

Um diese Fragen zu beantworten, werden wir einige Institutionen und Fähigkeiten vorstellen, die für die EU-Staaten diese Aufgaben bewältigen sollen. Das Ergebnis, so viel sei schon vorab verraten, wird ernüchternd ausfallen. Deshalb schauen wir in einem zweiten Schritt auf den großen Verbündeten der EU, die USA. Sie sind tatsächlich zur weltweiten Aufklärung in der Lage und würden, so könnte man meinen, als als guter und enger Verbündeter der EU ihre Erkenntnisse jederzeit zur Verfügung stellen. Das ist weit gefehlt. Denn alle Geheimdienste, nicht nur die der USA, sammeln und analysieren zwar alle Informationen, die sie erhalten und verarbeiten können. Dann aber wachen sie eifersüchtig über das auf diese Weise erhaltene Wissen. Es gehört ihnen und ihnen allein, bis sie es gegen anderes Wissen tauschen oder im eigenen Interesse weitergeben.

Warum handeln Dienste mit ihrem Wissen nicht freigiebig, zumal wenn sie mit ihren Verbündeten dieselbe Militärorganisation teilen? Erstens schützen sie so ihre Quellen und Methoden. Niemand soll von der Art des erworbenen Wissens darauf schließen können, wie es erworben wurde beziehungsweise woher man weiß, was man weiß. Zweitens sind Informationen und Wissen das zentrale Tauschgut: Wer etwas haben will, muss etwas geben. Asymmetrien der jeweiligen geheimdienstlichen Fähigkeiten schlagen so direkt und wuchtig auf die Handlungschancen jeder Regierung durch. Wer mehr weiß, sieht mehr, kann vorausschauender handeln und sich am Ende durchsetzen. Wer nichts weiß, muss sehen, wo er bleibt, und ist deshalb gezwungen, sich auf das Wissen anderer zu verlassen.

Als der Ost-West-Konflikt überwunden war, strebten viele politische Kräfte die Reduzierung, manche sogar die Abschaffung von Nachrichtendiensten und Sicherheitsorganen an. Jetzt, fast dreißig Jahre später, ist festzuhalten, dass diese Organisationen für ihre Regierungen noch wichtiger wurden, als sie es in der zweiten Hälfte des letzten Jahrhunderts schon gewesen waren. Die internationale Ordnung ist derzeit noch volatiler, stärker von Brechungen und überraschenden Entwicklungen geprägt. Wissen ist damit noch wertvoller geworden. Auch und gerade im transatlantischen Verhältnis, das seit der Wahl von Donald Trump vor ganz besonderen Herausforderungen steht.

Die NSA-Affäre (Deutscher Bundestag 2018) – für die sein Vorgänger Barack Obama verantwortlich gemacht wurde – hat tiefe Einblicke in die nachrichtendienstlichen Beziehungen zwischen den USA und den EU-Staaten eröffnet. Die (Selbst)Täuschung mancher europäischen Regierung im Nachgang der Enthüllungen durch Edward Snowden, die USA würden das Fenster für vertiefte Kooperationen sehr weit öffnen, schob die empörte öffentliche Meinung über diese Krise hinweg. Aber daran dachte in Washington niemand ernsthaft. Zusammenarbeit und gegenseitiges Spionieren gehören im nachrichtendienstlichen Metier zusammen. Die USA sind der EU in diesen Fähigkeiten meilenweit überlegen. Das gestaltet das ohnehin schon asymmetrische transatlantische Verhältnis wesentlich mit, in dem die EU-Staaten zur Gewährleistung ihrer Sicherheit und zur Absicherung ihres regionalen Umlandes – gegenüber Russland, im Nahen und Mittleren Osten und Nordafrika – auf die USA angewiesen sind. Selbst im NATO-Verbund sind die europäischen Staaten ohne die USA handlungsunfähig.

Eine wesentliche Voraussetzung, um außen-, sicherheits- und wirtschaftspolitisch handlungsfähig zu sein, besteht darin, über das entsprechende Wissen zu verfügen. Die amerikanischen Geheimdienste erfüllen diese Aufgabe gegenüber ihrer Regierung dabei effizienter und effektiver als die europäischen. Das liegt im Wesentlichen daran, dass diese über die Koordinierung ihres Vorgehens nicht hinauskommen. Solange ein EU-Nachrichtendienst illusorisch ist – und das ist er unserer Auffassung nach auf absehbare Zeit –, bleiben die EU-Staaten hierbei auf die amerikanischen Fähigkeiten angewiesen.

Die Zusammenarbeit der Dienste ist dabei nicht voraussetzungslos. Vielmehr müssen neben dem politischen Willen, zu kooperieren, auch das gegenseitige Verständnis über Form und Inhalt des sensiblen Austauschs und zudem die materiellen Voraussetzungen gegeben sein. Konkret: Es muss Plattformen geben, auf denen Informationen bearbeitet und getauscht werden können, es muss ein Einverständnis darüber existieren, was erlaubt und was verboten ist, und die Kooperation muss zum beiderseitigen Vorteil erfolgen. Die kulturellen, institutionellen und technologischen Voraussetzungen für eine enge geheimdienstliche Zusammenarbeit müssen dabei immer wieder neu hergestellt werden, denn die Bedingungen dafür können sich ändern. Ein Beispiel: Die Aufregung in Deutschland war groß, als bekannt wurde, dass die Bundesregierung die USA im Irakkrieg mit geheimdienstlichen Hinweisen zur Auswahl von Bombenzielen unterstützt hatte (Leyendecker/Krach 2010). Die Solidarität nach den Anschlägen vom 11. September 2001, die einen Einsatz der Bundeswehr in Afghanistan bedeutete, schlug angesichts der amerikanischen Ambitionen, den Irak militärisch anzugreifen, in tiefe Abneigung um. Das hatte Rückwirkungen auf die gesellschaftliche Bereitschaft, den Austausch sensibler Informationen für gerechtfertigt zu halten. Es liegt nicht offen zutage, inwieweit eine solche Entwicklung am Ende Regierungen tatsächlich davon abhält, entsprechend zu handeln, oder ob sie es vielleicht nur besser vor ihrer eigenen Bevölkerung verbergen müssen. Die politischen Kosten jedenfalls können steigen, was Regierungen für gewöhnlich zu vermeiden suchen.

Um zu ermessen, wie die Beziehungen zwischen der EU und den USA beschaffen sind, wenn geheimdienstliche Kooperation und Konkurrenz im Spiel sind, müssen die Institutionen, ihre Programme und Fähigkeiten betrachtet werden. Dabei konzentrieren wir uns auf die EU-Ebene und betrachten die Beziehungen zu einzelnen Diensten in den EU-Staaten nur von Fall zu Fall. Denn ihnen sind die amerikanischen Dienste noch stärker überlegen. Nur gemeinsam könnten die EU-Staaten ausreichende Ressourcen versammeln, um als globaler Akteur gelten zu können. Aber das, so wird sich zeigen, gelingt ihnen nicht. Deshalb wird die Frage, was Europa wissen darf, vielfach in Washington beantwortet.

# I. Europäische Sicherheitskooperation – eine Bestandsaufnahme

## 1. Sicherheit im Wandel

Der Ruf nach mehr Kooperation auf dem Gebiet der Sicherheit erschallt in der Europäischen Union immer dann besonders laut, wenn die Prävention versagt hat und eine Gefahr nicht abgewendet werden konnte. Dann ist die öffentliche Aufmerksamkeit wieder auf die mangelhafte Zusammenarbeit gerichtet und es wird gefragt, warum die Gefahren nicht erkannt und abgewehrt werden konnten. Die terroristischen Anschläge von 2015 in Paris und 2016 in Brüssel, die Furcht vor der Ausbreitung von Ebola, die Folgen des selbst herbeigeführten Staatszerfalls in Libyen – aber auch ganz generell die Furcht vor der Vielfalt terroristischer Handlungsmöglichkeiten, gerade auch in Verbindung mit organisierter Kriminalität, dem Menschen-, Drogen- und Waffenhandel –, werden geradezu ritualisiert mit der Forderung nach mehr Sicherheitskooperation beantwortet. Sie gilt als effiziente und effektive Antwort auf die vielfältigen Sicherheitsgefahren; und sie ist die Antwort, die bisher nicht gegeben wird. Denn die dafür zuständigen Innenminister sind in der Europäischen Union nicht unbedingt die Speerspitze der Integrationsbemühungen. Sie wachen vielmehr eifersüchtig über ihre jeweiligen Fähigkeiten und Kompetenzen und scheuen sich, davon etwas abzugeben – was die Aufgabe der Sicherheitskooperation in der EU noch herausfordernder macht.

Sicherheit für die eigene Bevölkerung zu garantieren, gilt als die erste und besonders wichtige Aufgabe von Staaten. Es sei daran erinnert: Deren Notwendigkeit wurde ja gerade mit der Schutzaufgabe des Staates erklärt: Um sicher leben zu können, ordnen sich Menschen einem Gemeinwesen unter. Diese Gewährleistung von Sicherheit bezog sich lange Zeit insbesondere auf die nationale Sicherheit, die als Sicherung von staatlichen Grenzen und des eigenen Territoriums vor äußeren Angriffen verstanden wurde. Sicherheit wird mittlerweile aber nicht mehr zuerst und allein als territoriale Sicherheit wahrgenommen und bewertet, sondern auch als soziale Sicherheit, als ökonomische, ökologische und kulturelle Sicherheit, als Sicherheit der Energieversorgung (Liedtke 2019), als Sicherheit vor den Folgen von Klimawandel und vor Pandemien (Jäger 2015). Terrorismus, Proliferation (Weitergabe von Atomwaffen oder Mitteln zu deren Herstellung) und fragile Staaten, verbunden mit regionalen Konflikten, die ordnungspolitisch lange Zeit missachtet worden waren, formten die sicherheitspolitischen Prioritäten in den Jahren nach den Anschlägen des 11. September 2001 und finden sich seither in den Sicherheitsstrategien der USA wie auch der EU wieder (Jäger/Höse/Oppermann 2005). Terroristische Gruppierungen, Migrationskrisen, die bewaffneten Konflikte an der europäischen Peripherie, die weitgehende Destabilisierung des Nahen Ostens und eine neue Großmachtkonkurrenz zwischen den USA, China und Russland stellen die Europäer vor schwerwiegende Herausforderungen mit erheblicher Relevanz für ihre Sicherheit.

Jedes der genannten Probleme stellt schon für sich genommen eine enorme sicherheitspolitische Herausforderung dar, die Regierungen einzeln und in ihrer Zusammenarbeit an die Grenze der Handlungsfähigkeit treiben. Es reicht heute aber nicht mehr aus, jede einzelne Sicherheitsgefahr für sich zu bearbeiten. Globalisierung und Transnationalisierung ließen die Welt immer enger zusammenwachsen und mehr und unterschiedlichere Akteure international handlungsfähig werden. Die Transnationalisierung ließ gesellschaftliche Gruppen zu international relevanten Akteuren werden, insbesondere auch die großen Unternehmen. Die Globalisierung schweißte sie in Echtzeit und über alle Entfernungen hinweg zusammen. In diesem Zuge verzahnten sich die Sicherheitsgefahren, sodass sie heute wie Zahnräder ineinandergreifen und ein komplexes Gebilde aus Handlungen verschiedenster Akteure, vielfältigen Ursachen und wenig steuerbaren Wirkungen formieren. Ein Beispiel kann die Bandbreite solcher Verzahnung verdeutlichen: Fragile Staaten bieten Gewaltakteuren sichere Territorien, von denen aus sie durch Strukturen organisierter Kriminalität auf ganz unterschiedlichen Feldern, insbesondere dem Drogen-, Menschen- und

Waffenhandel, enorme Profite erzielen können, die wiederum dazu dienen, politische Macht durch unterschiedliche Formen der Gewalt, unter anderem auch durch den in andere Staaten exportierten Terrorismus, zu erwerben. Auf diese Komplexität müssen Staaten reagieren. Mit nationalen Alleingängen ist dabei aber kaum mehr etwas zu bewegen. Da sich traditionelle Sicherheitsinstrumente, insbesondere das Militär, als wenig effektiv gegenüber diesen komplexen Gefahrenlagen erwiesen haben, kann grenzüberschreitend auftretenden Gefahren oft nur durch gemeinsames sicherheitspolitisches Handeln, also mit multilateralem und zivil-militärisch abgestimmtem Vorgehen, effektiv entgegengetreten werden. Einfache Lösungen sehen jedoch anders aus. Und solch komplexes Vorgehen ist mit vielen Hürden versehen, die nicht immer überwunden werden können.

## 2. Informationsmanagement

Wenn gemeinsames Handeln von Regierungen als notwendig angesehen wird und erreicht werden soll, setzt dies gemeinsames Wissen voraus. In der internationalen Politik ist Wissen jedoch fast immer mit Unsicherheit befrachtet. Wer über welche Fähigkeiten verfügt, lässt sich noch einigermaßen feststellen, obwohl es auch da große Unsicherheit und auch Fehleinschätzungen geben kann. Aus welchen Motiven die anderen Staaten handeln, kann man aber nie sicher wissen und wird von Regierungen auch meist unterschiedlich bewertet. Deshalb ist das gemeinsame Informationsmanagement, um zu gemeinsamem Wissen zu gelangen, ein Kernbereich der Sicherheitskooperation und so schwierig zu bewerkstelligen.

Informationen sind allerdings etwas anderes als Wissen. Insbesondere Informationen aus den Bereichen des staatlichen und gesellschaftlichen Lebens, die von den Betroffenen geheim gehalten werden sollen, müssen erst hinsichtlich ihrer Umstände, Motive und Wirkungen interpretiert werden. Wissen bedeutet, Informationen in einen Kontext zu stellen und damit zu bewerten. Es ist das tägliche Geschäft von Geheimdiensten und Polizei, Informationen über Dritte zu sammeln, zu analysieren und gleichzeitig geheim zu halten, wie und woher sie welche Informationen auf welchem Wege erfahren und überprüft haben. Deshalb gilt meistens die Regel des *need to know*. Das bedeutet: Es werden nur diejenigen Informationen an andere Akteure weitergegeben, die für diese unbedingt nötig sind. Und sie werden nur an diejenigen Akteure übermittelt, die es unbedingt wissen müssen. Denn Wissen ist Macht und Informationen eine Währung auf diesem Gebiet (Nolte 2010).

Dabei ist allen Beteiligten klar, dass ein deutlicheres Bild der Gefahren – vom Terrorismus über Schleusung bis zum Waffenhandel – entsteht, wenn alle möglichen relevanten Informationen zusammengetragen würden. Doch funktionierte dies, wie die Anschläge vom 11. September 2001 deutlich belegten (Kean et al. 2004), oft nicht einmal innerhalb derselben Dienste oder zwischen den Organen eines Staates. Die amerikanischen Behörden hatten über die Attentäter vorab ausreichende Informationen, aber sie wussten eben nichts von deren Vorhaben, denn sie hatten die Informationen schlicht nicht zusammengetragen und zu Wissen verdichtet. Was aber innerhalb eines Dienstes schon schwierig ist, nämlich Informationen zu teilen, ist zwischen verschiedenen Staaten fast unmöglich. Sensible Informationen zu teilen, setzt höchstes Vertrauen voraus. Denn mit jedem Hinweis verrät man, was man weiß. Und das sollte eigentlich kein anderer wissen.

Das Prinzip des *need to know* wurde nach den Anschlägen vom 11. September 2001 durch das Prinzip des *need to share* ergänzt. Viele Akteure sollten nun Zugriff auf möglichst viele Informationen haben und diese in Datenbanken miteinander verknüpfen können, um nicht erneut etwas zu übersehen. So wurden neue Kooperationsformate ins Leben gerufen und mit geänderten Aufgaben konfrontiert. ›Informiert euch gegenseitig!‹, hieß die Devise, die von der politischen Führung in die Sicherheitsinstitutionen gerufen wurde. Sie zeigte sehr bald jedoch ihre Kehrseite. Denn indem sehr viele Daten miteinander verknüpft wurden, konnten Zusammenhänge der Informationsbeschaffung sichtbar werden, die zuvor verdeckt geblieben waren. Und seit Edward Snowden im Jahr 2013 mit Millionen von Dateien über Hongkong nach Russland flüchtete, erhielt das Prinzip des *need to know* wieder striktere Relevanz. Doch ändert das nichts an der grundsätzlich richtigen Einsicht: In einer Welt, in der terroristische Gewalttäter und Banden organisierter Kriminalität Absprachen treffen, in der sich Menschen-, Waffen- und Drogenhändler vernetzen, müssen auch die Sicherheitsorgane stärker zusammenarbeiten. Abschottung, Eigenbrötlerei und eifersüchtiges Wachen über das eigene Wissen führen dazu, Gefährdungen der Sicherheit nicht effektiv entgegentreten zu können.

## 3. Europäische Sicherheitskooperation

Sicherheit wurde in den letzten Jahrzehnten in den europäischen Gesellschaften insgesamt als immer wichtiger, komplexer und konkreter wahrgenommen. Es reichte für die Sicherheitsorgane deshalb nicht mehr aus, Kooperation nur zu verabreden, sondern sie musste auch umgesetzt werden. Der 1992 geschlossene Vertrag über die Europäische Union ordnet die nationale Sicherheit allerdings der alleinigen Verantwortung der EU-Mitgliedsstaaten zu. Dennoch strebt die EU bis 2025 die Schaffung einer funktionsfähigen »Verteidigungsunion« an, in der die Integration und die verstärkte Zusammenarbeit in Fragen von Sicherheit und Verteidigung möglich gemacht werden sollen. Sicherheitskooperation in der EU ist allerdings schwierig, auch wenn sie in verschiedenen Formaten schon jahrelang angelegt war, denn sie reicht über fünfzig Jahre zurück. Die wirtschaftliche Integration der westeuropäischen Staaten erforderte schon nach kurzer Zeit auch intensivere Zusammenarbeit auf den Gebieten der Außen- und Sicherheitspolitik. Diese blieben zwar bis heute hinter dem Integrationsniveau anderer Politikfelder zurück. Nach den Terroranschlägen vom 11. September 2001 intensivierte sich die sicherheitspolitische Zusammenarbeit aber erheblich. Um zukünftige Anschläge zu verhindern, sollten ab jetzt Informationen verschiedener Sicherheitsorgane und insbesondere auch das Wissen über die Finanzströme zusammengeführt werden. Rasch erkannte man, dass dieses Vorgehen national nur eine beschränkte Wirkung entfaltet und grenzüberschreitende Kooperation effektiver ist. Das galt auch für die verschiedenen Formen der grenzüberschreitenden organisierten Kriminalität, die in der EU weiterhin als sicherheitspolitische Priorität betrachtet werden. Intensiviert wurden zwischen den EU-Mitgliedsstaaten deshalb der Informationsaustausch untereinander und der Zugriff auf gemeinsame Datenbanken. Spezifische Formate der polizeilichen Koordination wurden aufgebaut. So sollte ein Äquivalent für integrierte Strukturen geschaffen werden, auf die sich die EU-Regierungen nicht verständigen konnten. Die intensiveren Kooperationen gingen aber nicht so weit, dass heute von vollständig integrierten Strukturen gesprochen werden kann. Denn es bestehen deutliche Vorbehalte der Mitgliedsstaaten, Kompetenzen der inneren und äußeren Sicherheit auf EU-Institutionen zu übertragen. Deshalb wurden erst einmal Foren für die Koordinierung zwischen den Staaten angelegt, um weitere Aufgaben erfüllen zu können.

Die internationale Sicherheitskooperation innerhalb der Europäischen Union und der EU mit anderen Staaten wurde vor allem wegen der Terrorgefahr ausgebaut. Im Mittelpunkt der europäischen Sicherheitskooperation stehen dabei die Erleichterung der Kooperation zwischen den Mitgliedsstaaten und der Austausch von Informationen. Vieles ist angestoßen, manches zumindest auf den Weg gebracht worden und in einigen Bereichen gibt es Erfolge zu verzeichnen.

Aus dem bisher Gesagten lassen sich drei Schlussfolgerungen ziehen:
1. Für die europäische Sicherheitskooperation reicht es nicht aus, sich auf einzelne Handlungsfelder zu beschränken, weil diese ineinandergreifen. Sie müssen in ihrer Komplexität erfasst und bearbeitet werden.
2. Dabei kommt dem gemeinsamen Wissen um Gefahren und den Möglichkeiten, ihnen zu begegnen, eine besondere Bedeutung zu. Informationsmanagement ist für Sicherheitsorgane allerdings ein ganz sensibler Punkt.
3. Handlungsansätze sollten vernetzt ausgebildet werden, sowohl was die eigenen Behörden angeht, aber auch darüber hinaus z. B. mit Unternehmen, Nichtregierungsorganisationen und anderen Staaten. Das erfordert Koordinierung.

Um den gegenwärtigen Stand der europäischen Sicherheitskooperation aufzuzeigen, werden wir zuerst Informationsplattformen und dann Koordinierungsstellen auf europäischer Ebene vorstellen. Zuletzt wird noch kurz auf die internationale Dimension eingegangen, die deutlich macht, warum Europa in der sicherheitspolitischen Kooperation auf absehbare Zeit auf die USA angewiesen bleibt. Und warum die Zusammenarbeit gleichzeitig so schwierig und asymmetrisch ist, denn die EU bleibt für absehbare Zeit auf diesem Gebiet ein uneinheitlicher, zerklüfteter und deshalb komplizierter Akteur. Die besonders viel Vertrauen und institutionelle Bearbeitungsvorgänge erfordernde Abstimmung und Kooperation der Dienste eckt hier immer wieder an, weil schon die Zusammenarbeit innerhalb der Europäischen Union schwierig ist. Das Misstrauen und die Vorsicht erstrecken sich über mehrere Ebenen. Das wird deutlich, wenn mit Blick auf die erforderliche Zusammenarbeit mit den USA veranschaulicht wird, wie der Stand der Kooperation in der EU aussieht.

## 3.1. Informationen und Wissen

Am nächsten kommt das »EU Intelligence Analysis Centre« (EU INTCEN) dem, was ein EU-Geheimdienst genannt werden könnte. Es ist keiner, aber auf dem Weg dorthin. Für Skeptiker bleibt diesen jedoch noch weit von einem EU-Nachrichtendienst entfernt; für Optimisten ist das Glas damit schon mindestens ein Drittel voll. Denn das EU INTCEN wurde, um seine Aufgaben erfüllen zu können, in den letzten Jahren immer weiterentwickelt. Es ging aus dem »EU Situation Centre« (EU SITCEN) hervor, das einst als halb-geheimdienstliches Organ der EU eingerichtet worden war. Zuerst war diese Behörde beim Generalsekretariat des Rates angesiedelt und ist seit 2009 dem Hohen Repräsentanten der EU für Außen- und Sicherheitspolitik zugeordnet. Seit März 2012 trägt es den Namen »EU INTCEN« und ist eine Institution des Europäischen Auswärtigen Dienstes, aus dessen Budget es auch bezahlt wird. Damit ist es weiter in die Integrationsstruktur der EU eingegliedert worden.

Seine Aufgaben sind die eines nachrichtendienstlichen Knotenpunktes, da das EU INTCEN nicht über eigene Intelligence, also geheimdienstliche Informationen und daraus generiertes Wissen, verfügt, sondern die Informationen von den Diensten der Mitgliedsstaaten einerseits, den 142 EU-Delegationen andererseits sowie aus EU-Institutionen (u. a. den »Beobachtermissionen der Europäischen Union« (EUMM), der »Intelligenceabteilung des Militärstabs der Europäischen Union« (INTDIV) und dem Satellitenzentrum der Europäischen Union erhält. Die zusammengetragenen Informationen und Analysen werden dort verarbeitet, um die einzelnen Organe der EU mit Analysen zu versorgen. So soll in der EU ein gemeinsamer Wissensstand hergestellt werden.

Dies geschieht in unterschiedlichen Formaten. Manche sind auf akutes Krisenmanagement ausgerichtet, andere zielen auf langfristig angelegte Analysen und Strategien. So sollen auch die politischen Einschätzungen über gemeinsames Wissen angeglichen werden. Bedrohungsanalysen fokussieren dabei ganz unterschiedliche Sicherheitsgefahren, streben eine frühe Identifizierung von und Warnung vor Krisen an und analysieren die möglichen Gefahren für EU-Mitarbeiter.

Die fertige Intelligence stellt das EU INTCEN dem »Hohen Vertreter für Außen- und Sicherheitspolitik«, dem EU-Militärstab, dem EU-Militärkomitee, der Strategie- und Frühwarneinheit des »Hohen Repräsentanten« und der »Generaldirektion für Außenbeziehungen« zur Verfügung. Anders als frühere Kooperationsformen auf diesem Gebiet ist EU INTCEN allerdings nicht mehr an das geheime Netzwerk der Nordatlantischen Vertragsorganisation (NATO) angeschlossen. Das hat seinen Grund darin, dass einige EU-Mitgliedsstaaten der NATO nicht angehören. Außerdem haben sich die EU-Staaten noch auf kein gemeinsames Klassifizierungsregelwerk zur Bearbeitung eingestufter Analysen geeinigt.

Hat EU INTCEN zu einem gemeinsamen Wissen und damit einer Grundlage für gemeinsames Handeln der EU-Mitgliedsstaaten gegenüber den vielen Sicherheitsgefahren beigetragen? Auf der einen Seite spricht dafür, dass wohl mehr als 200 strategische Lagebeurteilungen und mehr als 50 Sonderberichte jährlich ausgearbeitet werden. Hierüber wird eine gemeinsame Sicht auf die internationalen Beziehungen und die anstehenden Herausforderungen gefördert. Allerdings ist EU INTCEN davon abhängig, dass ihre Zulieferer, allen voran die Geheimdienste der Mitgliedsstaaten, Informationen liefern. Das führt in jedem einzelnen Fall zu zwei Fragen: Konnten die nationalen Dienste die entsprechenden Informationen gewinnen? Und sind sie bereit, diese zu teilen?

Eine zweite Herausforderung besteht darin, den Informationsaustausch zwischen INTCEN und »Europol« sowie »Eurojust«, der Polizei- bzw. Strafverfolgungsbehörde der EU, zu gestalten, also den vernetzten Ansatz von Sicherheit in seiner zivil-militärischen Dimension abzubilden.

Eine weitere wichtige Behörde ist Europol. Dort konnten die Mitarbeiter, nach einem für europäische Institutionen typischen längeren Vorlauf, 1999 ihre Arbeit aufnehmen. 2010 wurde die Behörde zu einer Agentur der Europäischen Union. Allerdings ist Europol nicht das »FBI der EU«, sondern es dient der Abstimmung, gegenseitigen Information und Unterstützung der Polizeibehörden aus den EU-Mitgliedsstaaten. Die in Den Haag angesiedelte Behörde arbeitet als zentrale Kooperationsplattform der Polizeibehörden und verfügt in jedem EU-Mitgliedsstaat über eine Zweigstelle. Sie besitzt keine umfassende Exekutivbefugnis, auch wenn ihr inzwischen einige operative Aufgaben zugewiesen wurden. Organisierte Kriminalität, Drogen- und Waffenhandel sowie Geldwäsche sind zentrale Arbeitsbereiche von Europol. Europol hält zu diesen Deliktarten Informationssammlungen vor, die entweder durch Experteneinschätzungen oder durch operative Erkenntnisse gefüttert werden, zentral gespeichert sind und durch Europol zusammengeführt und ausgewertet werden können. Die Erlaubnis, Daten in die Analysedateien zu Arbeitszwecken (AWF) einzugeben, haben Europol-Mitarbeiter, Verbindungsbeamte und Sachverständige, die ein anerkanntes Interesse an dem Analyseprojekt haben, und Experten, die an Europol entsandt sind. Zusätzlich können Mitgliedsstaaten eine Abfrage tätigen, insofern sie eine Betroffenheit geltend machen können. Die AWFs beinhalten Analysepunkte zu spezifischen Themenbereichen innerhalb der Deliktartenunterteilung. An die AWFs angeschlossen ist das Indexsystem. Dieses Dateisystem ermöglicht es nationalen Verbindungsbeamten, festzustellen, ob ihnen die in den AWFs gespeicherten Informationen zur Ermittlungstätigkeit der nationalen Behörden nützlich sein könnten. Das Indexsystem stellt somit einen Überblick über den Inhalt der AWFs dar. Neben den Verbindungsbeamten der Mitgliedsstaaten bei Europol können darauf berechtigte Europol-Mitarbeiter zugreifen. Über das »European Counter Terrorism Centre« (ECTC), das Europol im Januar 2016 nach den Terroranschlägen von Paris vom November 2015 gründete, sollen zusätzlich zukünftig spezifische Fähigkeiten in der Terrorismusbekämpfung zusammengeführt werden. Zentrale Aufgaben des ECTC sind der Informationsaustausch sowie die Koordinierung von präventiven und operativen Maßnahmen. Hierzu sind gemeinsame strategische Einschätzungen durch die Mitgliedsstaaten der Europäischen Union grundlegend.

Konkrete Arbeitsaufgaben sind die Beobachtung ausländischer Kämpfer terroristischer Organisationen, die der Finanzierung von Terrorgruppen, die der Terror-Propaganda im Netz sowie des illegalen Waffenhandels. Durch Analysen des ECTC sollen die laufenden Ermittlungen von Europol unterstützt werden. Bei einem Terroranschlag soll das ECTC die Mitgliedsstaaten direkt unterstützen. Das ECTC ist in die bestehenden Strukturen von Europol eingebettet. Nach den Anschlägen von Paris wurden so die französischen und belgischen Behörden durch 60 Beamte von Europol unterstützt. Auch dabei stand der Informationsaustausch im

Mittelpunkt. Hierzu greift das ECTC auf das »Europol Informationssystem« (EIS), das Europol mit den Mitgliedsstaaten der EU im Hinblick auf die Bekämpfung von Drogenkriminalität, Geldwäsche und irregulärer Migration aufgebaut hat, und auf die sichere Kommunikations- und Informationsübertragungsstruktur (Secure Information Exchange Network; SIENA) zurück. In den Informationsaustausch sind auch die finanziellen Transaktionen in der EU integriert, die dort im »Terrorist Finance Tracking Programme« (TFTP) bearbeitet werden.

Das ECTC ist aus einem konkreten Bedarf an gemeinsamem Informationsmanagement entstanden. Das könnte den Schwung geben, der nötig ist, um den Informationsaustausch erfolgreich zu gestalten. Die Einbettung in etablierte Strukturen der Kriminalitätsbekämpfung könnte sich als Effizienzvorteil erweisen. Allerdings hängt der Erfolg letztlich an der Kooperationsbereitschaft der Mitgliedsstaaten, nicht zuletzt auch auf dem Gebiet der justiziellen Zusammenarbeit.

Das EIS besteht parallel zum »Schengener Informationssystems« (SIS), das als Folge der ungehinderten Bewegung von Personen und Kapital innerhalb der EU aufgebaut wurde. Mit dem SIS sollen die Sicherheitsbehörden der EU-Mitgliedsstaaten sowie Europol und Eurojust Zugriff auf einheitliche und umfassende Daten haben. Das SIS speichert jedoch nur harte Daten, also beispielsweise unerwünschte oder gesuchte Personen, Fahrzeuge und Bankkonten, die überwacht werden sollen, gestohlene Waffen und Ausweispapiere sowie Blanko-Ausweisdokumente.

Das SIS besteht aus den nationalen Systemen in jedem Mitgliedsstaat sowie einem zentralen System, das in Straßburg angesiedelt ist. Auf dieses Zentralsystem können die Sicherheitsbehörden aus den einzelnen Mitgliedsstaaten zugreifen. Der Aufbau einer neuen Version des SIS nach 2013 ermöglicht es auch, biometrische Daten zu speichern. Der Zugriff erfolgt über die SIRENE-Büros, in Deutschland geschieht dies über das Bundeskriminalamt in Wiesbaden.

Das EIS hingegen erlaubt auch die Speicherung von sogenannten weichen Daten – etwa Daten, die komplexere Tat- und Täterzusammenhänge darstellen und die Begleitumstände, aber auch mit Tätern in Verbindung stehende Personen offenbaren –, die dann von Europol ausgewertet werden können. An das EIS angeschlossen ist außerdem das »Europol Analysis System« (EAS), das es berechtigten Personen erlaubt, Inhalte des EIS zu Analyseprodukten zu bündeln und diese zu teilen. Europol-Mitarbeiter – die zu Europol entsendeten Beamten der Mitgliedsstaaten sowie die zu Europol geschickten Experten für bestimmte Kriminalitätsarten und Ermittlungsbereiche – können auf die im EIS gespeicherten Daten zugreifen sowie weitere Informationen hinzufügen und dadurch Hinweise auf Muster in unterschiedlichen Mitgliedsländern und Kriminalitätsbereichen oder zu länderübergreifenden Delikten ableiten und weitergeben. Es können aber auch Informationen aus dem EAS in das EIS übertagen werden, um diese Informationen auch dort zugänglich zu machen.

Das EIS und das EAS sind somit Daten- und Analysestrukturen, die den Zielen des vernetzten Informationsaustauschs und des Begreifens der Felder Terrorismus und organisierte Kriminalität in ihrer ganzen Komplexität sehr nahekommen. Allerdings müssen auch hier weiterhin nationale Hindernisse überwunden werden. Das EIS wird von Mitgliedsländern wie Deutschland und Frankreich stärker genutzt als von anderen und ist somit nicht unionsweit als polizeiliche Routine integriert. Einer stärkeren polizeilichen Zusammenarbeit mit Unterstützung durch die Strukturen und Werkzeuge Europols haben sich nur die Unterzeichner des »Prümer Vertrags« verpflichtet. Er beinhaltet das Prinzip der Verfügbarkeit und schafft technische und rechtliche Möglichkeiten, auf die DNA-Analyse-Dateien sowie das elektronische Register mit Kraftfahrzeug- und Kraftfahrzeughalterdaten der anderen Unterzeichnerstaaten zuzugreifen. Um eine Verschränkung der Strukturen und Zugriffsrechte zu vermeiden, ist Europol als Übermittler der Daten zwischengeschaltet. Deutschland hat den Vertrag von Prüm initiiert. Ihm sind Belgien, Spanien, Frankreich, Luxemburg, die Niederlande und Österreich, später auch Finnland, Slowenien, Ungarn, Norwegen, Bulgarien und Rumänien beigetreten. Die Informationen, die aus erfolgreichen Trefferabgleichen entstehen, müssen nach dem Vertrag zusätzlich an Europol und Eurojust weitergeleitet werden, sofern sich die Straftaten auf deren Zuständigkeitsbereich beziehen und zwei oder mehrere Staaten betreffen.

Nationalen Schwierigkeiten in der stärkeren Vernetzung der Polizeibehörden wird also teilweise behördlich, tendenziell jedoch eher technisch begegnet. Diese Weiterentwicklungen haben jedoch ihren Wert. Denn zukünftig sollen sogenannte Kreuztreffer aus Suchen in unterschiedlichen Datenbanken – beispielsweise parallel in SIS II, dem EIS sowie im Visa-

Informationssystem (VIS) – durch eine zentrale Anwendung möglich werden. Dieser Punkt ist ganz wesentlich in der »Initiative Automation of Data Exchange Processes« (ADEP) der Europäischen Kommission beabsichtigt, welche die Entwicklung einer technischen Anwendung zur Durchsuchung vernetzter Datenbestände aller Mitgliedsländer vorsieht, sofern ein rechtlich zulässiger Grund für diese Informationserhebung vorliegt. Unter dem Dach der EU-IT-Behörde LISA sollen die Datenbanken EIS, das Fingerabdruck-Identifizierungssystem für Asylsuchende, bestimmte Drittstaatenangehörige und Staatenlose »European Dactyloscopy« (Eurodac), das VIS und SIS eine gemeinsame technische Plattform mit getrennten Servern erhalten. Europa arbeitet also beständig daran, seinen Informationsaustausch zu verbessern, muss aber weiterhin berücksichtigen, dass die Abhängigkeit von der Mitwirkung und Umsetzung der Mitgliedsländer potenzielle Schranken für die polizeiliche Kooperation und Fehlerquellen bei der Terrorismusabwehr und der Bekämpfung organisierter Kriminalität beinhaltet.

## 3.2. Koordinierung

Neben den Informationssystemen sind die Koordinierungsforen für die Sicherheitskooperation in der EU besonders wichtig. Denn sie verkörpern das Maß, zu dem die EU-Mitgliedsstaaten bereit sind, zusammenzuarbeiten. Besonders bedeutsam ist der »Ständige Ausschuss für die operative Zusammenarbeit im Bereich der Inneren Sicherheit«, auch »Committee on Operational Cooperation on Internal Security« (COSI) genannt. Er setzt sich aus hohen Beamten der Innen- oder Justizministerien der EU-Mitgliedsstaaten sowie aus Vertretern der Kommission und des Europäischen Auswärtigen Dienstes zusammen. Als Beobachter können Mitarbeiter von Europol, Eurojust oder Frontex hinzugezogen werden.

COSI soll zu einer wirksamen operativen Zusammenarbeit in Fragen der inneren Sicherheit beitragen, nicht zuletzt bei Strafverfolgungen und Grenzkontrollen. Gemeinsam werden hier die allgemeine Ausrichtung und die Wirksamkeit der operativen Zusammenarbeit beurteilt. COSI unterstützt den Rat auch bei der Reaktion auf Terroranschläge.

In der »Ständigen Strukturierten Zusammenarbeit« (PESCO) finden sich seit 2017 25 Staaten aus der EU zusammen, die im Bereich der Verteidigungspolitik enger zusammenarbeiten wollen. Gedacht als Ausgangspunkt für einen Prozess der verstärkten sicherheitspolitischen Zusammenarbeit, soll damit die Handlungsfähigkeit der Europäischen Union verstärkt werden. Bislang wurden im Rahmen von PESCO 35 Projekte initiiert. Darunter fallen beispielsweise die Entwicklung einer europäischen Drohne, und die Stärkung der Krisenreaktion oder Verbesserung der militärischen Logistik, die allerdings einzeln umgesetzt werden und erst langfristig einen Summeneffekt in der Verbesserung europäischer Fähigkeiten haben werden.

Wie dieser Effekt aussehen wird, lässt sich heute noch nicht absehen. Wird daraus auch bessere Intelligence resultieren? Am nächsten kommt dieser Aufgabe die »Joint EU Intelligence School«, ein PESCO-Projekt, das von Griechenland geführt wird und an dem noch Zypern beteiligt ist. Es soll – in Zusammenarbeit mit der NATO – zu einer besseren und einheitlicheren Ausbildung beitragen. Nicht nur Großbritannien hatte dagegen Vorbehalte geäußert. Auch einige der anderen Projekte streben nach besserer Intelligence. So soll die maritime Überwachung verbessert werden. Auch hier führt Griechenland ein Projekt von sieben Staaten, in dem mit Zypern, Kroatien, Spanien und Italien einige maritime Staaten partizipieren, allerdings keiner aus Nordeuropa und auch Frankreich nicht.

Das Projekt einer Plattform, um sich über Cyberbedrohungen und die Reaktionen rascher zu informieren, wird ebenfalls von Griechenland geführt. Sieben Staaten nehmen daran teil, mit Italien und Spanien zwei größere. Frankreich, Deutschland und die nordeuropäischen Staaten entschieden sich dagegen. Ein Projekt zur Luftüberwachung wird von Italien geführt und Frankreich nimmt daran teil. Mit den Fähigkeiten zur elektronischen Kriegsführung in der EU befasst sich ein Projekt, das die Tschechische Republik führt, Teilnehmer ist Deutschland. Dieser Flickenteppich aus Kooperationsinseln trägt eher dazu bei, die ungleichzeitige Integration zu befördern. Ob am Ende ein Zugewinn von Fähigkeiten steht, die auch integriert genutzt werden können, wird sich noch zeigen müssen. Die Anlage der »Ständigen Strukturierten Zusammenarbeit« und die bisherigen Ergebnisse lassen daran jedoch erhebliche Zweifel zu.

Zweimal jährlich treffen sich die Mitglieder der »European Police Chief Task Force« (EPCTF), die im Jahr 1999 gegründet wurde. Es ist ein regelmäßig tagendes, aber informelles Forum, das die Arbeit der nationalen Polizeibehörden intensiver miteinander verbinden soll. Ziel dieses Forums ist, die persönlichen und institutionellen Beziehungen zwischen den jeweiligen nationalen Exekutivbehörden zu intensivieren, den Informationsaustausch zu fördern und sich gegenseitig zu unterstützen, auch bei Maßnahmen gegen terroristische Gefahren. Gleichzeitig soll so die Verbindung zwischen Europol und den nationalen und lokalen Polizeikräften verstärkt werden. Seit 2007 umfassen die Aufgaben auch operative Maßnahmen.

Der informelle Charakter wird insbesondere von der EU-Kommission kritisiert. Die EPCTF ist nämlich rechtlich nicht fundiert und keinem Parlament gegenüber verantwortlich. Die großen Unterschiede im institutionellen Aufbau der einzelnen nationalen Polizeien in den EU-Mitgliedsstaaten werden als wichtiges Hindernis einer weiteren Koordination angesehen, so wie auch nationale Themen die europäischen Anliegen in den Beratungen überlagern würden. Gleichwohl existiert das Forum seit 20 Jahren, was als Ausweis dafür angesehen werden mag, dass es für (zumindest einige) Beteiligte vorteilhaft erscheint.

Eurojust wurde 2002 als zentrale Kooperationsplattform der Justizbehörden gegründet. Dadurch sollte die Zusammenarbeit der nationalen Justizbehörden bei der Verfolgung schwerer grenzüberschreitender Kriminalität und organisierter Kriminalität in der EU verbessert werden. Zu der in Den Haag angesiedelten Behörde entsendet jeder Mitgliedsstaat nationale Vertreter, die von 260 Mitarbeitern unterstützt werden. Norwegen und die USA haben Verbindungsbeamte entsandt.

Eurojust führt nach eigenen Angaben jährlich etwa 200 Koordinierungstreffen durch und bearbeitet 2.000 Fälle. Die Schwerpunkte der Arbeit sind Terrorismus, Drogenhandel, Menschenhandel, Betrug, Korruption, Computerkriminalität, Geldwäsche sowie sonstige Aktivitäten des organisierten wirtschaftlichen Verbrechens. Dies sind auch die Handlungsfelder, die vom Rat der Europäischen Union als vorrangig eingestuft wurden. Eurojust hat keine Exekutivbefugnis, sondern arbeitet als Plattform.

Nach den Terroranschlägen in Madrid am 11. März 2004 setzten die EU-Staaten einen Koordinator für Terrorismusbekämpfung der Europäischen Union ein, der 2007 seine Arbeit aufnahm. Er soll dem Europäischen Rat Politikempfehlungen geben und diejenigen Handlungsbereiche identifizieren, auf denen vorrangig Anti-Terror-Maßnahmen umgesetzt werden sollten. Hierbei stützt er sich auf die Bedrohungsanalysen der EU. Darüber hinaus soll er die Umsetzung beschlossener Anti-Terror-Maßnahmen überwachen. Er soll zudem überblicken, welche Instrumente der EU überhaupt zur Verfügung stehen, und sicherstellen, dass die EU in der Terrorismusbekämpfung aktiv ist. Schließlich soll er die Kommunikation mit Drittstaaten verbessern. Ausländische Kämpfer und Rückkehrer sowie die internationale Zusammenarbeit sind die Schwerpunkte der Arbeit in den letzten Jahren gewesen.

Ein weiterer Schwerpunkt der Arbeit des Koordinators für Terrorismusbekämpfung sind Radikalisierungsprozesse. Das 2011 gegründete »Radicalisation Awareness Network« (RAN) ist ein Informationsnetzwerk der Europäischen Kommission, um diejenigen Gruppen zu vernetzen, die in der EU De-Radikalisierungsarbeit und Resozialisation von radikalisierten Bürgern leisten, und sie über verschiedene Ansätze ihrer Arbeit zu informieren. Polizei und Zivilgesellschaft arbeiten in diesem Netzwerk zusammen, das sich unter einer Steuerungsgruppe in neun Arbeitsgruppen gliedert, die sich u. a. mit Fragen von Bildung, Gesundheit, Gefängnishaft und lokalen Strukturen befassen. Über 2.000 Beteiligte haben sich im Rahmen von RAN bisher ausgetauscht. Die verlautbarten Reaktionen sind ausgesprochen positiv, wobei die Datenlage eine fundierte Einschätzung bisher nicht begründen kann.

Die »Europäische Polizeiakademie« (EPA) ist ein Kooperationsnetz, das aus einzelstaatlichen Ausbildungseinrichtungen für hochrangige Führungskräfte der Polizeidienste besteht. Ihr Ziel ist die Entwicklung gemeinsamer Lösungen für die zentralen Probleme der Kriminalitätsbekämpfung und -verhütung. Ihr Instrument sind Schulungen für Polizeikräfte.

Zweimal pro Jahr treffen sich die 31 Mitgliedsstaaten der »Police Working Group on Terrorism« (PWGT) sowie Mitarbeiter von Europol als Beobachter. Es ist ein permanentes und informelles Forum, das 1979 gegründet wurde und über keine zentrale Geschäftsführung verfügt. Seit 1999 sind die nationalen Behörden über ein vom Bundeskriminalamt eingerichtetes Informationssystem miteinander vernetzt. Sie arbeiten gegen politisch motivierte Gewalt zusammen. Zu diesem Thema tauschen sich die beteiligten Behörden intensiv aus, um Kenntnisse zu teilen und operative Zusammenarbeit anzulegen. Indem sich die Behörden gegenseitig über relevante Fälle informieren und ihre Ermittlungsweise bei terroristischen Herausforderungen und anderen gewalttätigen politischen Handlungen angleichen, erhofft man sich Vorteile im Kampf gegen den Terrorismus.

2013 bewertete die Bundesregierung die PWGT in einer Antwort auf eine Kleine Anfrage (Drucksache 17/13197 2013) als »wichtiges Gremium zum fachlichen Austausch«, als »bedeutende(s) Instrument der Terrorismusbekämpfung« und bewährten »Kommunikationskanal«. Insbesondere werden die persönlichen Kontakte hervorgehoben, die auf den regelmäßigen Treffen geknüpft werden können. Eine weitere europäische Koordinierungsstelle wurde mit der »Europäischen Staatsanwaltschaft« geschaffen. Wenn alles wie geplant verläuft, wird diese zum Ende des Jahres 2020 ihre Arbeit aufnehmen (Europäischer Rat 2017). Allerdings: Erst 22 der 27 EU-Mitgliedsstaaten haben sich ihr bisher angeschlossen. Das heißt, es entsteht erneut ein institutioneller Riss innerhalb der EU, wie schon beim Euro und wie bei der Beteiligung an der »Ständigen Strukturierten Zusammenarbeit« (PESCO). Ihre Aufgabe wird sein, Betrug, Korruption und Geldwäsche zu ahnden, wenn der EU-Haushalt geschädigt wurde. Die Strafverfolgung verbleibt bei den nationalen Behörden, die nach nationalem Recht vorgehen. Neu wird sein, dass deren Vorgehen auf EU-Ebene beaufsichtigt und koordiniert wird, und neu wird auch sein, dass die Europäische Staatsanwaltschaft selbst – über die Köpfe der nationalen Behörden hinweg – Ermittlungen führen kann. Die Ernennung der Europäischen Staatsanwälte und der Europäischen Generalstaatsanwältin Laura Kövesi sind der erste Schritt zur Arbeitsfähigkeit dieser neuen Behörde.

Sofern militärische Fragen betroffen sind, wird der Militärstab der EU eingeschaltet, der dem Hohen Beauftragten für Außen- und Sicherheitspolitik untersteht. Er erarbeitet gemeinsame Lageeinschätzungen und befasst sich mit strategischer Planung, wofür er konkrete Konzepte entwickelt. Training, Ausbildung und die Betreuung der Partnerschaften gehören ebenso zu seinen Aufgaben. 2017 wurde innerhalb des Militärstabs ein militärischer Planungs- und Durchführungsstab eingerichtet, der die Befehlsgewalt in EU-Missionen ohne Exekutivbefugnisse, beispielsweise die EU-Ausbildungsmission (EUTM) in Somalia, die EUTM in der Zentralafrikanischen Republik (RCA) und die EUTM in Mali, übernimmt.

Europäische Satellitenaufklärung existiert nicht. Manche EU-Staaten verfügen über entsprechende Fähigkeiten, wie etwa Deutschland, wo das »Kommando Strategische Aufklärung« der Bundeswehr mittels der fünf Satelliten der SAR-Lupe weltweit Entwicklungen beobachten kann, was insbesondere in Krisenlagen von großer Bedeutung ist. Derartige Ressourcen stehen auf europäischer Ebene aber nicht zur Verfügung.

Nachdem die »Europäische Agentur für die Grenz- und Küstenwache« (Frontex) im September 2016 ihre Arbeit aufgenommen hatte, wurde ihr Mandat 2018 aktualisiert, erweitert und zusätzliches Personal und technische Ausrüstung zur Erfüllung ihrer Aufgaben in Aussicht gestellt. Der Druck der Herausforderungen durch Flucht und Migration an den Außengrenzen der EU hat mit dazu beigetragen, dass dieses Koordinierungsorgan nun mit erweiterten Zuständigkeiten ausgestattet wurde. Die Hauptaufgabe besteht in der Unterstützung eines integrierten Grenzmanagements der EU, das in der erforderlichen Weise als korrespondierendes Element für die Freizügigkeit im Schengen-Raum bisher nicht zustande kam und nun aufgebaut werden soll. Dazu arbeitet die Europäische Agentur mit den für das Grenzmanagement zuständigen nationalen Behörden zusammen. Die gemeinsamen Aufgaben beinhalten:

- Die Kontrollkapazitäten an den jeweiligen Grenzen zu analysieren und Gefährdungspotenziale zu erkennen.
- Gemeinsame Maßnahmen zur Verstärkung der Grenzkontrollen angesichts irregulärer Migration und grenzüberschreitender Kriminalität organisieren.
- Wenn Mitgliedsstaaten mit ihren Grenzsicherungsaufgaben unter hohem Druck stehen, sollen zudem die Koordinierungsmaßnahmen der Kommission unterstützt werden.
- Konkrete Reaktionen dann, wenn dringendes Handeln an den Außengrenzen erforderlich ist.
- Such- und Rettungsaktionen von Menschen in Seenot technisch und operativ unterstützen.
- Einen Soforteinsatzpool von 1.500 Grenzschützern einrichten.

- Verbindungsbeamte in den Mitgliedsstaaten ernennen.
- Rückführungsmaßnahmen organisieren, koordinieren und durchführen.
- Technische Unterstützung bei der Grenzsicherung zu leisten.
- Die operative Zusammenarbeit zwischen Mitgliedsstaaten der EU und Drittstaaten beim Grenzmanagement fördern, beispielsweise durch Trainings.

Bis 2027 soll um Frontex herum eine Reserve von 10.000 Einsatzkräften aufgebaut werden, um die europäischen Außengrenzen dauerhaft zu sichern und auch in Krisenfällen schnell reagieren zu können. Ob und wann Frontex all diese Aufgaben tatsächlich effektiv erfüllen kann, bleibt angesichts der Fülle der Aufgaben und des großen Zeitraums, in dem ihre Kompetenzen ausgebaut werden sollen, aber vorerst eine offene Frage.

Insgesamt zeigt sich, dass die EU als Integrationsgemeinschaft nur unzureichend auf die Bewältigung der anstehenden Sicherheitsgefahren und zukünftigen Herausforderungen vorbereitet ist. Schon untereinander ist die Zusammenarbeit kompliziert. Die Kooperation mit Dritten – insbesondere der intensive Austausch mit den amerikanischen Diensten – stellt noch gravierendere Anforderungen. Vom Leitbild, auf Augenhöhe mit den USA handeln zu können, sind die EU-Staaten meilenweit entfernt.

## 3.3. Internationale Zusammenarbeit

Im Rahmen der 2016 von der damaligen Außenbeauftragten Federica Mogherini ausgearbeiteten und vorgestellten globalen Strategie (Mogherini 2016) verfolgt die EU verschiedene Schwerpunktinteressen und kooperiert dabei mit verschiedenen internationalen Organisationen. Ohne das Dokument im Einzelnen vorzustellen, ist es – gerade angesichts der internationalen Entwicklungen seit 2016 – wichtig, daran zu erinnern, dass darin die »strategische Autonomie« der EU als Ziel formuliert wurde, die darauf ausgerichtet sein sollte, die Werte und Interessen Europas mittels gemeinsamer Fähigkeiten zu realisieren (Mogherini 2016, S. 4; Lippert/von Ondarza/Perthes 2019). Das klang schon zu dieser Zeit sehr ambitioniert; heute erscheint es als in Prosa gegossene EU-Lyrik. Denn nichts von dem, was sich die EU-Mitgliedsstaaten vorgenommen hatten, ist auch nur annähernd umgesetzt worden. Im Gegenteil. In vielen Konflikten, in unterschiedlichen Regionen, ja mit Blick auf den Zusammenhalt der EU selbst, wurden die selbst gesetzten Ziele weit verfehlt. Hat man sie in den Mitgliedsstaaten je ernst genommen? Die Frage stellt sich, wenn man sich die kurze Liste dessen betrachtet, was sich die politisch Verantwortlichen vorgenommen hatten.

In einer Zeit existenzieller Krisen, in der die EU Bedrohungen ausgesetzt ist, wie in dem Strategiedokument beschrieben wird, will die EU ihre Sicherheit aus eigener Kraft garantieren, Stabilität und Resilienz der Staaten und Gesellschaften in der östlichen und südlichen Nachbarschaft befördern und die globale Ordnung auch durch die Lösung internationaler Konflikte weiterentwickeln. Um dies zu erreichen, müsse die innere Kohäsion gestärkt werden. Mit Blick auf die oben beschriebenen Grenzen der Zusammenarbeit bei Sicherheitsgefahren müsste sich dies in ein anspruchsvolles Programm übersetzen. Und das folgt auch. Frieden und Sicherheit, Wohlstand, Demokratie und eine regelbasierte internationale Ordnung – was stets heißt: eine den eigenen Regeln folgende Ordnung – sind die Zwecke, die europäisches Handeln erreichen soll.

Zum Beispiel Sicherheit. Da heißt es, dass die Europäer größere Verantwortung für ihre Sicherheit übernehmen müssten. Sie müssten bereit und fähig sein, sich selbst zu schützen und Bedrohungen abzuschrecken. Dabei spiele die NATO eine bedeutende Rolle. Aber die europäische Sicherheitspolitik ziele darüber hinaus, denn die EU solle sicherheitspolitisch autonom handeln können (Mogherini 2016, 20). Als spezifische Felder der Zusammenarbeit werden Terrorismus, Cybersicherheit und Energiesicherheit genannt, ferner werden strategische Kommunikation sowie »Public Diplomacy« zur Vermittlung der eigenen Interpretation von internationalen Entwicklungen angeführt.

Alle diese Planungen würden voraussetzen, dass gemeinsames Wissen über die internationalen Krisen und Konflikte das Fundament für ein kohärentes, zielführendes, effizientes und effektives Vorgehen legt. Aber Informationsaustausch und Intelligence spielen in den strategischen Überlegungen keine Rolle. Sie kommen in dem, was sich die EU-Mitgliedsstaaten vorgenommen haben, schlicht nicht vor.

Zweimal wurde diese strategische Planung inzwischen evaluiert und es wurden zwei Implementationsberichte veröffentlicht (External Action Service 2018). Darin werden die Projekte der »Ständigen Strukturierten Zusammenarbeit« und der jährliche Überblick über die Verteidigungsausgaben der einzelnen Mitgliedsstaaten als große Schritte zur Eigenständigkeit gelobt. Ein EU-Verteidigungsfonds, ausgestattet mit 13 Mrd. Euro für die Zeit von 2021 bis 2027, soll die Forschung und Entwicklung unterstützen. Das alles bleibt weit hinter den Erfordernissen zurück, die eine gemeinsame Sicherheitspolitik stellen würde. Um es auf den Punkt zu bringen: Gemeinsam ist die EU in internationalen Krisen und gegenüber drohenden Sicherheitsgefahren eher taub und blind. Sie bleibt daher auf andere angewiesen.

Das schlägt sich auch in der Zusammenarbeit mit anderen internationalen Organisationen nieder. Im Rahmen der Zusammenarbeit in der »Organisation für Sicherheit und Zusammenarbeit in Europa« (OSZE) spielen Konfliktprävention, Krisenmanagement und Postkonflikt-Unterstützung eine herausgehobene Rolle. Auch die Grenzüberwachung und das Training von Polizeieinheiten gehört zum Aufgabenspektrum. Mit der NATO sowie mit einzelnen wichtigen Staaten wie der Türkei und der Afrikanischen Union werden die für die Arbeit innerhalb der Europäischen Union angesprochenen Handlungsfelder bi- und multilateral bearbeitet (Gareis/Hauser/Kernic 2013). Nach dem EU-Austritt Großbritanniens sind noch 21 Mitgliedsstaaten der EU zugleich in der NATO. Zwischen NATO und EU besteht eine strategische Partnerschaft, die in den letzten Jahren einige neue Impulse erhalten hat, die aber seit dem Amtsantritt von Präsident Trump überschattet wird von der Unsicherheit über die zukünftige amerikanische NATO-Politik. Und ohne die USA wäre die NATO wertlos, auch wenn alle europäischen Staaten in der Organisation verblieben.

Auf Nicht-EU-Ebene gibt es gleichfalls wichtige internationale Kooperationsforen, etwa den Berner Club, der 1971 gegründet wurde und die Geheimdienstchefs der in ihm versammelten Staaten regelmäßig zusammenführt. Seit Beginn spielt auf Initiative Israels der Austausch terrorismusrelevanter Daten eine wichtige Rolle. Die vom Berner Club 2001 initiierte Counter Terrorism Group (CTG) intensivierte diesen Austausch.

Die »Europäische Gendarmerietruppe« (European Gendarmerie Force, kurz EGF oder Eurogendfor) bildet sich aus Polizeieinheiten, die von Frankreich, Italien, Spanien, Portugal, den Niederlanden und Rumänien gestellt werden. Sie übernehmen keine innereuropäischen Einsätze, waren aber in Bosnien, Haiti, Mali, Zentralafrika und Afghanistan im Einsatz. Litauen ist Partner dieser Gendarmerietruppe, die Türkei nimmt einen Beobachterstatus ein. Der Eurogendfor werden Aufgaben, die in der Schnittmenge zwischen polizeilichen und militärischen Bedarfen liegen, übertragen. In allen dazu gehörenden Handlungsfeldern stellt Intelligence über Akteure, Interessen, Konflikte und die Fähigkeiten anderer Staaten eine grundlegende Voraussetzung für wirksames Handeln dar.

## 3.4. Kooperation vor Integration: Gemeinsam nur bedingt handlungsfähig

Die Sicherung der EU-Außengrenzen und die Initiierung der »Ständigen Strukturierten Zusammenarbeit« (PESCO) sind die jüngsten Maßnahmen intensivierter Sicherheitskooperation in der EU, werden aber sicher nicht die letzten bleiben. Die Stärkung der Sicherheitszusammenarbeit erfolgt dabei im stückweisen Vorgehen, das einerseits versucht, gemeinsam Fähigkeiten zu bündeln und Unterschiede auszugleichen, andererseits aber auch das Ziel verfolgt, für die internationale sicherheitspolitische Zusammenarbeit handlungsfähiger zu werden. Die EU sieht dabei nicht nur nach innen, sondern auch nach außen. Denn bei der Gewährleistung ihrer Sicherheit stehen die Europäer vor immensen Problemen. Wie groß der Vorsprung anderer Mächte in diesem Bereich ist, wurde in den letzten Jahren deutlich. Hier mangelt es den EU-Mitgliedsstaaten an Abwehr-Fähigkeiten, an Abschreckungspotenzial und Truppen zur Gegenwehr. Auch gemeinsam können sie diese derzeit noch nicht aufbringen.

Da es an einem weitergehenden Willen zur Integration der Fähigkeiten, häufig aber auch an diesen selbst mangelt, scheint die Vielzahl der Koordinierungs- und Informationsformate derzeit das politisch eben gerade noch mögliche Maß an effektiver sicherheitspolitischer Koordinierung darzustellen. Das ist sicher nicht der effizienteste Weg, um Sicherheit zu gewährleisten, weshalb die Debatte über weitere Integrationsschritte auch auf diesem Gebiet weitergehen wird. Aber es ist eine souveränitätsschonende Kooperation, die angesichts der Sensibilität des Handlungsfeldes und der aktuell disparaten politischen Entwicklungen in den EU-Mitgliedsstaaten derzeit wohl die einzig mögliche Form der Zusammenarbeit ist. Denn es hat ja wenig Effekt, wenn Publizisten täglich die Vereinigten Staaten von Europa ausrufen, solange die europäischen Gesellschaften und die politisch Verantwortlichen diesen Sprung in eine tiefere Integration nicht vollziehen wollen. Auch Sicherheitspolitik hat sich an den realen Möglichkeiten zu orientieren, weil sonst, wie es bei der Europäischen Union inzwischen leider fast durchgängig der Fall ist, der Abstand zwischen Anspruch und Wirklichkeit so weit vergrößert wird, dass die politische Legitimität der Integrationsgemeinschaft Schaden nimmt.

Trotz der bestehenden Kooperationsformate ist die EU deshalb auf absehbare Zeit sicherheitspolitisch nur bedingt handlungsfähig. Dass diese Kooperationen von sicherheitspolitischer Bedeutung sind, wird derzeit in Großbritannien deutlich, wo das Ausscheiden aus den Datenbanken, wie etwa denen von Schengen, von den Sicherheitsorganen als ernstes Problem für die effektive Terrorabwehr nach erfolgtem EU-Austritt bezeichnet wird. Denn als einzelner Staat ist kein EU-Mitglied in der Lage, grenzüberschreitenden Herausforderungen europäischer Sicherheit, wie beispielsweise dem Terrorismus oder Cyberangriffen, wirklich wirkungsvoll zu begegnen oder sich auch sicherheitspolitisch gegenüber anderen regionalen Mächten in ihrer Nachbarschaft und Großmächten auf internationaler Bühne zu behaupten. Innerhalb der EU vollziehen sich derzeit mehrere Spaltungen, die eine grundlegende Einigkeit erschweren und einer tiefgreifenden Erneuerung der EU im Wege stehen. Sie verlaufen einmal (und hier vergröbern wir ein wenig) zwischen Norden und Süden in Finanz-, Wirtschafts- und Währungsfragen; zum anderen zwischen Westen und Osten in Fragen der Migrations- und Justizpolitik; schließlich zwischen den Regionen, wenn es um die Ausgestaltung der Bedrohungswahrnehmungen geht, die in Polen ganz anders ausfällt als in Portugal. Dass inzwischen auch die Ausgestaltung der demokratischen politischen Ordnung unterschiedlich angelegt wird, zeigt, dass der EU selbst der normative Konsens darüber, wie Gesellschaften innerhalb der EU-Grenzen staatlich verfasst sein sollten, abhandenkommt.

Ein spezielles Problem ergibt sich zusätzlich aus dem Brexit-Votum von 2016 und damit mit dem ersten Austritt eines Mitgliedsstaats aus der EU. Mit dem Austritt Großbritanniens aus der Europäischen Union verliert die EU nicht nur einen Mitgliedsstaat, der über einen ständigen Sitz im UN-Sicherheitsrat, über moderne Nuklearwaffen und ausgezeichnete Geheimdienste verfügt, was der Sicherheit und der Verteidigungsfähigkeit Europas einen weiteren herben Schlag versetzt. Sondern es wird auch ein

Weg beschritten, den bisher kein europäisches Land ging und der anderen möglicherweise als Beispiel dient. Es haben ja bereits schon andere politische Kräfte in vielen anderen Staaten – bis hin zu Frankreich – eine gleichlautende Forderung nach einem Austritt aus der EU für ihr Land aufgegriffen. Der Brexit hat weitere konkrete Wirkungen: Großbritannien verlässt die Austausch- und Koordinierungsmechanismen der Polizei- und Strafverfolgungszusammenarbeit, u. a. in Europol und dem SiS, was die Kriminalitätsbekämpfung innerhalb der EU – bis zur denkbaren Schaffung einer qualitativ gleichwertigen Nachfolgeregelung – empfindlich zu schwächen droht.

## 4. Europas internationale Lage

Neben ihren inneren Problemen sind die Europäer auch auf internationaler Ebene mit den Realitäten einer neuen Weltordnung konfrontiert: In welche Richtung sie auch blicken – bisher für selbstverständlich erachtete Gewissheiten lösen sich auf und neue Herausforderungen ziehen herauf. Sie könnten, falls sich die EU nicht darauf einstellt, die europäischen Staaten auf lange Zeit marginalisieren. Schon jetzt spielen diese in den wichtigen Krisen und Konflikten im geographischen Umfeld der EU keine Rolle, anders als die USA oder Russland, der Iran und die Türkei, die sich hier als handlungsfähiger erweisen. Vor allem die künftige Politik der USA, seit dem Ende des Zweiten Weltkriegs Garantiemacht der (west-)europäischen Sicherheit, die politische und ökonomische Entfaltung Chinas und die Entwicklung der Beziehungen zwischen den USA und China werden für Europas Sicherheit von Bedeutung sein. Gleiches gilt für die weitere politische Entwicklung in Russland (Jäger 2019).

Nach Jahren der machtpolitischen Überdehnung und fehlgeschlagenen militärischen Interventionen – deren Folgen übrigens die Europäer durch Flucht, Migration und regionale Destabilisierung viel stärker betreffen als die Amerikaner selbst – scheinen die US-amerikanischen Regierungen nicht erst seit der Präsidentschaft Donald Trumps parteiübergreifend zu prüfen, welchen konkreten Nutzen internationale Bündnisse und ihre Verpflichtungen gegenüber anderen Staaten für sie eigentlich haben. Multilaterale Vereinbarungen und bestehende Bündnisse werden also zunehmend neu bewertet. Infolgedessen könnten die derzeitige und künftige Verlässlichkeit der USA und ihr Festhalten an der Bündnispflicht gemäß Artikel 5 des NATO-Vertrags ernsthaft in Frage stehen. Dieser Umstand würde, konsequent zu Ende gedacht, den gravierendsten Einschnitt in die europäische Sicherheitsordnung der letzten Jahrzehnte bedeuten. Für die Europäer wäre er gravierender als die Umbrüche Ende der 1980er Jahre, denn er würde die EU-Mitgliedsstaaten – in einem Zustand weitgehender Handlungsunfähigkeit bei internationalen Auseinandersetzungen und auf sich gestellt – in eine äußerst gefährliche Lage befördern. Er würde für die Europäer die Frage aufwerfen, wie sie in Zukunft ihre Sicherheit – und im Ernstfall die Verteidigung ihrer Staaten und Lebensweisen – auf ihrem Kontinent eigentlich gewährleisten wollen. Dies wiegt besonders schwer, da nicht zuletzt Deutschland, als ressourcenstarkes Land hierbei besonders gefordert, eine eigene Sicherheitspolitik im europäischen Konzert konzeptionell, strategisch, finanziell und personell vernachlässigt hat. Zugleich verlagert sich der geographische Schwerpunkt der amerikanischen Außenpolitik vom atlantischen in den pazifischen Raum, wie es unter Präsident George W. Bush begonnen und unter Präsident Obama fortgesetzt wurde. Auch die Administration Trump ist, nach anfänglichen Irrwegen, auf diese Schwerpunktverlagerung in den Pazifik zurückgekommen. Dort sehen die USA – aus guten Gründen – mit China einen machtpolitischen Konkurrenten heranwachsen.

Chinas Aufstieg zur Weltmacht markiert eine globale Zeitenwende. Die Durchsetzung wirtschaftlicher und sicherheitspolitischer Interessen wird unter Präsident Xi Jinping und seiner expansiven Außenpolitik forciert, die auch in Europa immer stärker zu spüren ist. China verfolgt mit seiner Seidenstraßeninitiative ein globales Projekt zur Machtprojektion, das bis nach Europa, Afrika und sogar in die westliche Hemisphäre reicht. Neben innerstaatlichen Großprogrammen wie der »Made in China 2025«-Initiative zur Förderung der eigenen Industrie treibt China durch gezielte Investitionen in westliche Schlüsseltechnologien, insbesondere auch im Sicherheitssektor und bei technologisch besonders fortschrittlichen Unternehmen, den eigenen industriell-technologischen Fortschritt voran und nutzt seinen daraus folgenden Einfluss in Süd- und Osteuropa bereits heute, um die Europäische Union in wichtigen Fragen zu spalten. Die Staatengruppe G16+1, die China mit 16 südost- und osteuropäischen sowie zentralasiatischen Staaten seit vielen Jahren verbindet, fand 2019 erstmals die Aufmerksamkeit der EU-Kommission. Italiens Hinwendung zu China in 2019, nachdem aus der EU kein Geld mehr zu erwarten war, markiert den bisherigen Höhepunkt dieser Entwicklung.

Was hat dies mit Informationsaustausch und Wissen zu tun? Sehr viel. Denn beides ist auf Vertrauen in die Handhabung von Informationen und Wissen angelegt. Insbesondere darauf, dass niemand Unbefugtes darüber Kenntnis erlangt. Enge Beziehungen von Russland oder China zu einzelnen EU-Regierungen könnten hier dem Informationsaustausch innerhalb der EU Grenzen setzen, weil die Befürchtung im Raum stünde: Was A und B jetzt erfahren, ist kurze Zeit später auch in Moskau und Beijing bekannt. Solche Vorbehalte sind aus der internationalen Polizeiarbeit über Interpol bereits bekannt und werden auch in der EU und NATO gehegt. Die Annäherung der Türkei an Russland wurde deshalb als Problem erachtet, ebenso wie die Intelligence-Kooperation mit Österreich unter der ÖVP/FPÖ-Regierung von Dezember 2017 bis Mai 2019 eingeschränkt wurde. Zwischen der politischen Führung des Innenministeriums und russischen Stellen wurden allzu enge Verbindungen vermutet. Aus ähnlichen Befürchtungen sind sicherlich auch die Verbindungen von Italiens ehemaligem Innenminister Matteo Salvini nach Russland kritisch betrachtet worden.

Der Umgang mit den USA und China ist schon jeweils für sich genommen eine gewaltige Herausforderung für die EU, die in diesen Beziehungen ihre Eigenständigkeit entwickeln möchte. Aber auch die vielfältigen Entwicklungen des bilateralen amerikanisch-chinesischen Verhältnisses werden Auswirkungen auf Europa haben, die Anpassungs- und Distanzierungsleistungen erfordern. Die USA und China befinden sich in einem geopolitischen und geowirtschaftlichen Kräftemessen und die Beziehungen zwischen beiden Staaten beeinflussen die ganze Welt. Sie betreffen die globale Wirtschafts- und Handelsordnung, die Sicherheitsordnung in Asien, die Verteilung von Entwicklungsgeldern und den weltweiten Aufbau von Infrastruktur. Der seit 2018 andauernde Zollkonflikt zwischen den beiden Staaten ist längst zu einer offenen Großmachtkonkurrenz geworden, in der die Grenzen zwischen den Schauplätzen Sicherheit, Wirtschaft und Technologie immer mehr verwischen und die als immer umfassenderer Machtkampf um die globale Vorherrschaft im 21. Jahrhundert verstanden werden muss. Europa ist ernsthaft in Gefahr, immer wieder »zwischen die Fronten« dieses Konflikts zu geraten und mangelnde eigene Fähigkeiten durch die Anlehnung an einen der beiden Kraftpole ausgleichen zu müssen. Dass dies keine realitätsferne Befürchtung ist, wird bereits im Konflikt um das chinesische Telekommunikationsunternehmen Huawei deutlich.

## 4.1. Das Beispiel Huawei – Europa zwischen den Fronten?

Die Zukunft ist digital. Damit Industrie und Verbraucher sogenannte smarte Anwendungen der Industrie 4.0 verstärkt nutzen können, ist jedoch auch eine ausreichende Versorgung mit einem gewissen technischen Kommunikationsstandard notwendig. Denn die Vernetzung von Maschinen benötigt eine lückenlose, dezentrale Zusammenschaltung der Geräte über eine stabile und leistungsstarke Funkverbindung, damit die dauerhafte Echtzeit-Kommunikation zwischen ihnen ungehindert gewährleistet werden kann.

Der neue Kommunikationsstandard, der dazu in Europa verstärkt ausgebaut werden muss, wird als 5G bezeichnet. 5G steht für *Fifth Generation* und ist damit der fünfte Standard seit Erfindung der mobilen Datenübertragung. 5G basiert auf höheren Frequenzen als die bisherigen Standards LTE (4G) und UMTS (3G) und ermöglicht das Übertragen höherer Datenraten. Zudem ist die Übertragung schneller als die Vorgängerversionen. Der bislang stärkste Mobilfunkstandard LTE (4G) weist eine durchschnittliche Übertragungslatenz von 50 Millisekunden auf. Mit 5G sind Latenzen von drei Millisekunden möglich. Das 5G-Netz ist außerdem, anders als die älteren Generationen, flexibler. Wenn Nutzer in einem Gebiet besonders viele Daten verbrauchen, also beispielsweise in urbanen Zentren, kann das Netz entsprechend optimiert werden, um dort besonders hohe Spitzen der Nutzung aufbauen und auffangen zu können. Ähnliches gilt für Antennen in der Nähe vernetzter Industrie. Hier können die Anlagen darauf optimiert werden, besonders leistungsstark zu sein und für die Kommunikation vernetzter Maschinen spezielle Subverbindungen zur Verfügung zu stellen. Da die »Industrie 4.0« nur funktionieren kann, wenn die Versorgung mit dieser Mobilfunkgeneration flächendeckend gewährleistet ist, 5G jedoch trotz höherer Datenraten meist eine geringere Reichweite als LTE (4G) aufweist, müssen die europäischen Staaten, gemeinsam und allein, verstärkt in den Ausbau der entsprechenden Infrastruktur investieren. Die Genehmigungen zum Bau neuer Antennen und zur Aufrüstung bestehender Kommunikationsinfrastruktur werden in Deutschland seit März 2019 versteigert.

Bei der Bereitstellung des 5G-Netzes ist Europa mit mehreren Herausforderungen konfrontiert. Denn bereits die Abdeckung mit dem Vorgänger-Standard LTE (4G) konnte längst nicht ausreichend gewährleistet werden. Daher bleibt es abzuwarten, ob die Versorger die 1.000 Antennen, die im Koalitionsvertrag von 2018 als Ziel anvisiert werden, bis 2022 wirklich aufgestellt haben werden. Es ist aber auch möglich, die bestehenden Funkantennen auf höhere Frequenzen umzurüsten. In diesem Zusammenhang spricht man davon, dass neue Frequenzen ersteigert werden müssen, weil die Nachfrage, 5G an bestehender Infrastruktur bereitzustellen, größer ist als deren Verfügbarkeit.

Beobachter bemängeln, dass Europa im Vergleich zu Asien und den USA beim 5G-Netzausbau deutlich hinterherhinkt. Dies wird auch beim Blick auf LTE (4G) deutlich: Während Südkorea aktuell 97 Prozent der Netzdeckung und Norwegen immerhin 92 Prozent durch LTE bereitstellt, kommt Deutschland lediglich auf 66 Prozent, obwohl der Ausbau bereits 2010 startete. Bislang basiert die Versorgung mit mobilem Internet in Deutschland vor allem auf UMTS (3G). Damit wird in Deutschland 97 Prozent Netzabdeckung gewährleistet. Die Bundesnetzagentur veranschlagt bis Ende 2022 jedoch bereits eine Versorgung von 98 Prozent aller Haushalte, aller Bundesautobahnen, der wichtigsten Bundesstraßen sowie der wichtigsten Schienenwege mit 5G.

Für diese ehrgeizigen Pläne müsste Deutschland, aber auch Europa insgesamt, in Sachen Digitalisierung endlich Fahrt aufnehmen. Doch nicht nur die Versorgung mit der notwendigen Bandbreite ist eine Herausforderung, der sich die Europäer stellen müssen. Zentral ist auch, welche Technik beim Aufbau der 5G-Mobilfunknetze zum Einsatz kommen soll. Die Technologie des chinesischen Konzerns Huawei für den 5G-Netzausbau sorgt in Europa und vor allem in Deutschland für Kontroversen. Dabei geht es vorrangig um zwei Dinge. Zum einen treibt die politischen Entscheidungsträger die Sorge um, das Funknetz könnte durch die Einbeziehung chinesischer Hersteller dem Risiko der Spionage ausgesetzt sein. Daher möchte das zuständige »Bundesamt für Sicherheit in der Informationstechnik« (BSI) einen Maßnahmenkatalog verwenden, der bei der Vergabe der 5G-Frequenzen an Technikkonzerne berücksichtigt werden soll.

Ein weiterer, vor allem für Deutschland wichtiger Punkt ist, dass die US-Regierung Huawei im Mai 2019 auf die sogenannte »Entity List« gesetzt haben. In ihr werden Akteure aufgeführt, die als Gefahr für die nationale Sicherheit der USA gelten. Damit ist es amerikanischen Unternehmen, vor allem wichtigen Zustellerbetrieben, untersagt, mit Huawei zusammenzuarbeiten, sofern die amerikanische Regierung dazu nicht eine zuvor individuell angefragte Genehmigung erteilt hat. US-Außenminister Mike Pompeo warnte auch Deutschland ausdrücklich vor einer Zusammenarbeit mit Huawei und bezeichnete das Spionagerisiko als große Gefahr. Zwar behielt sich die Bundesregierung vor, das Risiko durch Huawei zunächst zu prüfen. Am 30. Mai 2019 ging jedoch die Deutsche Telekom auf Distanz zum chinesischen Konzern. Das Unternehmen rät seinen Mitarbeitern von der Neuanschaffung mobiler Endgeräte aus dem Hause Huawei ab und bezog sich dabei ausdrücklich auf die Einschätzung der Trump-Regierung. Auch britische Mobilfunkunternehmen gehen auf Distanz zu Huawei und gehen keine Partnerschaften mehr für neue Geräte aus China ein. Der japanische Internethändler Rakuten stoppte den Marktstart neuer Huawei-Smartphones ebenfalls. Seit der Huawei-Entscheidung der US-Regierung überlegen zudem auch andere Regierungen, Huawei auf eine eigene »schwarze Liste« zu setzen. Die EU-Kommission fordert ein gemeinsames Vorgehen der EU-Länder zu diesem Thema, denn einen eigenen europäischen Wettbewerber, der in Konkurrenz zu den amerikanischen und chinesischen Telekommunikationsunternehmen treten könnte, gibt es nicht. Dieser Mangel erweist sich jetzt als Problem für die strategische Autonomie der EU. Denn für Europa stellt sich in dieser Lage vor allem die Frage, welchen großen Konzernen es bei der Ausstattung mit 5G-Technologie mehr vertraut: US-Unternehmen wie Intel oder dem chinesischen Huawei. Es ist anzunehmen, dass der Streit zwischen den USA und China den weltweiten Ausbau von 5G stark beeinträchtigen wird. Die Auseinandersetzung bietet zudem einen Vorgeschmack auf die Schwierigkeiten, die für Europa erwachsen, wenn es in wichtigen Fragen zwischen die Rivalen USA und China gerät und sich in Ermangelung eigener Fähigkeiten für eine der beiden Seiten entscheiden muss.

Wie so häufig ist die private Industrie in ihren Vorbereitungen für 5G der Politik jedoch bereits weit voraus: Apple hatte bereits im Dezember 2018 angekündigt, 2020 das erste iPhone mit 5G auf den Markt zu bringen. Eine weitere politische Beschränkung des Ausbaus könnte also auch für den Westen wirtschaftliche Konsequenzen haben. Trotz möglicher Schwierigkeiten könnten jedoch gerade die USA von 5G massiv profitieren. Die 5G-Smartphones werden voraussichtlich mit Chips von Qualcomm oder Micron bestückt sein – beides US-Unternehmen. Die US-Politik gegenüber Huawei hat außerdem zur Folge, dass neue Huawei-Geräte keine Android-Lizenz der Firma Google mehr erhalten werden. Zwar können die Smartphones uneingeschränkt durch das »Android Open Source Project« versorgt werden und Huawei hat mit *Harmony* inzwischen ein eigenes Betriebssystem entwickelt. Doch die Geräte kommen, wie erstmals das »Mate 30«, ohne vorinstallierte Google-Apps in den Verkauf, was die Attraktivität der Produkte in Europa deutlich schmälert.

Es zeigt sich also, dass die USA durch ihren Huawei-Bann deutlich profitieren, die eigene Präsenz im Mobilfunksegment weiter ausbauen und dieses vermutlich nachhaltig dominieren können. Somit könnte mit der Warnung Pompeos an Deutschland und Europa vor Huawei auch die Absicht verbunden sein, die amerikanischen Konzerne beim 5G-Netzausbau nicht zu behindern, sondern ihnen gegenüber möglichen chinesischen Angeboten den Vorrang zu lassen.

## 5. Notwendigkeit der Kooperation

Angesichts der inneren und äußeren Probleme Europas stehen alle Mitgliedsstaaten der EU vor der Herausforderung, essentiell sicherheitsrelevantes Wissen auch durch die Kooperation mit Staaten außerhalb der EU zu erlangen, um dieses für die Gewährleistung der eigenen Sicherheit nutzbar zu machen. Dies betrifft vor allem die Zusammenarbeit mit den USA, die einerseits durch die transatlantische Partnerschaft seit Jahrzehnten verankert ist, andererseits aufgrund der Machtfülle und der Fähigkeiten der amerikanischen Geheimdienste einen europäischen Balanceakt zwischen der Wahrung eigener Souveränität und der Notwendigkeit der Informationsgewinnung darstellt. Aufgrund der internationalen Ausnahmestellung der USA, der tiefgreifenden Kooperationsstrukturen und fehlender vergleichbarer europäischer Fähigkeiten werden die Staaten Europas aber insbesondere auf die Kenntnisse der amerikanischen Dienste angewiesen bleiben.

Was bedeutet also die enge Anlehnung der Europäer an die US-amerikanischen Geheimdienste für das politische Verhältnis zwischen den USA und der EU? Wie funktionieren die US-Geheimdienste überhaupt? Was ist ihr Auftrag? Wie sich die Geheimdienste in den USA historisch entwickelt haben, mit welchen Mitteln sie welches Wissen generieren können, welche Bedeutung sie für die amerikanische Außenpolitik haben und wie sie politisch eingesetzt werden, ist für die Beantwortung der Frage, was Europa wissen darf, von zentraler Bedeutung. Denn genau auf diese Kooperation werden sich die europäischen Regierungen in Zukunft mehr und mehr einlassen müssen.

# II. Die Geheimdienste der USA und die amerikanische Intelligence Community

Ab 2013 änderte sich für viele Menschen schlagartig das Bild, das die USA als große, prosperierende Demokratie seit Jahrzehnten auszeichnete. Der Staat, dessen Dynamik und Engagement von sehr vielen Menschen auch außerhalb der USA positiv bewertet wurde, verwandelte sich in aller Öffentlichkeit zu einem weltweit tätigen Sicherheits- und Überwachungsstaat. Das war er, wie man mittlerweile weiß, zuvor auch schon, aber erst die Snowden-Dokumente brachten ans Tageslicht, was viele mit Erstaunen, häufig mit ungläubiger, dann wütender Verwunderung zur Kenntnis nahmen. Die USA, so das seither vorherrschende Bild, sind ein staatlich-informationsindustrieller Komplex, der alles sammelt, abhört, mitliest, archiviert, auswertet und analysiert, was er weltweit erreichen und in seinen Besitz bringen kann. Diese Neubewertung betraf die amerikanische Regierung, die großen Kommunikationsunternehmen und auch die verschiedenen, der Regierung zuarbeitenden staatlichen Dienste.

Im Jahr 2013 gerieten die amerikanischen Geheimdienste wie selten zuvor in den Fokus der internationalen Öffentlichkeit und waren Gegenstand intensiver politischer Debatten und diplomatischer Auseinandersetzungen. Anhand der Affäre um den Whistleblower Edward Snowden und seiner Enthüllungen über die Überwachungsaktivitäten der »National Security Agency« (NSA) rückten die Kompetenzen der Geheimdienste und das Ausmaß ihrer Befugnisse innerhalb der amerikanischen Außenpolitik in das Zentrum internationaler Aufmerksamkeit und öffentlicher Debatten weit über die USA hinaus. Jenseits der bloßen Kenntnis um diese Aktivitäten, und das ist angesichts der Fülle an Material und Programmen schon kompliziert genug, wirft die Affäre auch grundlegende

Fragen nach dem Verhältnis zwischen der Geheimdienstarbeit und der amerikanischen Politik sowie ihrer Rolle für die außen- und sicherheitspolitischen Strategien und Vorgehensweisen der USA auf.

Nach den Terroranschlägen vom 11. September 2001 stieg die Zustimmung zu militärischen Maßnahmen in der amerikanischen Öffentlichkeit drastisch an. Ähnlich wie nach 1947, dem Beginn des Kalten Krieges, wurde der Bevölkerung eine umfassende Bedrohung der nationalen Sicherheit vermittelt und von dieser dann auch so wahrgenommen, weshalb die Sicherheitsorganisationen eine durchsetzungsstärkere Position im Entscheidungsprozess von Exekutive und Legislative einnehmen konnten. Wenn überall und jederzeit Gefahren lauern, benötige die Regierung zur Abwehr eben auch überall und jederzeit Sicherheitsorgane. Diese konnten mit dem Argument, dass durch ihre Arbeit terroristische Anschläge verhindert werden könnten, so ziemlich alles tun, was sie wollten. Denn einen zweiten 11. September nicht verhindert zu haben, wäre für die drei seitherigen Präsidenten, George W. Bush, Barack Obama und Donald Trump, der größte politische Schaden geworden. In der Bekämpfung des Terrorismus profitierten die europäischen Staaten durchaus von dieser Entwicklung, denn die amerikanischen Dienste lieferten wiederholt entscheidende Hinweise, um geplante Anschläge in Europa zu verhindern oder die Aufklärung erfolgter Anschläge zu unterstützen.

Parallel zur Vermittlung dieser neuen Bedrohungsszenarien arbeitete die amerikanische Regierung eine Strategie des internationalen Primats aus, reformierte die Streitkräfte und erhöhte den Militäretat stark. Damit nutzte sie die politische, militärische und ökonomische Vorrangstellung der USA gegenüber anderen Staaten und die Tatsache, dass die amerikanischen Bürger größtenteils mit der Rolle ihres Staates in der Welt zufrieden waren, für ihre politische Agenda und die damit verbundenen Interessen, so wie sie vom außen- und sicherheitspolitischen Spitzenpersonal der Administrationen von Präsident George W. Bush verstanden wurden. Wesentliche Kennzeichen dieser Strategie waren: weltweites Engagement, die präventive Verhinderung von Bedrohungen, die Option unilateralen Handelns, die Nutzung des militärischen Übergewichts in Konflikten und strategische Beziehungen zu den anderen Großmächten. Die amerikanische Regierung definierte damit, welche Bedrohungen sie für das Land wahrnahm, welche Interessen sie umsetzen wollte, wie sie Machtprojektion betreiben werde und welche Politikfelder auf ihrer Agenda deshalb Priorität hatten. Vor allem die Ausweitung des tatsächlichen und optionalen militärischen Handlungsfeldes und der begonnene *Krieg gegen den Terrorismus* erfordern seither eine umfassende Kenntnis aller damit zusammenhängenden Entwicklungen. Die amerikanische Regierung ist darauf angewiesen, immer besser über immer mehr Akteure und Entwicklungen informiert zu sein.

Die USA sind zudem bestrebt, ihren Status als dominante Weltmacht zu wahren und eine Position der Überlegenheit zu behalten. Überlegenheit beruht in den internationalen Beziehungen auf Ressourcen, die sich in Macht umwandeln lassen. Das waren zu unterschiedlichen Zeiten sehr verschiedene Fähigkeiten, wobei militärische und ökonomische Ressourcen stets besonders wirkungsmächtig waren. Seit den 1960er Jahren treten Informationen aus allen möglichen Bereichen als Ressourcen hinzu und nehmen inzwischen eine Schlüsselstellung ein. Die politische Überlegenheit zu halten und auszubauen erfordert politische, militärische, ökonomische und kulturelle Informationen über die anderen Großmächte und ihre Beziehungen zueinander. Die präventive Abwehr von Bedrohungen – Proliferation, Terrorismus, Drogenhandel als einige wichtige Handlungsfelder – wiederum benötigt sicherheitsrelevante Informationen, beispielsweise über sogenannte *Schurkenstaaten*, kriminelle Vereinigungen und Märkte, auf denen Geld gewaschen, militärisch relevante Technologie gehandelt, Blutdiamanten verkauft und Drogen umgesetzt werden.

Um die eigenen Sicherheitsinteressen zu wahren, benötigt die amerikanische Regierung geheimdienstliche Informationen und Wissen, also Intelligence, denn sie muss darüber informiert sein, was geschieht, wie dies zu interpretieren ist, welche Handlungen von anderen Akteuren erwartet werden können und wie diesen – mit welchen Folgen – durch eigenes Handeln begegnet werden kann. Darüber sollen sie die Abteilungen der amerikanischen Geheimdienste, der sogenannten »Intelligence Community«, aufklären. Diese haben unterschiedliche Aufgaben, sind in unterschiedlichen Ministerien angesiedelt, haben widerstreitende bürokratische Interessen, verfolgen verschiedene politische Ziele und stehen im Wettbewerb um die Gunst der Entscheidungsträger als den Adressaten ihrer Arbeit und den Quellen von Kompetenzzuweisung und Budgetmitteln. Es gibt 16 amerikanische Geheimdienste, die 2017 zusammengenommen über ein Budget von mehr als 70 Mrd. USD verfügten: Darunter sind die »Central Intelligence Agency« (CIA), das »National Reconnaissance Office« (NRO), die »National Security Agency« (NSA), die »Defense Intelligence Agency« (DIA), das »Office of Intelligence and Analysis« (I & A), das »Office of Intelligence and Counter-Intelligence« (OICI), die »National Geospatial-Intelligence Agency« (NGA), das »Bureau of Intelligence and Research« (INR) und das »Office of Intelligence and Analysis« (OIA) (Wirtschaftswoche 2013). Allein in dieser Anzahl der Dienste und der Vielzahl der somit bürokratisch gegliederten und mit enormen Finanzmitteln ausgestatteten Aufgabenbereiche wird eine erhebliche Diskrepanz zu den gemeinsamen europäischen Fähigkeiten deutlich. Nach 2002 hat die weite Definition des amerikanischen Engagements in der internationalen Politik (vgl. Kapitel IV) durch die nationale Sicherheitsstrategie die Intelligence Community erneut zu einem zentralen Akteur der Außenpolitik gemacht.

Die amerikanischen Dienste haben die Aufgaben,

1. Informationen über andere Akteure zu sammeln und die Sammlung von Informationen über den eigenen Staat und die mit ihm verbundenen Akteure abzuwehren,
2. aus diesen Informationen Wissen über andere zu generieren und die Erlangung von Wissen über den eigenen Staat durch andere – über Desinformationskampagnen beispielsweise – zu verhindern,
3. mehr oder weniger – schwarze und graue – verdeckte Aktionen in anderen Staaten (und teilweise auch im eigenen Staat) durchzuführen und verdeckte Aktionen der Dienste anderer Staaten auf dem eigenen Hoheitsgebiet aufzudecken und abzuwehren. Die Kooperation mit Diensten anderer Staaten stellt dabei eigene, spezifische Herausforderungen dar.

Die erste Aufgabe der amerikanischen Dienste besteht darin, die amerikanische Regierung über sicherheitsrelevante Vorgänge umfassend zu informieren, ihr ein *realitätsnahes* Lagebild zu verschaffen und in einem politischen Entscheidungsprozess getroffene Maßnahmen auszuführen. Die zweite Aufgabe umfasst darüber hinaus den Auftrag, andere Staaten und Gesellschaften von der sicherheitspolitischen Notwendigkeit der amerikanischen Politik zu überzeugen. Die Strategie des Primats der nationalen Sicherheit seit 9/11 stellt an die Arbeit der Intelligence Community andere Anforderungen als die Strategie des Containments (Eindämmung) während des Ost-West-Konflikts vorheriger Jahrzehnte. Überhaupt ist die Arbeit der Geheimdienste nur in engem Bezug auf das von der Regierung verfolgte politische Programm zu verstehen. Insofern sind die Dienste, anders als hin und wieder dargestellt, keine *Schattenregierung* oder eine *verdeckte Regierung*, sondern ein mit ganz besonderen Aufgaben und Kompetenzen ausgestatteter Teil der Regierungsadministration. Dass eine Aufgabe stets auch darin besteht, der Regierung die Möglichkeit zu geben zu leugnen, über ans Licht gekommene Vorgänge etwas gewusst zu haben, verkompliziert die Sichtbarkeit der tatsächlichen Kenntnis. Die Worte *Dienste* und *Transparenz* können deshalb nur in einem sehr komplexen und oft zweifelhaften Sinn miteinander in Beziehung gesetzt werden.

Wie gezeigt, bleiben die Europäer auf absehbare Zeit auf eine enge sicherheitspolitische Zusammenarbeit mit den USA angewiesen. Zum besseren Verständnis dieser Zusammenarbeit und der amerikanischen Sicherheitsinteressen stehen daher die Aufgaben und die Arbeit der amerikanischen Geheimdienste, ihre Stellung im politischen System und ihre Rolle in der Außen- und Sicherheitspolitik der USA im Mittelpunkt der weiteren Betrachtung. Als Ausgangspunkt werden im ersten Kapitel dieses Teils des Buchs zunächst ausführlich die Geschichte, der Aufbau, die Aufgaben und die institutionellen Strukturen der amerikanischen Geheimdienste dargestellt. Im zweiten Kapitel erfolgt die ausführliche Analyse der NSA-Affäre, die die europäischen Staaten und Bürger in vielfacher Hinsicht betrifft. Nach einer umfangreichen Chronologie der Geschehnisse werden sowohl die einzelnen bekannt gewordenen Programme vorgestellt als auch Formen und Ziele der Überwachung sowie die bislang bekannte Zusammenarbeit mit anderen Geheimdiensten näher verdeutlicht. Zuletzt wird die strategische Bedeutung der Geheimdienste, vor allem der NSA, für die Außen- und Sicherheitspolitik der USA insgesamt untersucht.

## 1. Die historische Entwicklung der Intelligence Community in den USA

Die Ereignisse und Entwicklungen, die durch die NSA-Affäre offenbar geworden sind, können nur dann richtig eingeordnet werden, wenn man die Entstehung der US Intelligence Community historisch nachvollzieht. 1947 wurde durch den »National Security Act« die CIA eingerichtet, um die Aufklärungsarbeit und Gegenaufklärung, die zuvor in unterschiedlichen Ministerien geleistet wurde, zu koordinieren. Verdeckte Aktionen wurden expressis verbis im National Security Act nicht vorgesehen, die Auslegung der dort formulierten Aufgaben durch die administrative Führung und die Mitarbeiter der Dienste war jedoch von Beginn an sehr extensiv. Die Organisationsform der Intelligence Community wurde seither mehrfach durch die Schließungen und Gründungen von Behörden und Abteilungen, die Einrichtung von koordinierenden Arbeitsgruppen sowie die Neuformulierung ihrer Aufgaben verändert, hat sich im Kern aber bis heute erhalten. Eine ansatzweise äquivalente Struktur findet sich auf europäischer Ebene nicht, sodass in der historisch gewachsenen, den jeweils zeitlichen Erfordernissen angepassten Struktur der amerikanischen Intelligence Community ein grundlegender, weil struktureller Vorteil der USA gegenüber der Europäischen Union besteht.

Die Geheimdienstarbeit in den USA wurde nicht erst nach dem Zweiten Weltkrieg begonnen. Intelligence hatte es in unterschiedlichen Formen schon seit der Staatsgründung der USA gegeben (Miller 1989), allerdings stellte der Angriff auf Pearl Harbour 1941 eine wichtige Zäsur dar. Deshalb wurde in Reaktion darauf am 13.6.1942 das »Office of Strategic Services« (OSS) gegründet, aus dem sich die CIA später großenteils rekrutierte. Das OSS war beim »Armed Services Chief of Staff« angesiedelt und seine Abteilungen wurden nach Ende des Zweiten Weltkriegs je nach Aufgabenschwerpunkt dem Außen- und Kriegsministerium zugeordnet. Das OSS wurde nach Kriegsende formal aufgelöst. Aber die Kriegszeit hatte den politischen Entscheidungsträgern die Bedeutung von Intelligence für die Außenpolitik einer Großmacht drastisch vor Augen geführt. Die Entscheidung, sich nach 1945 nicht wieder aus der internationalen Ordnung zurückzuziehen, sondern als Weltmacht global engagiert zu bleiben und den Konflikt mit der Sowjetunion aktiv zu führen, erforderte aus Sicht der politischen Entscheidungsträger handlungsfähige Geheimdienste.

Im Land wurde deren Gründung jedoch heftig kritisiert; nicht nur von denjenigen, die mit der Gründung von Geheimdiensten die Demokratie gefährdet sahen, sondern auch von den Rivalen in der Bürokratie – und hier vor allem dem Federal Bureau of Investigation (FBI). Aus politischen und bürokratischen Interessen sollte es keine militärische Zentralisierung geben, weshalb die CIA schließlich als zivile Organisation neben dem Department of Defense (DOD) angesiedelt und dem Präsidenten direkt unterstellt wurde. Damit waren nicht nur zum FBI – wie in der McCarthy-Ära deutlich sichtbar –, sondern auch zwischen den zivilen und militärischen Diensten bürokratische Rivalitäten institutionalisiert, die bis heute fortwirken und bestimmte Entwicklungen in der amerikanischen Außenpolitik mit erklären können.

Der Director of Central Intelligence (DCI) und seine Stellvertreter (DDCI) berichteten direkt dem Präsidenten, dessen oberster Berater der DCI in Intelligence-Fragen war. Neben dieser wichtigen Funktion war er für die Koordinierung der Intelligence Community zuständig, was mit einer Reihe von Schwierigkeiten verbunden war, die wir im weiteren Verlauf noch aufführen. Drittens war der DCI der Direktor der CIA. Mit dem »Intelligence Reform And Terrorism Prevention Act« (IRTPA) von 2004 wurde die Position des DCI in die des »Directors of National Intelligence« (DNI) umgewandelt. Dieser politische Akt ist als direkte Reaktion auf die Anschläge des 11. September 2001 zu sehen, welche vielfach als *Intelligence Failure*, also als Fehlschlag der US-Geheimdienste, bewertet wurden. So basierte die Reform dann auch im Großen und Ganzen auf den Empfehlungen der nach den Anschlägen einberufenen 9/11-Kommission. An das Büro des DNI wurde auch das »National Counterterrorism Center« (NTCT) angegliedert.

In den Aufgabenbereich des DNI fallen die Koordination der Dienste sowie die Beratung des Präsidenten. Diese zentrale Stellung sowie die Leitung des Antiterrorzentrums führen jedoch nicht zwangsläufig zu einer starken Position des DNI. Vielmehr sind die Kompetenzen der Dienste auch durch den IRTPA nicht wesentlich beschnitten worden, was weiterhin zu einer Konkurrenz zwischen ihnen und damit zu innerbürokratischen Konflikten führt. Der DNI hat zwar direkten Zugang zum

Präsidenten, aber dessen Aufmerksamkeit für Fragen der Außen- und Sicherheitspolitik ist beschränkt. Hingegen können sich der Außen- und Verteidigungsminister nicht nur auf die Außenpolitik konzentrieren, sondern sie sind in der Lage, ihre Auffassung auch noch direkt als zentrale Berater des Präsidenten ihm persönlich gegenüber oder im Kabinett zu vertreten. Der DCI hatte zu Beginn hingegen keinen Kabinettsrang, der dem Amt später zugestanden wurde (und nur der DCI Webster unter Ronald Reagan schlug dies aus), um die Auffassung der CIA gegenüber dem Außen- und Verteidigungsminister vertreten zu können.

Für die Wichtigkeit des DNI spricht jedoch die Tatsache, dass das durch ihn geleitete NTCT ein eigenes Analyseprodukt, nämlich den »President's Terrorist Threat Report« (PTTR) erstellt, welcher im Anschluss an das President's Daily Briefing überreicht wird. Seit 2018 ist er außerdem damit befasst, eine Strategie für sich bereits abzeichnende sowie zukünftige Bedrohungen zu erarbeiten und Kooperationsbeziehungen zwischen den amerikanischen Diensten und der privaten Industrie sowie zu Diensten in Partnerländern anzubahnen und zu pflegen.

Außerdem gilt der DNI als der Inbegriff des nach dem Intelligence Failure von 9/11 angestoßenen Prinzips *need to share*, nach dem Intelligence zwischen allen, die es betrifft (*need to know*), geteilt werden soll. Dies sorgt dafür, dass alle Sicherheitsbehörden sowie die Strafvollzugsbehörden und das Außen- und Verteidigungsministerium in ein gemeinsame »Information Sharing Environment« (ISE) eingebunden sind (vgl. Daun 2011b, S. 664). Außerdem ist der DNI Initiator des Metadatenspeichers »A-Space«, auf den die »Intelligence Community« der USA gesammelt zugreifen kann (vgl. National Security Agency. Central Security Service. (2008d, 30. Juni).

Der DNI und seine Stellvertreter werden vom Präsidenten ernannt und müssen vom Senat in ihrem Amt bestätigt werden. Die übrigen Dienste hingegen sind in Ministerien integriert und berichten dem jeweiligen Minister. Erst nach 1996 hatte der DCI zumindest auf einige Personalentscheidungen in den Ministerien Einfluss.

Aufgrund der autostereotypen Beurteilung der USA als *city upon a hill* im antikommunistischen Kampf der fünfziger und sechziger Jahre und der daraus resultierenden »imperialen Präsidentschaft« (Arthur Schlesinger) wurden die Geheimdienste vom Parlament nicht wirkungsvoll kontrolliert. Die öffentliche Beurteilung der CIA änderte sich insbesondere im Zuge der Watergate-Affäre und der Lüge des DCI Richard Helms vor dem Senat, als dieser das amerikanische Engagement beim Sturz Salvador Allendes in Chile abstritt. Ein unter Senator Frank Church (D-Idaho) eingesetzter Ausschuss untersuchte daraufhin Mitte der siebziger Jahre die vorausgegangenen zwei Jahrzehnte amerikanischer Geheimdienstarbeit. Das Ergebnis war für die amerikanische Öffentlichkeit schockierend: Umstürze, paramilitärische Aktionen, Bespitzelungen im eigenen Land (Operation Chaos) und Mordversuche an Staatsrepräsentanten (Operation Mongoose) wurden aufgedeckt. Präsident Ford verbot daraufhin Mord als Instrument der CIA; die Rekrutierungsmethoden wurden teilweise neu geregelt; die beiden Häuser des Kongresses richteten 1976 und 1977 spezielle Ausschüsse zur Kontrolle der Intelligence Community ein.

Die Aufgaben der CIA hatten sich inzwischen verändert. Zu Beginn sollte sie vor allem die Datensammlung und -auswertung sowie die Koordinierung der Dienste übernehmen. Im Laufe der Zeit kamen aber, auf Druck der politischen Führung, zunehmend verdeckte Aktionen hinzu. Die Führung der CIA – besonders unter Allen Dulles nach 1953 – entsprach diesen Forderungen bereitwillig. Nach dem Church-Bericht sollten diese verdeckten Handlungen schärfer kontrolliert werden. Unter Präsident Ronald Reagan wurden verdeckte Aktionen deshalb außerhalb der legalen Ordnung durchgeführt, nachdem der Kongress sie untersagt hatte (Iran-Contra-Affäre) (Byrne 2014). Nach dem Ende des Ost-West-Konflikts sollten die Geheimdienstorganisationen (wie auch andere Akteure der Sicherheitspolitik) sodann ihre Mitarbeiter und ihr Budget vermindern. Diese Reduzierung sollte Teil der Friedensdividende sein. Während in den Jahren zuvor fast alle Ressourcen zur Beobachtung der sowjetischen Gefahr aufgewandt wurden, setzte die CIA 1994 nur noch 15 % ihrer Mittel für die Beobachtung Russlands ein (Johnson 2002, S. 29). Es fand eine enorme Umverteilung der Ressourcen statt. Inzwischen haben Budget und Personal aber nicht nur wieder die Stände von 1990 erreicht, sondern diese bei weitem übertroffen. Als neue Sicherheitsbedrohungen auftraten, insbesondere Terrorismus, Proliferation, Staatszerfall und Drogenhandel, und sich diese Gefahren in den sogenannten Schurkenstaaten verbanden, konnten die Dienste nicht nur ihre alte Stellung als Akteur und Instrument in der Außen- und Sicherheitspolitik wieder einnehmen, sondern im Verlauf der letzten neunzehn Jahre auch noch enorm ausbauen. Der 11. September 2001 und die daran anschließenden asymmetrischen Kriege katapultierten die Dienste dann auch im operativen Vorgehen in die erste Reihe der außenpolitisch Handelnden. Die Erwartung nach dem Zusammenbruch der Sowjetunion war jedoch eine ganz andere gewesen.

Nach der Enttarnung von zwei langjährigen und hochrangigen Spionen in ihren eigenen Reihen arbeiteten CIA und FBI ab 1996 an gemeinsamen Maßnahmen der »Counter-Intelligence«, also der Spionageabwehr und Gegenspionage. 1997 wurde die Stelle des DDCI für Management (DDCI-MA) eingerichtet, der als Geschäftsführer für das Tagesgeschäft der CIA verantwortlich sein sollte. Der DCI sollte hingegen verstärkt koordinierende Aufgaben wahrnehmen. Hierzu wurde 1997 durch den »Intelligence Authorization Act« als Reaktion auf den Bericht der Aspin-Brown-Kommission zur Reform der Dienste von 1996 das »Committee on Foreign Intelligence« (CFI) gegründet. Es ist im »National Security Council« (NSC) der USA angesiedelt, der nationale Sicherheitsberater führt den Vorsitz und ihm gehören der DNI sowie der Verteidigungs- und Außenminister an. Dadurch sollte die Stellung der Dienste in der Regierung gestärkt und die Rolle des DNI in der Außenpolitik aufgewertet werden. Eine ähnliche Wirkung sollte die Einrichtung des »Comittee on Transnational Threats« haben, dem gegenüber dem CFI noch der Attorney General angehört. Die in den übrigen Ministerien arbeitenden Intelligence-Abteilungen blieben autonom.

2002 wurde mit dem »Department of Homeland Security« (DHS) ein neuer wichtiger Akteur in der Intelligence Community gegründet. Das DHS wurde unter Bündelung zahlreicher Bundesbehörden als eigenständiges Ministerium eingerichtet, dessen Aufgabe allein in der Wahrung der inneren Sicherheit der USA bestehen sollte. Dies war der seit 1947 ambitionierteste Versuch der amerikanischen Regierung, die Außenpolitik neu zu organisieren und dabei ihre Kompetenzen zu erweitern. Bürokratische Rivalitäten, Schwierigkeiten beim Aufbau einer derart großen Behörde und unglückliche Besetzungen an der Spitze des Ministeriums sorgten dafür, dass die Entwicklung der Mega-Behörde hinter den Erwartungen zurückblieb. Der große Intelligence-Apparat der USA ist durch Komplexität und Wettbewerbsfähigkeit gekennzeichnet. Im Folgenden soll der Aufbau der US-amerikanischen Intelligence Community näher beleuchtet werden.

## 2. Aufbau der US-amerikanischen Intelligence Community

Die Intelligence Community der USA besteht derzeit aus folgenden Organisationen:

**Abb.1:** Struktur der Intelligence Community

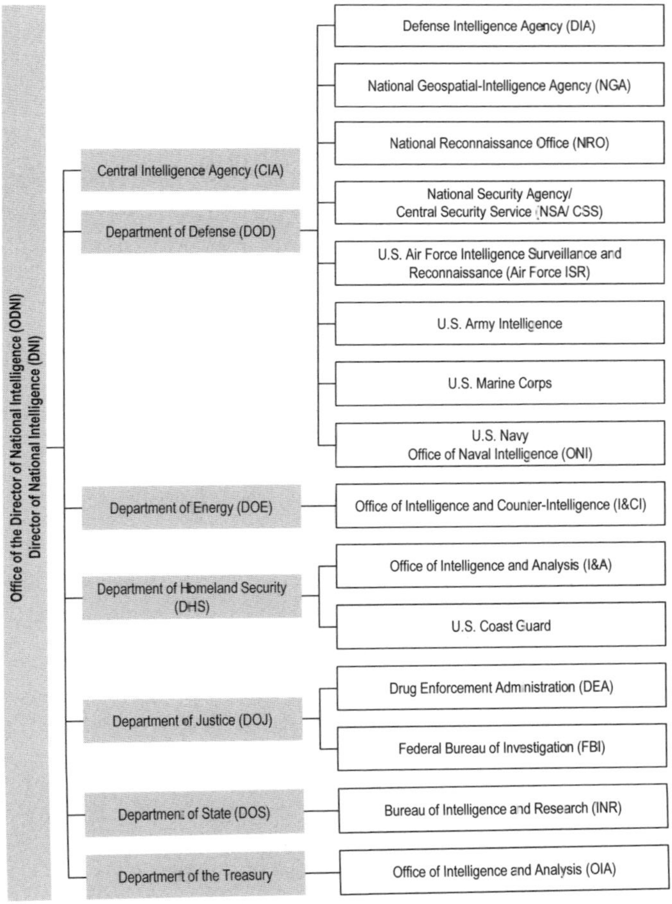


**Grafik 1:** (Daugherty Miles: 2016; eigene Darstellung)

Diese Organisationen sind unterschiedlichen Fachministerien zugeordnet und nehmen, mit verschiedenen Befugnissen ausgestattet, unterschiedliche Funktionen wahr:

**Tab. 1:** Funktionen der Elemente der Intelligence Community

| Element | Nachrichtendienstliche Funktion | Bürokratische Zuordnung |
|---|---|---|
| Office of the Director of National Intelligence (ODNI) | Koordination der Dienste innerhalb der Intelligence Community. | – |
| Director of National Intelligence (DNI) | Erster Berater des Präsidenten, des National Security Council (NSC) und des Homeland Security Council (HSC). | ODNI |
| Central Intelligence Agency (CIA) | Sammlung, Auswertung und Analyse von Intelligence für oberste politische Entscheidungsträger; Durchführung verdeckter Aktionen *(covert actions)*. | – |
| Defense Intelligence Agency (DIA) | Militärischer Abwehrdienst; Hauptproduzent militärischer Intelligence, Beratung des Verteidigungsministers. | Department of Defense (DOD) |
| National-Geospatial Agency (NGA) | Kartografische Auswertungen; Unterstützung sowohl bei militärischen als auch bei humanitären Angelegenheiten. | DOD |
| National Reconnaissance Office (NRO) | Entwicklung und Steuerung von Erkundungssatelliten der USA; Unterstützung bei der Planung militärischer Operationen und Warnung vor Konfliktherden weltweit. | DOD |
| National Security Agency (NSA)/ Central Security Service (CSS) | Sammlung von Informationen mithilfe hochtechnologisierter Systeme (TECHINT) und Decodierung für militärische Auftraggeber, nationale politische Entscheidungsträger, enge internationale Verbündete. | DOD |
| U. S. Air Force Intelligence Surveillance and Reconnaissance (Air Force ISR) | Auswertung von Air-Force Intelligence; Organisation, Ausbildung und Ausstattung von Kräften im nachrichtendienstlichen Bereich. | DOD |
| U. S. Army Intelligence | Koordination der Hauptdisziplinen der militärischen Intelligence: IMINT, SIGINT, HUMINT, MASINT, Counter-Intelligence. | DOD |
| U. S. Marine Corps | Produktion taktischer und operativer Intelligence zur Unterstützung in Kriegsgebieten; Marine Corps Intelligence und Aufklärung. | DOD |
| Office of Naval Intelligence (ONI) | Hauptproduktion maritimer Intelligence für die U. S. Navy und nationale Entscheidungsträger. | DOD; U. S. Navy |
| Office of Intelligence and Counter-Intelligence (I & CI) | Bereitstellung und Schutz von Informationen zur Energiesicherheit, Nuklearwaffen und (Non-) Proliferation, nukleare Sicherheit. | Department of Energy (DOE) |

| Element | Nachrichtendienstliche Funktion | Bürokratische Zuordnung |
|---|---|---|
| Office of Intelligence and Analysis (I & A) | Nutzung von Informationen aus verschiedenen Quellen, um aktuelle und zukünftige Bedrohungen zu identifizieren und zu bewerten. | Department of Homeland Security (DHS) |
| U. S. Coast Guard | Bereitstellung maritimer Intelligence zu möglichen Bedrohungen, Fähigkeiten, Grenzen und Intentionen von Gegnern. | DHS |
| Drug Enforcement Administration (DEA) | Nachrichtendienstliche Abteilung der nationalen Drogenbehörde, verantwortlich für die Umsetzung des Chemikaliengesetzes und dazugehörigen Regulierungen. | Department of Justice (DOJ) |
| Federal Bureau of Investigation (FBI) | Aufdeckung von Bedrohungen der nationalen Sicherheit durch nationale und transnationale Netzwerke (Counter-Intelligence), Terrorismus (counterterrorism) und Massenvernichtungswaffen. | DOJ |
| Bureau of Intelligence and Research (INR) | Bereitstellung von Informationen und Analysen zu globalen Entwicklungen und Intelligence aus allen Quellen für den Außenminister. | Department of State (DOS) |
| Office of Intelligence and Analysis (OIA) | Schutz vor illegaler Nutzung, gegnerischen Staaten, terroristischen Gruppen und weiteren Bedrohungen des Finanzsystems. | Department of the Treasury |

(vgl. Office of the Director of National Intelligence. Members of the IC)

Von besonderer Bedeutung sind diejenigen Abteilungen, die nicht nur spezifische Aufgaben ausführen, sondern auch umfassende Intelligence bereitstellen: das »Directorate of Intelligence« (DI) bei der CIA, das »Directorate of Intelligence« (DI) bei der DIA und das INR. Im Zusammenhang mit dem Prinzip des *information sharing* ist auch die Funktion des »Directors of National Intelligence« (DNI) zu sehen.

## 2.1. Director of National Intelligence

Der DNI hat sich aus der Funktion des DCI entwickelt, in der bis 2004 einerseits die Koordination der Geheimdienste und andererseits die Leitung der CIA vereint waren. Seit 2004 sind beide Funktionen getrennt. Da die Anschläge vom 11. September 2001 auch gerade auf ein Versagen der Intelligence Community zurückgeführt wurden, veränderte man deren institutionelle Struktur. Das hat nicht alle bestehenden Probleme beseitigt, insbesondere hat dies nicht zu einer *Alle-ziehen-an-einem-Strang-*Mentalität in der Intelligence Community geführt. So sind eine Reihe der fortbestehenden Funktionen unter anderem Namen – dem des DNI – mit ähnlichen Schwierigkeiten befrachtet wie zuvor; ein Blick zurück zeigt aber auch, was geändert werden sollte.

Während die in Ministerien angesiedelten Intelligence-Abteilungen auf Kabinettsebene durch ihre Minister vertreten werden, versuchte der DCI Zugang zum Präsidenten herzustellen und sein Vertrauen zu gewinnen. Hiervon hing seine Autorität in der Intelligence Community ab, was mittlerweile auch für den DNI gilt. Da der Präsident – anders als die vornehmlich mit Sicherheitsfragen befassten Minister des Außen- und Verteidigungsministeriums – nur eingeschränkte Aufmerksamkeit für außenpolitische Fragen (und hierbei nochmals für die Intelligence-Analysen) aufbringen kann, muss die Kommunikation mit dem Präsidenten sehr konzentriert sein und seine politische Agenda und seinen persönlichen Stil erfassen.

Ein gutes persönliches Verhältnis zwischen Präsident und DCI – bzw. heute dem DNI – konnte jedoch andererseits zu einer Politisierung der Dienste führen, weshalb es auch gute Argumente dafür gab (und gibt), Distanz zwischen diesen beiden Ämtern herzustellen, um eine möglichst objektive Beratung des Präsidenten zu gewährleisten. Dies wiederum kann dem Ziel eines guten Arbeitsverhältnisses zum Präsidenten widersprechen. Was den Posten des DCI auszeichnen sollte, waren Loyalität ohne Kumpelhaftigkeit und Distanz ohne Illoyalität

Die Darstellung der Gefahren eines nur begrenzt eskalierenden militärischen Engagements in Vietnam versperrte beispielsweise dem DCI John McCone (1961–1965) den Weg zu Präsident Johnson, da dieser seiner Politik widersprechende Analysen in dieser Frage nicht zur Kenntnis nehmen wollte. Distanz und Nähe zwischen Präsidenten und DCI (heute DNI) bargen also jeweils einerseits die Gefahr der Politisierung der Dienste und andererseits die ihrer politischen Bedeutungslosigkeit, die daher gegeneinander auszubalancieren waren. Anders als der Direktor des FBI wurde der DCI grundsätzlich nicht für eine feste Zeit ernannt, sondern vom jeweiligen amtierenden Präsidenten nach dessen Vorstellungen ausgewählt und nominiert.

Erst Präsident Carter fügte den DCI in die Reihen derjenigen Beamten ein, die mit der neuen Administration jeweils ausgewechselt werden. Der damalige DCI George H. W. Bush musste 1977 zurücktreten und seither haben alle Präsidenten das Amt mit einem Vertrauten neu besetzt.

Erst Präsident George W. Bush hat mit dieser Tradition gebrochen und George Tenet, der noch von Präsident Clinton ernannt worden war, im Amt belassen. Unter den Präsidenten Obama und Trump hingegen wurde die Position jeweils umgehend neu besetzt.

Die Stellung des DCI verlangte das strikte Vertrauen des Präsidenten. Er war für das Management des gesamten Intelligence-Prozesses verantwortlich und wirkte damit weit über seine eigene Behörde hinaus. In der Koordinierung der Aufklärungsarbeit konnte sich der DCI als politisch starker Akteur konstituieren. Hier konnte er anderen Beteiligten gegenüber (vor allem dem Außen- und Verteidigungsminister) Vorteile haben. Durch diese zentrale Stellung war er zudem befähigt, seine bürokratische Schwäche, die sich in einer vergleichsweise kleinen Behörde und Abstrichen beim politischen Rang ausdrückte, auszugleichen. Denn die beiden Minister waren ihm nicht nur im Rang und an bürokratischer Macht überlegen, sondern kontrollierten selbst zudem wichtige Teile der Intelligence Community. Erst seit 1997 war die Zustimmung des DCI für die Ernennung der Programm-Direktoren der NSA, NSO und NIMA erforderlich; die Leiter von DIA, INR und FBI ernannten die zuständigen Minister hingegen nach Konsultationen mit dem DCI selbst.

Die Abstimmung mit diesen Abteilungen in anderen Ministerien konstituierte somit die schwache Stellung des DCI im bürokratischen Prozess – dies wird bei der Darstellung des Budgets nochmals deutlich werden; seine Stellung im Intelligence-Prozess konnte hingegen seine Bedeutung als Berater des Präsidenten stärken, sofern er den Prozess effektiv managte.

Darüber hinaus war der DCI für das Management verdeckter Operationen, der *covert actions*, also der verdeckten politischen Beeinflussung sowie paramilitärischer Aktionen, und damit ganz besonderer Aufgaben, die der Präsident erteilte, verantwortlich.

Ihre unterschiedlichen Aufgaben bildeten sich stets in der Organisationsstruktur der CIA ab, die sich derzeit in fünf Hauptabteilungen gliedert:

1. das »Directorate of Operations« (DO), das für die Aufklärung, primär im Bereich Human Intelligence (HUMINT), zuständig ist;
2. das »Directorate of Analysis« (DA), das methodenübergreifend gewonnene Daten auswertet;

3. das »Directorate of Science and Technology« (DS & T), das die Forschung und Entwicklung koordiniert;
4. das »Directorate of Support« (DS), das die CIA verwaltet;
5. das »Directorate of Digital Innovation« (DDI) als jüngstes Direktorat, das für eine auf höchstem (technischem) Niveau bleibende Arbeitsweise der CIA sorgen soll (CIA 2015).

Auch zwischen diesen Abteilungen bestehen Rivalitäten und Konflikte, die sich aus den unterschiedlichen Interessen und damit verbundenen Mentalitäten der jeweiligen Arbeitsbereiche ergeben. Analysten und Operateure beispielsweise werden in ihren jeweiligen Abteilungen unterschiedlich sozialisiert und grenzen sich in ihrem Selbstverständnis, der Auffassung von ihren professionellen Aufgaben und den daraus resultierenden unterschiedlichen Interessen, voneinander ab. Seit den achtziger Jahren wurden parallel zur Existenz der unterschiedlichen Intelligence-Abteilungen funktionale Zentren in der Intelligence Community insgesamt eingerichtet, die, bei der CIA angesiedelt, aus Mitarbeitern aller Abteilungen zusammengesetzt wurden und folgende Politikfelder bearbeiten: Counter-Intelligence, Terrorismus, Kriminalität, Drogenhandel, Informationsaufbereitung und -analyse (CIA 2014; Diersch 2017, S. 69).

In Abgrenzung zu vorangegangen Strukturen und institutionellen Funktionen kann der DNI seit 2004 als übergeordnetes Organ betrachtet werden, was sich auch darin ausdrückt, dass das »Office of the Director of National Intelligence« (ODNI), welches der DNI leitet, oftmals als 17. Mitglied der Intelligence Community gezählt wird. Der DNI kann als Manager der Intelligence Community bezeichnet werden. Das ODNI gibt seit 2005 alle vier Jahre die *National Intelligence Strategy of the United States of America (NIS)* heraus. Die bisher letzte erschien 2019. Die Strategie listet Herausforderungen und Möglichkeiten des 21. Jahrhunderts auf, auf welche die amerikanischen Dienste reagieren müssen. Seit der Reorganisation des ODNI 2018 weist die Arbeitsbezeichnung des DNI die Ausbildung einer Strategie für sich bereits abzeichnende sowie zukünfte Bedrohungen explizit aus. Außerdem soll er Kooperationsbeziehungen zwischen den amerikanischen Diensten und der privaten Industrie sowie zu Diensten in Partnerländern anbahnen und unterstützen.

Das ODNI mit seinen etwa 1.500 Mitarbeitern hat außerdem die Aufgabe, für die Integration der einzelnen Intelligence-Produkte in eine umfassende Analyse zu sorgen (DeVine 2019). Die Position des DNI steht vor allem symbolisch für einen Paradigmenwechsel der amerikanischen IC, da sie das Ziel der Integration der Dienste und das Teilen von Informationen (*need to share*) über die bürokratische Konkurrenz der Dienste stellt. In der Praxis lassen sich die Dezentralisierung und der Wettbewerb zwischen den Diensten und den Ministerien nicht vollends aufheben. Zwar entwirft der DNI den Intelligence-Haushalt, die Gelder dafür werden jedoch von den Ministerien verantwortet. Diese entscheiden auch, wie viel Geld für welchen Posten innerhalb des Intelligence-Budgets verwendet werden kann. Die Einschränkung der tatsächlichen Macht des DNI setzt sich auch bei Parallelstrukturen im Verteidigungsministerium sowie im mangelnden Einfluss bei Personalfragen, etwa bei der Kündigung von Dienst-Chefs, fort (vgl. Daun 2011b, S. 664).

Dem EU INTCEN zum Trotz existiert auf europäischer Ebene weder eine Funktion, die der des DNI im Hinblick auf die Koordination verschiedener Dienste oder die Bündelung unterschiedlicher Informationen vergleichbar wäre, noch eine dem ODNI vergleichbare Organisation, die dies zu leisten im Stande wäre. Hinzu kommt, dass es in Europa keinen eindeutigen Adressaten für ein DNI-Äquivalent gäbe. Wem sollte beispielsweise ein dem President's Daily Briefing vergleichbares Produkt zur Verfügung gestellt werden? Der Kommissionspräsidentin, der jeweiligen Ratspräsidentschaft, allen Staats- und Regierungschefs?

## 2.2. Intelligence im Department of Defense

Im amerikanischen Verteidigungsministerium sind nicht nur nach Personal und Budget die meisten Ressourcen der Intelligence Community angesiedelt, auch die meisten Adressaten der gewonnenen Erkenntnisse gehören zum Geschäftsbereich des Verteidigungsministers. Das Pentagon sieht sich selbst deshalb als zentralen Akteur im Intelligence-Prozess und der hierfür verantwortliche stellvertretende Verteidigungsminister kann mit der Stellung des DNI konkurrieren. Für die tägliche Abstimmung mit dem DNI sind der stellvertretende DNI für Management und das Büro des Verteidigungsministers verantwortlich.

Der Direktor der DIA ist der wichtigste Berater der zivilen und militärischen Führung des Verteidigungsministeriums, die Organisation ist die primäre Datenquelle des Verteidigungsministeriums für militärische Intelligence (zum Beispiel über ausländische Truppenbewegungen) und unterrichtet auch die »Joint Chiefs of Staff« (JCS), also den Stab des gemeinsamen Oberkommandos der Streitkräfte, sowie das »Unified Combatant Command« (UCC), das Vereinigte Kampfkommando, welches sich aus mehreren Streitkräften oder Teilstreitkräften des US-Militärs zusammensetzt. Die Behörde wurde 1961 gegründet und übernimmt seit 1986 auch Aufgaben zur Unterstützung der Truppen im Kampf. Zuvor erfüllten die Dienste der Teilstreitkräfte diese Aufgaben. Seit 1995 war bekannt, dass die CIA an einem integrierten Informationserfassungssystem arbeitete, das die Streitkräfte im Kriegsfall befähigen sollte, über umfassende Informationen über den Kriegsschauplatz in (Fast-)Realzeit zu verfügen. Dies ermöglichte beispielsweise, die Zeitspanne zwischen Zielerfassung und Beschuss im Irakkrieg 2003 auf weniger als 30 Minuten zu verkürzen. Die Bereitstellung taktischer Intelligence ist eine der Hauptaufgaben der Dienste im Pentagon.

Die DIA gliedert sich in die Direktorate für Analyse, Operationen, Wissenschaft und Technologie sowie Einsatzunterstützung. Sie liefern Informationen, welche für Kampfeinsätze im Kriegsfall genutzt werden. Weltweit arbeiten etwa 17.000 Menschen für die DIA. Allein 2013 wurden 3,15 Mrd. US-Dollar aus dem Haushalt angefordert (Richelson 2016, S. 63). Die DIA verwaltet mit dem »Joint Worldwide Intelligence Communication System« (JWICS) eine wichtige Informationsstruktur für die amerikanische Intelligence Community und verleiht damit dem Prinzip *need to share* Ausdruck.

## 2.3. Bureau of Intelligence and Research

Das Außenministerium verfügt mit dem INR über einen eigenen Auslandsnachrichtendienst. Es ist erheblich kleiner als CIA und DIA und wird deshalb als schwacher Akteur im Kreis der Dienste wahrgenommen. Seine Bedeutung ist jedoch vor allem vom Zugang zur Führungsspitze des Ministeriums abhängig. Dieser war in der Vergangenheit sehr unterschiedlich, je nachdem, welche Bedeutung die amtierenden Außenminister der Beratung durch diese Abteilung beimaßen. George Shultz (1982–1989) schätzte sie beispielsweise sehr, sein Nachfolger James Baker (1989–1992) sehr gering. Das INR ist derzeit in 19 Büros unterteilt, die die geographische Ordnung des Ministeriums widerspiegeln, und beschäftigt 300 Mitarbeiter. Die Auslandsmitarbeiter mit ihrer Erfahrung in den jeweiligen Ländern sind die eigentliche Quelle ihrer Intelligence.

Ebenso wie die DIA erarbeitet das INR sogenannte *All Source Intelligence*, also Intelligence-Produkte, die entweder durch verschiedene technische Mittel erhoben wurden oder sowohl durch technische als auch durch menschliche Intelligence gewonnen wurden oder die Informationen durch geheime Zugänge mit öffentlich zugänglichem Wissen (der sogenannten *Open Source Intelligence (OSINT)*) komplettieren. Mit dem *Humanitarian Information Unit* verfügt das INR über eine Informationsagentur für die Prävention von und die rasche Reaktion auf humanitäre Notlagen. Hierfür wertet das INR auch geologische Daten aus und sammelt zeitaktuelle Daten, die sowohl politischen Entscheidungsträgern als auch Kräften vor Ort zur Verfügung stehen.

Das INR kann in Konkurrenz zur CIA geraten. Die verdeckten Aktionen der CIA führten mehrfach zu intensiven Spannungen zwischen dem State Department und der CIA (und damit ihren Repräsentanten im NSC, dem der DNI als Berater des Präsidenten angehört). Der Außenminister ist in Fragen der Außenpolitik institutionell der wichtigste Berater des Präsidenten und konkurriert deshalb mit dem DNI, wie in der Vorgeschichte des Afghanistankrieges 2001 sehr deutlich wurde. Eine verdeckte Aktion in einem Land, über die der jeweilige Botschafter möglicherweise nicht informiert ist, kann zu erheblichen außenpolitischen Spannungen führen, auch wenn sie der amerikanischen Öffentlichkeit verborgen bleibt. Die Koordinierung der *covert actions* mit der Außenpolitik insgesamt war deshalb eine zentrale Aufgabe der vormaligen DCI-Funktion und ist weiterhin eine wichtige Zuständigkeit des DNI als oberstem Berater des Präsidenten für Intelligence-Belange. Seine Kooperationsfunktion ist notwendig, da Intelligence im US-System traditionell alle Entscheidungen der Exekutive informieren soll. Im Folgenden werden wir die institutionelle Anbindung der unterschiedlichen Organisationen konkreter darstellen.

## 3. Institutionelle Strukturen und Anbindung an das amerikanische Regierungssystem

Wie bereits gezeigt, besteht die Intelligence Community aus verschiedenen Behörden mit jeweils besonderen Kompetenzen, von denen die CIA die bekannteste ist. In vielen Analysen wird der Schwerpunkt zu Recht auf diese besonderen Kompetenzen gelegt. Weniger beachtet wird hingegen, dass es sich um große bürokratische Apparate handelt, die jeweils bestimmte Eigeninteressen verfolgen und in Konkurrenz zueinander und zu anderen Bürokratien stehen sowie der eigenen Organisationsweise entsprechende Verfahrensweisen ausgebildet haben. So bestehen konstant bürokratische Rivalitäten zwischen dem INR des State Departments, der CIA – die über ihren Direktor dem NSC untergeordnet ist –, den zivilen und militärischen Intelligence-Abteilungen des DOD, dem FBI – für das der Attorney General verantwortlich ist – und den Intelligence-Abteilungen des Finanz- und Energieministeriums.

Eine weitere bürokratische Konfliktlinie verläuft zwischen den wechselnden politischen Führungen in den Ministerien und der permanenten Bürokratie. Erstere sind vor allem an der kurzfristigen Umsetzung ihrer politischen Agenda und den damit verbundenen Chancen ihrer Wiederwahl interessiert; die Bürokratie muss hingegen nicht auf dieses Programm festgelegt sein und kann eher langfristige Ziele der eigenen Organisation verfolgen. Dies kann, trotz einer grundsätzlich hoch ausgeprägten Loyalität bürokratischer Amtsträger gegenüber der politischen Führung, zum Konflikt führen, wie in der Amtszeit Donald Trumps an vielen Rücktritten in der Belegschaft des State Department beispielhaft deutlich wird.

Für den bürokratischen Prozess haben sich mit der Einrichtung des »Department of Homeland Security« (DHS) 2002 erhebliche Änderungen ergeben. Für den Bereich der Intelligence ist dabei entscheidend, dass die bisher weitgehende Trennung zwischen der Zuständigkeit nach außen (CIA) und innen (FBI) als nicht mehr problemadäquat angesehen wurde. Den neuen Sicherheitsbedrohungen sei nur durch außen- und innenpolitisch integrierte Beobachtungen und Handlungen effektiv zu begegnen, schlussfolgerte die Regierung Bush 2001 und 2002. Somit wurde ein weiterer bürokratischer Akteur am Intelligence-Prozess beteiligt.

Die unterschiedlichen politischen Positionen der Ministerien spiegeln sich in der Arbeit der jeweiligen Dienste wider. Schon von Beginn an konnte die inhaltliche Konkurrenz zwischen den einzelnen Abteilungen der Intelligence Community deren Verhaltensweisen und Positionen erklären. Die Abteilungen vertraten dabei die Haltung ihres Ministeriums und wetteiferten darum, die eigene administrative Führung und darüber den Präsidenten mit Informationen und Analysen zu versorgen. Im State Department waren deshalb fast immer die *Tauben* und im Pentagon die *Falken* der Intelligence zu finden, während die CIA allein auf den Präsidenten orientiert ist.

Die Erkenntnisse der Geheimdienste sollen eigentlich die politischen Entscheidungsträger in die Lage versetzen, Risiken für die nationale Sicherheit frühzeitig zu erkennen, Handlungsoptionen abzuwägen und besser informierte Entscheidungen zu treffen sowie deren Implementation zu überwachen. Hierzu sollen die Dienste die Erkenntnisse durch unterschiedliche Methoden überprüfen und die politische Führung über die von ihnen erkannten Bedrohungen in Kenntnis setzen. Weiterhin sollen sie ihrem spezifischen Profil entsprechend Handlungsfähigkeit anbieten.

Da sie in die bürokratischen Auseinandersetzungen zwischen DOS, DOD und NSC eingebunden sind, reflektieren die Akteure der Intelligence Community aber unterschiedliche politische Interessen. Das ist an sich nichts Neues, Intelligence reflektiert und beeinflusst stets politische Entscheidungen. Die Frage ist jedoch, inwieweit die Politisierung des Intelligence-Prozesses zu bewusst falschen (aber für die eigene Interessenlage günstigen) Einschätzungen führt. Zweifelsohne prägt die Kenntnis der politischen Prioritäten und Absichten einer Administration die Intelligence-Arbeit in diese Richtung, weshalb das Risiko besteht, dass die politische Führung nur entsprechend ihrer eigenen Präferenzen informiert wird. Andererseits ist es möglich, dass bestimmte Aufträge nicht durchgeführt werden können, weil Informationen nicht zu beschaffen oder einzuordnen sind. Oder dass verdeckte Handlungen nicht durchgeführt werden können, obwohl dies dem politischen Auftrag des Präsidenten entspricht. Auch kann zwischen der Sammlung und Verwendung von Informationen ein Konflikt entstehen, wenn die politische Führung bestimmte Erkenntnisse medial oder diplomatisch nutzen möchte, während die Dienste dadurch ihre Quellen und die Möglichkeit, weitere Informationen zu erlangen, gefährdet sehen. All dies kann wiederum auch die Politik und gesellschaftliche Debatten in europäischen Staaten beeinflussen, die von den amerikanischen Geheimdiensten Informationen erhalten, deren Beschaffung oder inneradministrative Beeinflussung sie nicht überblicken können und die sie aufgrund mangelnder eigener nachrichtendienstlicher Fähigkeiten auch nicht, oder nur eingeschränkt, überprüfen können.

So wenig die Exekutive ein geschlossener Akteur ist, so wenig ist also auch die Intelligence Community ein kohärenter Akteur. Die darin versammelten Organisationen dienen unterschiedlichen administrativen Interessen und ihre Zusammenarbeit vollzieht sich im Wettbewerb untereinander. Die Nähe zu Entscheidungsträgern ist von Vorteil, wenn es darum geht, die eigenen Analysen in den Entscheidungsprozess einzubringen. Dabei besteht allerdings die Gefahr der Politisierung, die sich darin ausdrückt, dass die Dienste nicht mehr die richtigen Fragen stellen und keine problemadäquaten Aktionen durchführen. Welche Fragen die richtigen Fragen sind, kann allerdings nicht schlüssig beantwortet werden. Einerseits, weil die Dienste ein politisches Instrument sind und ihre Operationen die politische Agenda der Regierung reflektieren müssen; andererseits, weil es keinen Maßstab für die richtigen Fragen gibt. Selbst wenn sich die Untersuchungen auf die zentralen sicherheitspolitischen Herausforderungen konzentrieren, bedeutet dies nicht, dass diese richtig analysiert werden. Auch über Erfolg und Misserfolg von verdeckten Handlungen lässt sich aus Sicht einer jeweiligen Administration streiten. So wurden vermeintliche Erfolge bei Regimewechseln Jahrzehnte später als Misserfolg gewertet. Denn die Definition des Erfolges kann strittig sein und ihre Bewertung wird sich möglicherweise mit der Zeit verändern.

Seit der Ost-West-Konflikt als Rahmen für die Einordnung von Verhaltensweisen anderer Staaten und Gruppen entfallen war, bedurften Informationen der veränderten einordnenden Darstellung, da sich sowohl relevante weltweite Akteure als auch deren Intentionen geändert hatten. Hier kam den Analysen der Intelligence Community größte politische Bedeutung zu, denn sie mussten politische Vorgaben informationspolitisch umsetzen, bevor die politische Klasse sie der Bevölkerung vermitteln konnten. Die Vorgeschichte des Irakkrieges 2003 zeigt dies beispielhaft.

Kurz nach den Anschlägen vom 11. September 2001 ließ Verteidigungsminister Rumsfeld einen Bericht erarbeiten, der die Verbindung von Osama Bin Ladens al-Qaida und dem irakischen Regime Saddam Husseins nachwies. Dieser Bericht wurde von den übrigen Intelligence-Abteilungen geprüft und als unglaubwürdig verworfen. Präsident Bush machte sich Rumsfelds Einschätzung dennoch zu eigen, wonach zwischen dem internationalen Terrorismus und dem Irak eine Verbindung bestehe. Die politisch-militärische Priorität der amerikanischen Reaktionen lag zu diesem Zeitpunkt noch bei dem Krieg in Afghanistan. Später sollte die Regierung in einer Bedrohungsanalyse feststellen, dass der Irak in wenigen Jahren Massenvernichtungswaffen besitzen würde, deren Weitergabe an Terroristen unbedingt verhindert werden müsse. Der Krieg gegen den Irak wurde beschlossen und im August 2002 hielt Vizepräsident Cheney eine viel beachtete Rede, in der er ankündigte, die USA müssten notfalls auch alleine diese Bedrohung abwehren. Dies entsprach jedoch deshalb nicht der Position von Präsident Bush, weil die öffentliche Meinung forderte, den Krieg gemeinsam mit Verbündeten zu führen. Um nun die übrigen Staaten überzeugen und auch im eigenen Land die irakische Bedrohung verdeutlichen zu können, benötigte er entsprechende, zu Intelligence verarbeitete Informationen. Mit anderen Worten: Die Entscheidung zum Krieg war bereits gefallen; nun musste sie noch – nachträglich – nach innen und außen begründet werden.

Im Pentagon wurde im August 2002 deshalb ein »Office of Special Plans« (OSP) mit 20 Mitarbeitern eingerichtet, das – an den drei Analyse-Abteilungen der Intelligence Community (CIA, DIA, INR) vorbei – seine Berichte direkt an den Stabschef des Vizepräsidenten, Lewis Libby, und an das Büro des Präsidenten leiten konnte. Die darin verarbeiteten Informationen sollten nicht mehr überprüft und die Analysen nicht weiter hinterfragt werden können, weil bekannt war, dass andere Intelligence-Abteilungen sie für unglaubwürdig hielten. Auf diese Weise erhielt die politische Führung die von ihr politisch gewünschten Informationen über eine Bedrohung durch den Irak. Auch Außenminister Powell vertrat, entgegen der Position seiner eigenen Intelligence-Abteilung, diese Analysen bei seiner Präsentation vor dem Sicherheitsrat der Vereinten Nationen. Nach dem Krieg erwiesen sich die Informationen und Analysen des OSP als falsch.

Dennoch waren sie nicht nur zur Legitimation des Krieges, sondern eben auch zur Beeinflussung der öffentlichen Meinung und Information der amerikanischen Verbündeten in Europa sowie der Formierung einer »Koalition der Willigen«, also die USA unterstützenden Staaten, eingesetzt worden. Die Aufteilung europäischer Staaten in Befürworter (beispielsweise Großbritannien und Spanien) und Gegner des Irakkriegs (beispielsweise Deutschland und Frankreich) und alle damit einhergehenden innereuropäischen Debatten und Entscheidungen über eine Beteiligung an amerikanischen Militäraktionen müssen daher auch vor dem Hintergrund der nachrichtendienstlichen Informationsweitergabe zwischen den USA und Europa betrachtet werden.

## 4. Budget und Mitarbeiter

Die Legitimität sowie der Erfolg der amerikanischen IC drücken sich auch in messbarer Ressourcen- und Personalausstattung, die die der Europäer um ein Vielfaches übertrifft und neben der zuvor genannten strukturellen Diskrepanz am Deutlichsten die Ungleichheit von nachrichtendienstlichen Mitteln und Fähigkeiten zwischen den USA und Europa verdeutlicht Die genaue Zahl der Mitarbeiter und das Budget, das der Intelligence Community zur Verfügung steht, werden allerdings nicht veröffentlicht. Da Budget sowie Ausstattung vom Kongress genehmigt werden, sind sie den betreffenden Ausschüssen bekannt. Das Budget der CIA ist im Budget des Verteidigungsministeriums enthalten und wird darin nicht gesondert ausgewiesen. Die Budgets der anderen Behörden der Intelligence Community sind in den Haushalten der jeweiligen Ministerien (Verteidigung, Außen, Justiz u. a.) enthalten. Recherchen der *Washington Post* vom August 2013, kurz nachdem die NSA-Affäre ins Rollen gekommen war, haben jedoch ergeben, dass das sogenannte *black budget* der Geheimdienste im Laufe der Jahre enorm angewachsen ist. Allein das Budget des »National Geospatial Intelligence Program« (NGP), das dem Verteidigungsministerium untersteht, hatte sich seit 2007 verdoppelt. Nach der Auflistung der *Washington Post* standen der CIA 2013 14,7 Mrd. USD, der NSA 10,8 Mrd. USD und dem NRO 10,3 Mrd. USD an Haushaltsmitteln zur Verfügung. Wie sich die Zahlen in den letzten Jahren entwickelt haben, lässt sich aus öffentlichen Quellen leider nur in Umrissen ablesen. Es ist jedoch davon auszugehen, dass die Mittel eher steigen als sinken.

Dies lässt sich anhand der Budgetierung seit 2004 nachvollziehen. Die CIA hat demnach 2004 12 Mrd. USD ausgeben können und das Budget im Jahr 2013 im Vergleich um 56 % steigern können. Die NSA konnte seit 2004 einen Budgetzuwachs von 53 % verzeichnen. Das Budget des NRO wuchs um 12 %, das NGP – verantwortlich für »imagery intelligence« (IMINT) und kartenbezogene Intelligence zu nationalen Sicherheitszwecken (Geo-INT), Militäroperationen, zur Navigation oder für humanitäre Hilfsaktionen – wuchs um 108 % im Vergleich zu 2004. Die Ausgaben für das »General Defense Intelligence Program«, das Intelligence aus menschlichen Quellen, die sogenannte »human intelligence« (HUMINT), Intelligence aus technischen Quellen, die sogenannte »technical intelligence« (TECHINT) und die Intelligence aus offenen Quellen, die sogenannte »open source intelligence« (OSINT) zu militärischen Absichten von politischen Entscheidungsträgern und auf Stabsebene sammelt, wuchs seit 2004 um 3 % an.

Die *Washington Post* hat das Intelligence-Budget von 2013 kategorisiert und themenbezogen analysiert. So flossen die Zuwächse vor allem in die Bereiche Datensammlung, Datenanalyse, Management, Gebäude und Unterstützungsleistungen, Datenverarbeitung und Datenauswertung. Dies scheint für einen mächtigen Nachrichtendienstapparat nicht überraschend zu sein. Die Zeitung attestierte jedoch auch, dass fünf grundlegende Ziele budgetär verstärkt gefördert werden, die sich auch dem Anteil und somit der Wichtigkeit nach abbilden lassen. So wurden 20,1 Mrd. USD in Bemühungen eines Frühwarnsystems für die US-Exekutive investiert. Die Elite sollte dabei über wirtschaftliche Instabilität, Staatszerfall und soziale Unruhen informiert werden. 17,2 Mrd. USD gingen an das Monitoring und die Verhinderung von terroristischen Aktivitäten. 6,7 Mrd. USD wurden 2013 dafür ausgegeben, illegalen Waffenhandel zu verhindern. 4,3 Mrd. USD flossen in *cyber operations*, genauer gesagt in die Verhinderung der Infiltrierung mit Cyber-Waffen des Gegners und deren Weiterverbreitung. 3,8 Mrd. USD wurden 2013 für Counter-Intelligence ausgegeben. Insgesamt betrug das Budget der amerikanischen Intelligence Community 2013 52,6 Mrd. USD (Washington Post 2013). 2017 waren es insgesamt mehr als 70 Mrd. USD (DeVine 2018, S. 8). Nach

Informationen der *New York Times* konzentriert sich die Administration Trump derzeit auf weitere Budgetsteigerungen, die vor allem aus einem neu entfachten Streit mit den Mächten Russland, China und Nordkorea resultierten. Informationen der Zeitung zufolge soll das Budget der Geheimdienste auf etwa 86 Mrd. Dollar erhöht werden und damit eine Steigerung von rund sechs Prozent erfahren (Barnes 2019).

Im Vergleich zu früheren Jahren stellt dies einen starken Anstieg des Intelligence-Budgets dar. In der Amtszeit von Präsident Reagan 1981–1989 wurde das Budget der Intelligence Community von 20 auf 30 Mrd. USD erhöht (Johnson 2001, S. 30). Die CIA soll einer anderen Quelle zufolge Anfang der neunziger Jahre etwa 20.000 Mitarbeiter beschäftigt haben; diese Zahl habe sich in den folgenden Jahren auf etwa 16.000 Mitarbeiter erheblich reduziert (Richelson 1999, S. 18). Die *Washington Post* hat im Rahmen ihrer Recherche Mitarbeiterzahlen aus dem Jahr 2013 veröffentlicht. Demnach sollen 107.035 Menschen für die Nachrichtendienste der USA arbeiten. 83.675 von ihnen seien zivile Kräfte. Die CIA sei hier der größte Arbeitgeber mit 21.459 zivilen Kräften. 23.400 Menschen aus dem militärischen Umfeld würden für den US-Nachrichtendienstapparat arbeiteten. Die NSA beschäftige 64 % davon, darunter 14.950 Militärangehörige. Zudem seien 21.800 hauptamtliche Mitarbeiter privater Dienstleister für die Intelligence Community tätig (Washington Post 2013).

1997 wurden erstmals die kumulierten Ausgaben der amerikanischen Regierung für Intelligence-Aktivitäten (und Maßnahmen, die damit verbunden waren) veröffentlicht. Sie betrugen 26,6 Mrd. USD für das Fiskaljahr 1997 und 26,7 Mrd. USD für 1998. Seit 1999 werden die Daten wiederum nicht veröffentlicht. Lowenthal weist darauf hin, dass die Schätzungen nach der Faustregel, dass der Intelligence-Etat mehr oder weniger 10 % des Verteidigungsetats betrage, nicht weit von den veröffentlichten Zahlen entfernt waren (Lowenthal 2003, S. 164). Vor den Anschlägen des 11. September 2001 betrug der Etat ca. 30 Mrd. USD.

Das Intelligence Budget besteht seit 2005 aus zwei Teilen: dem National Intelligence Program (NIP; vormals National Foreign Intelligence Program, abgekürzt NFIP) und dem Military Intelligence Program (MIP; vormals Joint Military Intelligence Program, JMIP, das in das MIP eingegliedert wurde). Zuvor zählte auch das Budget der Tactical Intelligence and Related Activities (TIARA) dazu. Vor der Reform enthielt das NFIP über die Hälfte, das JMIP über 10 % und TIARA über 30 % des Etats (Lowenthal 2003, S. 37). 85 % des Etats werden mittlerweile für militärische Intelligence verausgabt. Die Ausgaben für TECHINT betragen dabei etwa das Siebenfache der Kosten für HUMINT.

Das NIP finanziert Programme, Projekte und Aktivitäten der Intelligence Community, die strategische Ziele verfolgen. Das MIP deckt alle Aktivitäten mit militärischen Bezügen ab. Das NIP ist über alle 16 Organisationen der Intelligence Community verteilt, während das MIP auf die Aktivitäten des DOD begrenzt ist. Zusätzlich haben viele Abteilungen ihre eigenen Töpfe, aus denen sie ihre Missionen finanzieren.

Das NIP-Budget betrug 2017 54,6 Mrd. USD, das des MIP 18,4 Mrd. USD. 2018 wurden 57,7 Mrd. USD und für 2019 59,9 Mrd. USD im NIP veranschlagt. Im MIP waren für 2018 20,7 Mrd. USD und für 2019 21,9 Mrd. USD vorgesehen.[1] Das Gesamtbudget für die amerikanische Intelligence Community ist 2017 mit 73 Mrd. USD gegenüber dem Höchstwert der vergangenen zehn Jahre (75,9 Mrd. USD im Jahr 2012, verteilt auf 53,9 Mrd. USD für das NIP und 24 Mrd. USD für das MIP) leicht gesunken (DeVine 2018, S. 8). Da keine deckungsgleichen Grenzen Teile des Budgets und die politische Kontrolle über die verausgabende Abteilung definieren, kommt es vor allem zwischen der CIA und dem DOD immer wieder zu Auseinandersetzungen über bestimmte Programme. Dabei hat der DNI keine Weisungsbefugnis hinsichtlich der Budgetforderungen der einzelnen Intelligence Community-Behörden, für deren Arbeit er verantwortlich ist. Die Kontrolle über die genehmigten Budgets führt der DNI durch den »Community Management Staff« (CMS) aus, dessen 70 Mitarbeiter von den einzelnen Behörden der Intelligence Community auf Zeit abgestellt werden (weiterhin aber von der Heimatbehörde entlohnt werden). Loyalitätskonflikte sind dabei unvermeidlich.

1 Die neuesten verfügbaren Zahlen zur Budgetierung der amerikanischen Geheimdienste stammen aus dem Jahr 2018, daher können für 2018 und 2019 keine endgültigen Zahlen übernommen werden.

**Tab. 2:** Die Budgetzuordnung in der Intelligence Community

| Element | Budget | Zuordnung |
|---|---|---|
| Office of the Director of National Intelligence (ODNI) | NIP | – |
| Central Intelligence Agency (CIA) | NIP | – |
| Defense Intelligence Agency (DIA) | MIP | DOD |
| National-Geospatial Agency (NGA) | Defense NIP; MIP | DOD |
| National Reconnaissance Office (NRO) | Defense NIP; MIP | DOD |
| National Security Agency (NSA)/ Central Security Service (CSS) | MIP | DOD |
| U. S. Air Force Intelligence Surveillance and Reconnaissance (Air Force ISR) | Service specific MIP | DOD |
| U. S. Army Intelligence | Service specific MIP | DOD |
| U. S. Marine Corps | Service specific MIP | DOD |
| Office of Naval Intelligence (ONI) | Service specific MIP | DOD; U. S. Navy |
| Office of Intelligence and Counter-Intelligence (I & CI) | NIP | DOE |
| Office of Intelligence and Analysis (I & A) | NIP | DHS |
| U. S. Coast Guard | NIP | DHS |
| Drug Enforcement Administration (DEA) | NIP | DOJ |
| Federal Bureau of Investigation (FBI) | NIP | DOJ |
| Bureau of Intelligence and Research (INR) | NIP | DOS |
| Office of Intelligence and Analysis (OIA) | NIP | Department of the Treasury |

(Daugherty Miles: 2016; eigene Darstellung)

Eine zentrale Datenbank über die finanziellen Transaktionen innerhalb der Dienste (und das bedeutet: über die betroffenen Ministerien hinweg) steht dem DNI nicht zur Verfügung. Eine Kontrolle über die Vorgänge innerhalb der IC ist aber durch das Government Accountability Office (GAO) gegeben. Es erhält Einblick und kontrolliert die Intelligence Community mit Ausnahme der CIA, welche dies durch eine spezielle Regelung kategorisch ausgeschlossen hat. Auch kann der Präsident dem GAO eine Einsichtnahme in weitere Belange der Auslandsgeheimdienste verbieten, wenn besonders sensitive Bereiche beziehungsweise Aktivitäten der Gegenspionage berührt werden. Im Gegensatz dazu hat sich das Verteidigungsministerium eine Selbstverpflichtung auferlegt, wonach seine Dienste das Auditing des GAO voll unterstützen sollen. Allerdings behält man sich auch hier vor, gegebenenfalls verzerrte Berichterstattung über die eigenen

Tätigkeiten zu korrigieren. Die Kontrolle ist also in mehreren Punkten faktisch eingeschränkt (Kaiser 2008).

Im komplexen Budgetprozess, der eine wichtige Managementaufgabe darstellt, müssen bis zu acht Fiskaljahre beachtet werden. Denn während des aktuellen Fiskaljahrs müssen die vorangegangenen zwei Jahre abgeschlossen, die folgenden zwei Jahre in Budget und Programmen geplant und eine mittelfristige Finanzplanung für die folgenden fünf Jahre vorgenommen werden. Wie in allen Bürokratien haben diejenigen Mitarbeiter, die mit der Finanzplanung befasst sind (ebenso wie die Mitglieder der Appropriation Committees des Kongresses, die später die Mittel zuweisen), einen erheblichen Einfluss auf die Arbeit der Abteilungen der Intelligence Community.

## 5. Kontrolle der Intelligence Community

Im Zusammenhang mit der Budgetierung muss auch die Kontrolle der Tätigkeiten der amerikanischen Geheimdienste betrachtet werden, denn Informationen sind eine wichtige Machtressource. Die Kontrolle der Geheimdienste ist deshalb politisch bedeutsam, weil dieser bürokratische Apparat sich darauf versteht, Informationen zu sammeln und zu entwickeln sowie verdeckte Aktionen zu implementieren. Gleichzeitig liegt es in der Aufgabe der Geheimdienste begründet, dass ihre Kontrolle nicht auf dieselbe Weise wie gegenüber anderen Bürokratien ausgeübt werden kann. Die Kontrolle der Dienste erfolgt in den USA durch die Exekutive und die Legislative. Deren Akteuren stehen unterschiedliche Ressourcen zur Verfügung und Möglichkeiten der Kontrolle offen – und sie verfolgen unterschiedliche Interessen. Auch Medien und Öffentlichkeit können kontrollierend auf die Arbeit der Intelligence Community Einfluss nehmen.

Die Kontrolle innerhalb der Exekutive – und besonders innerhalb der CIA durch den Generalinspekteur, der dem Kongress verantwortlich ist – soll Mängel der Aufklärungsarbeit und möglichen Missbrauch aufdecken. Diese Informationen sollen möglichst innerhalb der Exekutive verbleiben, wobei bürokratische und persönliche Rivalitäten das Verhältnis von Dienst und Kontrolle prägen können. Die Legislative hat erst nach den Ermittlungen des Church-Ausschusses, Mitte der siebziger Jahre, die

Kontrollmechanismen verstärkt. In den neunziger Jahren wurde der Kongress sodann zu einem wichtigen Adressaten von Analysen und hat dadurch seine Stellung gegenüber den Diensten gestärkt.

## 5.1. Die exekutive und parlamentarische Kontrolle der Intelligence Community

In Fragen der nationalen Sicherheit bestand in den USA lange Zeit ein überparteiliches Verständnis von der Notwendigkeit, der Exekutive einen größeren Handlungsspielraum zuzugestehen. Dies hatte sich nach dem Ende des Ost-West-Konflikts gewandelt; die Sicherheitsdebatten wurden parteilicher. Während der Präsidentschaft George H. W. Bushs versuchte der Kongress mittels eines Gesetzes durchzusetzen, dass das Parlament 48 Stunden vor Beginn einer verdeckten Aktion unterrichtet werden müsse. Der Präsident legte hiergegen erfolgreich sein Veto ein.

Nach dem 11. September 2001 zog sich der Kongress wiederum stärker aus der Gestaltung der Sicherheitspolitik zurück. Die frühere überparteiliche Übereinkunft konnte nicht mehr gefunden werden. Überhaupt ist das de facto Zwei-Parteiensystem der USA mit einer schrillen populistischen Herausforderung konfrontiert. Die Kontrolle der Dienste folgt diesem generellen Verhältnis der Institutionen in Fragen der nationalen Sicherheit.

Die Genehmigung von Aktivitäten der Dienste erfolgt gemäß dem amerikanischen Gesetzgebungsprozess in zwei Schritten. Im ersten Schritt werden die beantragten Programme genehmigt und die dafür vorzusehenden Finanzmittel eingestellt, im zweiten Schritt werden die dafür vorgesehenen Budgetmittel schließlich bereitgestellt.

Für die Genehmigung der Programme und die Festlegung der dafür notwendigen Mittel sind die 1976 (Senat) und 1977 (Repräsentantenhaus) eingerichteten Ausschüsse, nämlich das »Senate Select Committee on Intelligence« (SSCI) und das »House Permanent Select Committee on Intelligence« (HPSCI) sowie in einigen Fragen militärischer Programme die »Armed Services Committees« im Repräsentantenhaus und Senat zuständig. Die Genehmigung der von diesen Ausschüssen für die beantragten Programme vorgesehenen Budgetmittel erfolgt in den Unterausschüssen für Verteidigung der »Appropriation Committees« in beiden Häusern.

Die beiden Intelligence-Ausschüsse sind relativ klein: 1999–2001 (106. Kongress) waren 16 Abgeordnete im Ausschuss des Repräsentantenhauses und 19 Mitglieder im Senatsausschuss vertreten, im seit 2019 amtierenden 116. Kongress sind es 15 Mitglieder im Senat und 22 im Repräsentantenhaus. Die Mitgliedschaft ist in beiden Ausschüssen derzeit auf acht Jahre begrenzt. Dadurch soll die enge Verbindung zwischen den Diensten und ihren Kontrolleuren, die vor 1975 zu Fehlentwicklungen geführt haben soll, verhindert werden.

Die beiden Ausschüsse sind unterschiedlich zusammengesetzt. Das SSCI ist jeweils so besetzt, dass die Mehrheitspartei einen Abgeordneten mehr entsendet als die Minderheitenfraktion, die den stellvertretenden Vorsitzenden stellt. Die Zusammensetzung im Repräsentantenhaus bildet die Mehrheitsverhältnisse direkt proportional ab.

Im Gesetzgebungsverfahren ist es einerseits möglich, dass die Dienste bestimmte Aktionen genehmigt bekommen, ohne dass sie das Geld zur tatsächlichen Durchführung erhalten, andererseits können ihnen Budgetmittel zugewiesen werden, ohne dass das entsprechende Programm autorisiert wurde. Offiziell dürfen aber keine Mittel ausgegeben werden, ohne dass das zugrundeliegende oder ein anderes Programm zuvor genehmigt wurde.

Durch die Fiskalgesetzgebung hat der Kongress Einblick in Aufbau und Ausstattung der einzelnen Dienste, in ihre geplanten Programme und in den Schwerpunkt ihrer Arbeit. Aus der Budgetgesetzgebung resultiert – wie im gesamten Gesetzgebungsprozess – die zentrale Machtstellung des Parlaments. Deswegen sind die meisten Mittel auch an das jeweilige Fiskaljahr gebunden, wodurch zumindest prinzipiell die Planungsfreiheit der Exekutive begrenzt wird.

Die beiden Intelligence-Ausschüsse veröffentlichen jährlich einen Report bezüglich der von ihnen verhandelten Fragen. Diese Veröffentlichungen sind aus Sicherheitsgründen nicht umfassend, stellen jedoch ein weiteres Kontrollelement der Intelligence-Politik der Regierung dar. Auch durch Anhörungen (Hearings) und Nominierungen übt das Parlament Kontrolle aus. Die meisten Hearings zur Intelligence Community finden dabei unter Ausschluss der Öffentlichkeit statt. Sie dienen dem Parlament dazu, von den Befragten Informationen zu erhalten, um damit den Informationsvorsprung der Exekutive auszugleichen. Das bei jeder Regierung festzustellende Verhalten, nur die Informationen weiterzuleiten, die die eigene Politik stützen und begründen, soll durch jene Suche nach einer umfassenderen Information ausgeglichen werden. Die Ladung von externen Sachverständigen kann hierzu ebenfalls beitragen. Die Exekutive hingegen nutzt die Hearings, um dem Zuhörerkreis ihre Politik »zu verkaufen«. Die Abgeordneten über bestimmte Vorhaben zu informieren, bindet diese darüber hinaus – sofern sie nicht dagegen protestieren – in die Entscheidung ein, was, je nach Ausgang einer verdeckten Aktion, im Interesse der Regierung liegen kann. Dies würde aus Sicht der Regierung für eine umfassendere Information der Ausschüsse sprechen. Dagegen spricht, dass die Regierung im Parlament die Mehrzahl der Kanäle vermutet, durch die geheime oder vertrauliche Informationen an die Öffentlichkeit gelangen. Empirisch ist dies allerdings nicht zu belegen.

Das Recht des Senats, die für den Posten des DNI und der DDNI nominierten Personen[2] zu befragen und danach zu bestätigen oder abzulehnen, hat seit 1977 immer wieder dazu geführt, dass Nominierte zurückgetreten sind. Insgesamt geschah dies zwar nicht häufiger als in anderen Ministerien (1977 wurde Theodore Sorensen, 1987 Robert Gates und 1997 Anthony Lake vom Senat als DCI abgelehnt), dokumentiert aber dennoch den politischen Einfluss des Senats auf die zentrale Besetzung in der Intelligence Community.

Zwischen den beiden Kongressausschüssen existiert eine Arbeitsteilung, wobei die Zuständigkeit des Intelligence-Ausschusses des Repräsentantenhauses breiter ist, während der Senatsausschuss den DNI und seine beiden Stellvertreter sowie andere führende Mitarbeiter bestätigen muss. Der SSCI hat die Zuständigkeit für die CIA, DCI, CMS und NIC; der Ausschuss des Repräsentantenhauses über das NFIP, das alle Programme umfasst, die über einzelne Abteilungen hinausgehen, nicht verteidigungsspezifisch sind und etwa die Hälfte des Intelligence-Budgets ausmachen.

Mit dem »House Armed Services Committee« teilt sich der Intelligence-Ausschuss die Zuständigkeit für verteidigungsspezifische Intelligence-Programme. Dies führte zu einem kooperativen Verhältnis der beteiligten

2 Über die genannten Führungspositionen hinaus müssen auch einige Assistant Directors (ADCI's), der Inspector General, der General Councel und der Chef des Office of Congressional Affairs vom Senat bestätigt werden.

Ausschüsse im Repräsentantenhaus, während die Ausgrenzung des »Senate Armed Services Committee« zu erheblichen Konflikten mit dem SSCI führte. Für die Kontrolle der Intelligence-Abteilung des State Department sind das »House Committee on Foreign Affairs« und »Senate Committee on Foreign Relations« zuständig, für das FBI die »Judiciary Committees« in beiden Häusern.

Präsident Obama stellte im Rahmen seiner Regierungserklärung zur NSA-Affäre am 17. Januar 2014 institutionelle Änderungen zur Kontrolle der US-Geheimdienste vor, die die Überwachungsmaßnahmen der NSA und anderer Dienste wohl auf neue Füße stellen sollten. An den eigentlichen Programmen dürfte sich jedoch nichts geändert haben. »In some cases I ordered changes in how we do business. We increased oversight and auditing, including new structures aimed at compliance.« (Obama 2014) Konkret bedeutet dies, dass im Rahmen von Section 702 des »Foreign Intelligence Surveillance Acts« (FISA) von 1978 (im Weiteren auch FISA Section 702 oder FAA Section 702 genannt) gesammelte Daten nicht mehr zentral bei der NSA gespeichert, sondern der Kontrolle der Regierung durch ihre Speicherung an dritter Stelle entzogen werden sollten. Dadurch änderte sich zwar die Form des Zugriffs auf die Daten, dieser ist der NSA jedoch immer noch möglich. Zudem wurde die Telefonmetadatenüberwachung, die Section 215 ermöglicht hatte, gestoppt. Der Präsident sprach sich dafür aus, neue Mechanismen zu finden, »that preserves the capabilities we need without the government holding this bulk-metadata« (Obama 2014).

Diese Textstelle gibt Aufschluss darüber, dass – ähnlich wie bei der Metadatenabschöpfung von Internetkommunikation (siehe Kapitel III, 3) – gewisse Rahmenbedingungen geändert werden sollten, die Grundkapazitäten jedoch weiterhin als sinnvoll und nützlich erachtet werden und auf andere Art wohl wieder reaktiviert werden sollten oder könnten. Geheime Beschlüsse des »Foreign Intelligence Surveillance Court« (FISC) werden nun von einem Bürgeranwalt begleitet, der für die Privatsphäre der zu untersuchenden Personen eintreten soll. Da das Gericht geheim tagt, wird über die Auswirkungen der Einsetzung eines solchen Anwalts schwer zu urteilen sein. Der DNI und der Generalbundesanwalt, dem das FBI untersteht, sollen darüber hinaus jährlich die FISC-Prozesse einem Bericht unterziehen. Sie sollen prüfen, ob Entscheidungen deklassifiziert werden können. Prüfinstanzen aus dem direkten Umfeld der Dienste zu wählen, stellt vermutlich keine Stärkung des Datenschutzes von Privatpersonen dar, sondern ist als vertrauensbildende Maßnahme zu sehen, die an der Überwachungspraxis der Dienste fundamental nichts ändern wird:

»The reforms, I'm proposing today, should give the American people greater confidence that their rights are being protected, even as our intelligence and law enforcement agencies maintain the tools they need to keep us safe.« (Obama 2014)

## 5.2. Medien und Öffentlichkeit

Die amerikanische Öffentlichkeit ist bereits vor der NSA-Affäre durch Enthüllungen von Mordanschlägen (gegen Fidel Castro), Geheimdiensttätigkeiten innerhalb der USA (gegen Martin Luther King, gegenüber der Protestbewegung gegen den Vietnamkrieg) und illegalem Handeln (Iran-Contra-Affäre) für die Grenzen der Geheimdiensttätigkeit sensibilisiert worden. Innerhalb Europas haben diese Enthüllungen Vorbehalte gegenüber den amerikanischen Geheimdiensten in der öffentlichen Meinung eher geschürt. Präsident George W. Bush musste deshalb einen Untersuchungsausschuss einsetzen, der die Überprüfung scheinbar politischer Gestaltung von Intelligence vor dem Irakkrieg zum Ziel hatte. Die aus den unterschiedlichen Interessen resultierenden Spannungen zwischen der Gewährleistung dessen, was die Exekutive jeweils unter nationaler Sicherheit versteht, und dem Anspruch auf demokratische Kontrolle der Regierung treten hier besonders deutlich zutage.

Die Medien, deren öffentliche Kontrollfunktion hier einsetzen sollte, haben in den USA lange Zeit die Bedrohungsvorstellungen der Regierung transportiert und dadurch zu einem gesellschaftlichen Klima beigetragen, das der Exekutive oft die Möglichkeit gab, unkontrolliert handeln zu können. Die politische Richtung des Präsidenten hat dabei übrigens keine Rolle gespielt, im Gegenteil: Präsident Kennedy, ein Demokrat, war einer der besonders Engagierten in diesem Feld. Der Church-Ausschuss konnte die Ereignisse zu Beginn der sechziger Jahre nur deshalb nicht vertieft aufarbeiten, weil viele Zeugen nicht mehr lebten und noch keine schriftlichen Befehle (presidential findings) ausgefertigt werden mussten. Nach 1975/76 verstärkten die Medien hingegen ihre Beobachtung der Dienste, weil die Fixierung auf die sowjetische Bedrohung abnahm. Bekanntlich vermitteln aber vor allem elektronische Medien weniger gesellschaftlich ausgewogene Informationen, als dass sie für die regierungsseitige Kommunikation ein wichtiges Kommunikationsmittel darstellen. Entsprechend änderte sich das Bedrohungsgefühl in der Bevölkerung, als unter Präsident Reagan die Bedrohungsvermittlung wieder zunahm.

Je stärker eine Bedrohung in der Vergangenheit vermittelt und wahrgenommen wurde, desto eher waren die Administrationen bereit, den Handlungsspielraum der Dienste breit anzulegen. Die Steuerung der öffentlichen Meinung durch die Regierungen ist hierfür eine wesentliche Bedingung und die Intelligence Community trägt entscheidend dazu bei. Denn der Präsident und seine engsten Berater können durch Informationsmanagement einen Großteil des außenpolitischen Prozesses innerhalb der USA gestalten, indem sie den Informationsfluss und seinen Inhalt regulieren. Dazu dient auch eine Reihe von Studien diverser Think Tanks, die sich an Multiplikatoren wenden, um über Agenda-Setting die für eine Gesellschaft wichtigen Themen zu definieren, um sodann über Informationsmanagement die inhaltliche Debatte zu beeinflussen.

Zudem werden die elektronischen Medien und vor allem die 24-Stunden-Nachrichtensender von den Diensten als Gefährdung ihrer zentralen Stellung im regierungsamtlichen Informationsmanagement gesehen. Denn sie können die politische Führung jederzeit mit angeblich objektiven, direkt vor Ort gewonnenen und bildlich unterlegten Informationen versorgen. Diese Befürchtung wird dadurch verstärkt, dass die Berichterstattung in Echtzeit Informationen rascher transportieren kann, als Bürokratien sie verarbeiten können. Es ist zumindest denkbar, dass sich Entscheidungsträger aufgrund der Schnelligkeit und Direktheit der elektronischen Informationen von solchen Stimmungen beeinflussen lassen, denn bis auf wenige Ausnahmen – die Verteidigungsminister Lee Aspin und Harold Brown gehörten hierzu – erwartet das politische Führungspersonal knappe und rasch aufzunehmende Informationen. Dies scheint auf Präsident Trump in ganz besonderer Weise zuzutreffen. Die Intelligence-Berichte erfüllen dieses Kriterium nicht immer – und selbst wenn sie es erfüllen, können sie mit Echtzeitberichterstattung nicht konkurrieren.

Zuletzt haben die Kriege in Afghanistan und im Irak eine wichtige Veränderung der öffentlichen Kommunikation verdeutlicht. Die Steuerung der öffentlichen Meinung innerhalb der USA durch die Regierung wurde dadurch unterstützt, dass die amerikanische Regierung aus zwei Gründen private Satellitenkapazitäten gemietet hatte. Erstens benötigte man die Kapazitäten, um die taktische und operative Intelligence an den Kriegsschauplatz transportieren zu können. Das dazu notwendige Datenvolumen hätte mit eigenen Kapazitäten nicht übertragen werden können. Zweitens konnte man auf diese Weise verhindern, dass andere Nutzer ebenfalls auf diese Übertragungskapazitäten zugriffen. Parallel wurde die öffentliche Meinung durch die Journalisten im Kampfgebiet mit einer bestimmten Sichtweise des Krieges versorgt (»Embedded Journalism«).

Auch außerhalb der USA, so auch in den verbündeten europäischen Staaten, kann die amerikanische Regierung durch die gezielte Weitergabe oder die Betonung bestimmter Informationen versuchen, die Haltung von Regierungen einerseits, aber auch die öffentliche Meinung andererseits zugunsten der USA zu beeinflussen. Dies kann beispielsweise sowohl durch öffentliche Reden oder Medienbeiträge geschehen als auch durch die Weitergabe von Informationen auf offiziellen Kanälen zwischen den Regierungen. So ist es kein Zufall, dass Präsident Obama dem ZDF 2014 sein erstes Exklusivinterview im deutschen Fernsehen gab, um auf die NSA-Affäre zu reagieren, die zuvor die öffentliche Meinung in Deutschland erheblich gegen die USA gewendet hatte.

## 6. Wirtschaftliche Interessen und Intelligence

Das Verhältnis zwischen wirtschaftlichen Interessen und der Intelligence Community umfasst mehrere Dimensionen:

1. die Interessen der Unternehmen an wirtschaftlicher Intelligence und Counter-Intelligence;
2. die Interessen der Unternehmen an bestimmten politischen Maßnahmen und ihrer verdeckten Durchsetzung;
3. die Interessen der Unternehmen und der Dienste an verlässlichen und geschlossenen Beschaffungsvorgängen bei sensitiven Gütern;
4. die Interessen der Dienste an Forschung und Entwicklung auf dem Gebiet der Informations- und Kommunikationstechnologie;
5. die Interessen der Unternehmen und der Regierung am Schutz kritischer Infrastrukturen;

6. die Interessen der Dienste, den Export von sensitiver Technologie zu verhindern.

Schon in den neunziger Jahren maßen die amerikanischen Regierungen der wirtschaftlichen Intelligence einen steigenden Stellenwert zu. Wirtschaftsspionage, der Diebstahl geistigen Eigentums und die Sicherheit der Forschungsergebnisse wurden wichtiger, denn die wirtschaftlichen Beziehungen wurden als das entscheidende Feld des Wettbewerbs der Großmächte gesehen. Nicht Irak und Iran, sondern Japan, Frankreich und China wurden als Zielländer der Intelligence fixiert. Verhandlungen um Großaufträge – vor allem bei Exporten militärischer Güter – wurden durch die Dienste begleitet. Zwischen 1993 und 1997 konzentrierten sich die Dienste sogar auf Wirtschaftsspionage, erst danach erhielten militärische Fragen wieder die deutliche Priorität. Bedeutsam blieb allerdings die Aufgabe, die Regierung über die weltwirtschaftliche Entwicklung und besonders die hiervon ausgehenden Zwänge für andere Staaten zu informieren.

Die Tätigkeit der Geheimdienste kann nicht immer deutlich von der Vertretung amerikanischer Wirtschaftsinteressen getrennt werden. In vielen Fällen existieren fließende Grenzen. In einigen Situationen – beispielsweise in Guatemala 1954 oder Chile 1973 – waren die wirtschaftlichen Interessen so dominant, dass die CIA als Instrument der amerikanischen Außenwirtschaftspolitik agierte. Streng genommen handelt es sich hierbei aber nicht um ein Verhältnis zwischen Wirtschaft und Intelligence, sondern um das Verhältnis zwischen Wirtschaft und Politik, die ihr Instrument – die CIA – zur Vertretung wirtschaftlicher Interessen einsetzt.

Die Forderung, zumindest die Gesamtausgaben für die Intelligence Community jährlich zu veröffentlichen, wurde nur 1997 und 1998 erfüllt. In der Zeit nach 2001, besonders in den Jahren 2007 bis 2010, konnte ein starker Anstieg der Ausgaben für Intelligence beobachtet werden (von ca. 63,5 Mrd. in 2007 USD auf 80,1 Mrd. USD in 2010). Auch wenn in der Folgezeit der Intelligence-Etat zunächst wieder gekürzt wurde, lag er doch, wie gezeigt, immer über der gängigen Schätzregel von 10 % des Verteidigungshaushalts (Federation of American Scientists o. J.). Unbekannt ist hingegen, welche Anteile die laufenden Personal- sowie Sachausgaben haben und wie groß die Forschungs- und Investitionsetats innerhalb des

Budgets sind. An Letzteren haben Unternehmen Interesse, deren Produkte von den Diensten nachgefragt werden. Dabei handelt es sich um Produkte der technischen Informationssammlung und -verarbeitung, sowohl für die Intelligence als auch für Aufgaben der Counter-Intelligence. Der Anteil der Ausgaben für Hard- und Software dürfte in den letzten Jahren stark angestiegen sein. Dafür sprechen die technologische Entwicklung sowie die Prioritäten von Regierung und Kongress, soweit sie bekannt sind. Die Unternehmen, die Aufträge für die Intelligence Community erhalten, sind hoch spezialisiert und der Sicherheitsvorkehrungen wegen stark von Aufträgen aus den Intelligence-Haushalten abhängig (wie umgekehrt die Dienste von den Produzenten). Da die Möglichkeiten der Informationssammlung und -verarbeitung selbst Gegenstand der Geheimhaltung sind, handelt es sich um ein sensitives Geschäft. Die Unternehmen lernen die Aufgaben und Methoden der Intelligence kennen, wodurch die Anforderungen an die parallele Counter-Intelligence erhöht werden. Weil diese wirtschaftlichen Geschäftsbeziehungen nicht leicht zu wechseln sind, haben sie insbesondere für die Produzenten einen hohen Wert, die Satelliten für die NRO herstellen. Darüber hinaus sind die Dienste an Forschungs- und Entwicklungsleistungen der privaten Wirtschaft interessiert, soweit diese für die eigenen Informations- und Kommunikationsaufgaben genutzt werden können, denn der technische Fortschritt in allen Bereichen der Hard- und Software ist in der privaten Wirtschaft größer als in der staatlich kontrollierten Entwicklung.

Probleme resultieren auch daraus, dass Unternehmen ihre Produkte verkaufen wollen – und zwar auch an Kunden außerhalb der amerikanischen Intelligence Community. Einen solchen Export von sensitiver Technologie versuchen die Dienste zu verhindern und stehen mit diesem Interesse im Widerspruch zu den ökonomischen Interessen der Unternehmen und ihren Verbündeten in der Bürokratie, vor allem mit denen aus dem Wirtschaftsministerium. Dass Präsident Clinton 1999 den Export von Software zur Verschlüsselung von elektronischer Kommunikation zuließ, wurde seitens der Dienste kritisiert. Mittlerweile ist bekannt, dass die amerikanischen Dienste – allen voran die NSA – ihrerseits im Brechen von Verschlüsselungscodes wohl weltweit am versiertesten sind. Zudem spielt dem amerikanischen Sicherheitsapparat in die Hände, dass die global zur Kommunikation und zur Speicherung benutzten Technologien in den USA programmiert werden, was für die Europäer manche Herausforderung zum Schutz eigener Daten und den Aufbau eigener Industriekapazitäten aufwirft. Die Zusammenarbeit mit der Privatwirtschaft ist somit ein starkes Machtpotenzial für die Dienste und jede Regierung. Daher ist auch die Außen- und Sicherheitspolitik der USA auf die Nutzbarmachung dieser Instrumente für ihre Interessen ausgelegt. Das Kapitel IV wird daher ausführlich erklären, welche Rolle die Geheimdienste in der Sicherheitsstrategie der USA einnehmen.

## 7. Grundlagen: Aufgaben und Funktionen von Intelligence – der Intelligence-Zyklus

Intelligence dient jeder Regierung weltweit dazu, ihre Sicherheitsinteressen zu wahren. Wie bereits betont, muss sie darüber informiert sein, was geschieht, wie dies zu interpretieren ist, welche Handlungen von anderen Akteuren erwartet werden können und wie diesen – mit welchen Folgen – durch eigenes Handeln begegnet werden kann. Wie gezeigt, hat sich insbesondere in den USA zur Bewältigung dieser Aufgabenstellung seit dem Zweiten Weltkrieg ein großer Apparat verschiedener Dienste aufgebaut.

Diese haben, wie bereits erwähnt, unterschiedliche Aufgaben, siedeln in unterschiedlichen Ministerien, haben widerstreitende bürokratische Interessen, verfolgen verschiedene politische Ziele und stehen im Wettbewerb um die Gunst der Entscheidungsträger als den direkten Adressaten ihrer Arbeit. Die weite Definition des amerikanischen Engagements in der internationalen Politik durch die Nationale Sicherheitsstrategie 2002 (vgl. Kapitel IV) hat die Intelligence Community seitdem auf mehrfache Weise erneut zu einem zentralen Akteur der Außenpolitik gemacht.

Ihre vordringlichste Aufgabe besteht darin, die amerikanische Regierung über sicherheitsrelevante Vorgänge umfassend zu informieren. Diese Aufgabe wird in drei Phasen arbeitsteilig erarbeitet. *Erstens* werden Informationen gesammelt, Daten zusammengetragen und gespeichert. *Zweitens* wird aus diesen Daten nach unterschiedlichen Verfahren relevantes Wissen gewonnen. *Drittens* werden die nach einem Entscheidungsprozess getroffenen Maßnahmen ausgeführt. Dies geschieht auf zwei Weisen. Zum einen verdeckt, so dass weder die eigene Bevölkerung noch andere Regierungen erfahren, welche Maßnahmen umgesetzt wurden. Zum anderen geheim, indem mit den Diensten anderer Staaten Beziehungen aufgebaut und Kooperationen eingegangen werden (vgl. Omand 2010). Hierüber wirken die amerikanischen Dienste aufgrund ihrer (meistens vorhandenen) Informationsüberlegenheit auf die Entscheidungsprozesse in anderen Regierungen ein. Dies gilt vor allem für Staaten, mit denen die USA eng verbündet sind und mit denen, wie im Falle der Europäer, insbesondere der NATO-Mitglieder, enge Austauschmechanismen bestehen. Alle diese Prozesse werden parallel durch Abwehrmaßnahmen begleitet, die dafür sorgen, dass andere Dienste keine Daten sammeln können, kein entsprechendes Wissen erwerben, keine verdeckten Aktionen ausführen können und so aus Kooperationsbeziehungen ausgeschlossen werden.

Für die Funktionen der Intelligence Community – die Sammlung, Aufbereitung und Analyse von Daten – ist die Wahrnehmung der Umwelt von besonderer Bedeutung, weil sie wesentlich darüber entscheidet, welche Staaten, Gruppierungen oder Entwicklungen als relevant eingeschätzt und deshalb beobachtet und möglicherweise beeinflusst werden sollen. Auf diese als relevant eingestuften Akteure und Entwicklungen fokussiert sich die Sammlung von Informationen und deren Analyse.

Angesichts knapper Personalstände und begrenzter Verarbeitungsfähigkeiten existieren darüber hinaus stets mehr Informationen als schlussendlich ausgewertet werden können (vgl. Krieger 2014). Praktiker der Dienste weisen auf diese doppelte Einschränkung in der Wahrnehmung der Wirklichkeit hin: dass *erstens* nicht alle Informationen, gesammelt werden können und dass *zweitens* nur ein Bruchteil ausgewertet und analysiert werden kann. Wie noch beschrieben wird, kommt den in der NSA-Affäre bekannt gewordenen Programmen daher auch eine signifikante strategische Bedeutung für die Auswertungsfähigkeiten der USA zu. Grundsätzlich ist es schon ein erheblicher Fortschritt im Informationsprozess, wenn die Dienste wissen, wonach sie überhaupt suchen. Die Ubiquität komplexer Bedrohungen erschwert solche Definitionen.

Der Festlegung, welche potenziellen Bedrohungen vorrangig beobachtet und welche Entwicklungen zuerst analysiert werden, kommt deshalb politische Bedeutung, mittelbar auch für verbündete Staaten, zu und wird entweder von der Regierungsspitze oder durch selbst hervorgerufene oder durch andere Akteure ausgelöste Krisen definiert. Manche Themen werden längerfristig fokussiert – die russische Nuklearbewaffnung, die militärische Entwicklung Chinas –, andere, wie beispielsweise die Entwicklungen auf Haiti, nur sporadisch. Allerdings ist gerade die NSA bei der Beobachtung regionaler Strukturen aktiv, so zum Beispiel in der Beobachtung mexikanischer Drogenkartelle. Allerdings lassen sich hier durch die territoriale Nähe zu US-Grenzen auch verstärkte innenpolitische Interessen attestieren.

Informationen sollen aktuell, relevant, genau, nicht von fremden Akteuren beeinflusst und ebenso breit wie tief sein. Der tägliche Bericht an den Präsidenten und seine Mitarbeiter enthält im Idealfall deshalb genau die Informationen für diesen einen Tag, denn nur dann nutzen sie der politischen Führung. Qualitativ gute Analysen zum richtigen Zeitpunkt zu liefern, ist auch das Ziel der Intelligence Community. Nur dadurch kann sie professionell und für den politischen Prozess von Bedeutung sein. Dies ist eine wichtige Voraussetzung für die Reputation der Dienste und die Ausweitung ihrer Kompetenzen und das dafür notwendige Budget.

## 7.1. Quellen und Methoden der Intelligence

Intelligence ist der Prozess und das Ergebnis einer bürokratischen Koordination, um der politischen Führung (oder den von ihr beauftragten Adressaten) auf der Basis öffentlich zugänglicher oder erst erschlossener Informationen Kenntnis von Vorgängen und den möglichen Folgen eigenen und fremden Verhaltens zu vermitteln. Diese sollten von Bedeutung für die Realisierung der vorherrschenden gesellschaftlichen Werte und für die Erreichung der entsprechend definierten Ziele sein sowie andere Akteure davon abhalten, Kenntnis über die eigene Informationsgewinnung und Interessenumsetzung zu erlangen, wo dies nach Willen der politischen Führung verweigert werden soll (Jäger/Daun 2005).

Die politische Führung kann Intelligence

1. für politische, militärische und ökonomische Planungsentscheidungen,
2. für die Einsicht in und Entscheidung zwischen unterschiedlichen Optionen aktuellen politischen Handelns,
3. für die Implementation politischer und militärischer Entscheidungen,
4. als Warnung vor bestimmten Ereignissen und Entwicklungen,

5. für die Planung und inhaltliche sowie organisatorische Ausgestaltung internationaler Verhandlungen,
6. als Instrument des Krisenmanagements bei internationalen Konflikten und Kriegen,
7. als Instrument des Monitorings zur Einhaltung internationaler Vereinbarungen und Verträge nutzen.

Die zentralen Funktionen der an diesem Prozess beteiligten Akteure sind:
1. Informationen zu sammeln, auszuwerten und zu analysieren;
2. über Counter-Intelligence die Sicherheit der eigenen Organisation zu gewährleisten und verdeckte Maßnahmen anderer Staaten – Desinformationskampagnen, klassische Spionageaktivitäten, Cyberangriffe u. ä. – abzuwehren;
3. mittels *covert actions* Maßnahmen der Regierung im Geheimen umzusetzen;
4. die Kooperation mit anderen Diensten auszugestalten.

Die erste Aufgabe der Intelligence-Abteilungen besteht darin, Informationen zu sammeln, die von anderen Akteuren entweder aktiv verweigert werden, welche also geheime Informationen darstellen, oder die jeweils für sich keinen Vorgang darstellen, aber Hinweise auf einen solchen enthalten und daher näher beleuchtet werden müssen. Intelligence ist etwas anderes als eine einzelne Information; es ist die Beschreibung der dahinterstehenden politischen, militärischen oder ökonomischen Handlungsabsicht oder Handlung von Akteuren. Da diese aber nicht offengelegt wird oder sogar verborgen werden soll, ist das Sammeln von Informationen nötig. Sie sind das Material, aus dem Intelligence gewonnen wird.

Die ausgewerteten Informationen können auf unterschiedlichen Ebenen abgefragt werden. Die Unterscheidung zwischen politischer, strategischer, taktischer und operativer Intelligence bezeichnet die unterschiedlichen Ebenen ihrer Anwendung. Dies kann am Beispiel des Irakkriegs 2003 verdeutlicht werden:
1. Politische Intelligence sollte das politische Ziel des Krieges legitimieren. Hierfür hätte bewiesen werden müssen, dass der Irak über Massenvernichtungswaffen verfügt.

2. Strategische Intelligence sollte erläutern, über welche militärischen Kräfte und Mittel der Irak zur Kriegsführung verfügte.
3. Taktische Intelligence fand in den Kriegshandlungen Anwendung, insofern Daten über die einzelnen Kriegsschauplätze gesammelt, ausgewertet und den Militäreinheiten zur Verfügung gestellt wurden.
4. Operative Intelligence bezieht sich auf den einzelnen Kampfvorgang, der unterstützt werden soll.
5. Die Erfahrung aus dem Irakkrieg war, dass die größten Fortschritte im Bereich der operativen und taktischen Intelligence gemacht wurden.

Die Informationssuche kann gezielt erfolgen, wenn bekannt ist, wonach gesucht wird und wo das Gesuchte gefunden werden kann. Sie kann aber auch quasi ziellos erfolgen, indem über elektronische Hilfsmittel Signale gesammelt werden. Dabei kann es sich um Sprache, Texte, Bilder und Codes handeln.

Hierzu werden unterschiedliche Methoden angewandt, wobei sich die Wahl der Methode zuletzt als politische Entscheidung erwiesen hat. So gab es zwischen dem Planungsdirektor der CIA, Richard Bissell, und seinem Mitarbeiter, Richard Helms (der später Direktor der CIA wurde), Ende der fünfziger Jahre einen Konflikt über die Frage, ob die technische oder die personale Informationssammlung Vorrang hätten (Robarge 2007). Dieselbe Frage stellte sich Anfang 2000 erneut, als bemängelt wurde, dass die USA zwar über ausreichend Satelliten verfügten, aber Mitarbeiter aus Zentralasien und den islamischen Milieus nur sehr unzureichend rekrutiert und betreut hätten. Dies ist zeitaufwendig und teuer, weshalb sich die Intelligence, die mit technischen Hilfsmitteln Signale erfasst (TECHINT) gegenüber der Abschöpfung von Informationen durch Personen (HUMINT) weitgehend durchgesetzt hat. Ein Teilbereich, der zudem zu den relativ am wichtigsten Bereichen gehört, ist SIGINT, also die Überwachung von elektronischen Signalen und – genauer – COMINT, also die strategische und taktische Aufklärung von Kommunikation. Die einzelnen Programme zur Sammlung und Auswertung von Informationen, die in den letzten Jahren bekannt wurden, werden wir noch beschreiben.

Beide groben methodischen Unterscheidungen, HUMINT und TECHINT, haben ihre Stärken und Schwächen. Während die Spionagearbeit viel Engagement erfordert und mit den physischen und psychischen Gefährdungen der Beteiligten umgehen muss, steht TECHINT vor dem Problem, dass es wie ein Staubsauger Informationen anzieht, aber zwischen bloßem Lärm und relevanter Information nicht sogleich unterscheiden kann. Der Nebel der gesammelten Informationen gibt den Blick auf die darin verborgene Intelligence nicht direkt und unmittelbar, sondern eben nur vermittelt frei. Sie muss aus den gewonnenen Daten gefiltert werden. Deshalb wird für die Analyse die Forderung erhoben, dass zur Bestätigung eines Vorgangs Informationen mit unterschiedlichen Methoden erhoben werden sollten. *All source analysis* (auch multi-INT's) bezeichnet solche Analysen, die Daten aus allen verfügbaren »INTs« nutzt, um Erkenntnisse zu gewinnen.

*HUMINT:* Human Intelligence umfasst alle Handlungen, bei denen Menschen direkt mit der Sammlung von Informationen betraut sind.

*TECHINT:* Technical Intelligence umfasst alle Möglichkeiten, Bilder, Signale und Informationen mittels technischer Erfassung zu sammeln, also ohne direkte Beteiligung von Menschen. Dazu gehören unter anderem:

*IMINT:* Imagery umfasst alle Bereiche der Bildaufklärung. Hierzu werden vor allem Satelliten genutzt, die in den USA vom NRO entwickelt und administriert werden. IMINT wird jedoch auch durch Drohnen (Unmanned Arial Vehicles) erhoben (Lowenthal 2003, S. 63).

*MASINT:* Measurement and Signatures Intelligence; MASINT wird unterteilt in TELINT und ELINT, also Telemetry Intelligence, telemetrische Aufklärung, und Electronic Intelligence, elektronische Aufklärung. MASINT konzentriert sich vor allem auf die Erforschung von Waffenkapazitäten und industrieller Machtpotenziale des Gegners. MASINT misst beispielsweise Bestandteile von Fabrikabgasen oder Industrieabfall und kann so etwa Hinweise auf die Produktion von chemischen Waffen erhalten (Lowenthal 2003, S. 73).

*SIGINT:* Die Signalaufklärung hat im Zeitalter des Kalten Krieges noch vermehrt über Funkwellen stattgefunden und erstreckt sich nun vor allem auf die elektronische Kommunikation via Internet. Der Begriff weist keine klare Trennschärfe zu ELINT und TELINT auf, allerdings kann attestiert werden, dass sich gerade in jüngster Zeit SIGINT vorrangig auf COMINT, also die Aufklärung von Kommunikation, bezieht. Unter diesem Oberbegriff werden sowohl Inhalte analysiert als auch Metadaten gespeichert und nachvollzogen (Lowenthal 2003, S. 71).

*SOCMINT:* Der Terminus ist erst in jüngerer Zeit aufgetaucht und bezeichnet Social Media Intelligence. Diese Informationen sind einerseits via Twitter und Facebook eingeschränkt öffentlich zugänglich, können andererseits aber auch durch Geheimdienste erschlossen werden. SOCMINT ist damit eine Unterform von SIGINT bzw. COMINT (vgl. Omand/Bartlett/Miller 2012).

*OSINT:* Open Source Intelligence umfasst die Sammlung aller schriftlichen, mündlichen und anderweitig verbreiteten Informationen, die legal erfasst werden können. Zeitungen, (wissenschaftliche) Zeitschriften, Bücher, Gebrauchsanleitungen, Fernseh- und Radiosendungen sowie das Internet sind die wichtigsten Quellen, aber auch Beobachtungen in den Zielländern – etwa bei Manövern – gehören hierzu. Die Nutzung von öffentlich zugänglichen Internetquellen durch Geheimdienste hat unter anderem durch die Verbreitung von sozialen Netzwerken neue Relevanz erhalten.

Während des komplexen Prozesses der Informationsbeschaffung können sowohl menschliche beziehungsweise technische Maßnahmen als auch öffentlich zugängliche oder verdeckte Quellen genutzt werden. Hierbei zu bestimmen, welche Maßnahmen oder Methoden welchen Anteil am finalen Intelligence-Produkt haben, ist schwierig festzustellen. Bis heute werden in der wissenschaftlichen Literatur die Schätzungen des dritten DCI Roscoe Hillenkoeter (1947–1950) herangezogen, welche besagen, dass 80 % der Analyse aus legal erreichbaren Informationen bestehen, also Open Source Intelligence.

Die folgende Darstellung verdeutlicht, wie sich die Erfassung von öffentlichen oder verdeckten Informationen mit der Erfassbarkeit durch menschliche oder technische Quellen in Kongruenz bringen lässt:

**Tab. 3:** Kategorisierung von Intelligence nach Zugang

| | Erfassung durch Menschen | Erfassung durch Technik |
|---|---|---|
| Öffentliche Informationen | OSINT | OSINT |
| Verdeckte Informationen | HUMINT | TECHINT |

Davon sind die Informationen über physische Produkte – beispielsweise Waffen und Kommunikationssysteme – zu unterscheiden, die aus der direkten Untersuchung des Gegenstandes gewonnen werden können. Aus diesem Grund versuchen Sicherheitskräfte zu verhindern, dass gegnerische Staaten und Gruppen in den Besitz eigener Produkte gelangen. Dieses Ziel widerspricht jedoch den Interessen der Rüstungsindustrie, ihre Produkte in großer Zahl in andere Staaten verkaufen zu können. Rüstungsexporte der USA werden schon lange mit *black boxes* bestückt, um dem Käufer den Einblick in die Software des Produktes aus ökonomischen sowie Intelligence-Gründen zu verwehren (Joyner 2006, S. 30).

Intelligence unterscheidet sich zudem je nach Politikfeld, für das sie Aussagen trifft:

1. *Politische Intelligence* umfasst die Gesamtheit der außen- und innenpolitisch relevanten Aspekte in der Entwicklung und dem Verhalten anderer Staaten und Gruppen.
2. *Militärische Intelligence* erkundet die militärischen Fähigkeiten anderer Staaten und Gruppen.
3. *Ökonomische Intelligence* erfasst den Zustand und die möglichen Entwicklungen ausländischer Nationalökonomien und Märkte.
4. *Industrielle Intelligence* sammelt Informationen über einzelne Unternehmen, ihre Produkte, Produktionsweise und Forschungsprogramme.
5. *Wissenschaftlich-technologische Intelligence* beobachtet die Entwicklung der Forschung und Technik in anderen Staaten, besonders in militärisch sensitiven Bereichen.

6. *Soziokulturelle Intelligence* analysiert die Stabilität von staatlich verfassten Gemeinwesen und die Politisierung von Ethnien und Religionen.
7. *Ökologische Intelligence* analysiert die Entwicklungen der natürlichen Umwelt und wurde in den letzten Jahrzehnten als eigenständiger Bereich (allerdings ohne politische Priorität) organisiert.

Dabei kann zwischen *strategischer* und *taktischer* Intelligence unterschieden werden. Erstere zielt auf Kenntnisse über die mittel- und langfristig verfolgten politischen Zwecke anderer Akteure und die Unterstützung bei der Verfolgung der eigenen ordnungspolitischen Interessen. Taktische Intelligence, die den strategischen Zweck bestenfalls mitverfolgt, bezieht sich auf kurzfristiges Handeln und einzelne Aktionen.

In der amerikanischen Intelligence Community wurde nach den langjährigen Kriegen im Irak und Afghanistan bemängelt, dass die Erfordernisse taktischer Intelligence – insbesondere militärische Aufklärung vor Ort – auf Kosten strategischer Intelligence – betreffend den Aufstieg Chinas, die Regionalpolitik Russlands und die dynamischen Entwicklungen in den arabischen Staaten – gingen. Dabei erwiesen sich Zeit, Mitarbeiter und Geld ebenso als knappe Ressourcen wie die Aufmerksamkeit politischer Entscheidungsträger. Der enorme Ausbau der Fähigkeiten zur Sammlung und Analyse von großen Datenmassen wurde während der Zeit nach 9/11 mit großem politischem und bürokratischem Elan vorangetrieben.

Ein zentrales Problem besteht darin, dass sich bestimmte Informationen leichter sammeln und analysieren lassen als andere. Beispielsweise wird eine Bedrohung durch das Zusammentreffen offensiver Fähigkeiten und offensiver Intentionen definiert. Offensive Fähigkeiten lassen sich mit entsprechender Aufklärung jedoch leichter identifizieren und tabellarisch erfassen als die damit verfolgten politischen Absichten, die sich zudem schnell ändern können. So ist es einerseits überzeugend, die Analyse auf offensive Fähigkeiten zu konzentrieren, weil sie bei entsprechender Absicht genutzt werden können, selbst wenn diese derzeit noch nicht offensiv ausgerichtet ist. Andererseits ist für die Beurteilung zu einem bestimmten Zeitpunkt auch die politische Absicht des beobachteten Akteurs von großer Bedeutung. Während die Beobachtung der Fähigkeiten mittels Luftaufklärung (für die bestehenden Fähigkeiten) und Signalerfassung (beim Test zukünftiger Fähigkeiten) möglich ist, erfordert die Erfassung der politischen Absichten darüber hinaus personale Informationssammlung.

Auch zwischen den beiden Häusern des Kongresses – die für die Finanzierung der Programme verantwortlich sind – bestand nicht immer Einvernehmen darüber, auf welche Weise Informationen gesammelt werden sollen. Grundsätzlich gilt zwar, dass Informationen möglichst auf vielfältige Weise gesammelt und spezifische Informationen auf unterschiedliche Weise bestätigt werden sollen. Angesichts knapper Ressourcen und divergierender bürokratischer und ökonomischer Interessen mussten jedoch Prioritäten gesetzt werden. Der Senat verlangte von der Administration Reagan beispielsweise die Einsetzung von weiteren Satelliten zur Bildaufklärung (IMINT) und drohte damit, anderenfalls dem START-Vertrag nicht zuzustimmen. Demgegenüber wird aus den Ausschüssen des Repräsentantenhauses immer wieder die Bedeutung von HUMINT betont.

In jedem Fall müssen die gesammelten Daten bearbeitet, übersetzt und decodiert werden. Mit SIGINT erfasste Daten erfordern besonders intensive Bearbeitung, um überhaupt analysiert werden zu können, aber auch HUMINT-Informationen müssen auf ihre Richtigkeit hin überprüft werden.[3]

Dabei werden mehr Daten gesammelt als verarbeitet und in die Analyse einbezogen werden können. Deshalb kommt es auch innerhalb der Schwerpunkte geheimdienstlicher Arbeit darauf an, welche Fragen an die Daten gestellt werden. Dabei wurde in der Vergangenheit das Problem des »mirror imaging« beobachtet, das verhinderte, dass Vorgänge verstanden wurden, obwohl ausreichend Einzelhinweise vorlagen. »Mirror imaging« bedeutet, dass bei der Erarbeitung von Fragen oder der Auswertung von Informationen davon ausgegangen wird, dass der *beobachtete* Akteur sich genauso verhält, wie die eigene Organisation dies tun würde. Dies führte dazu, dass falsche Fragen gestellt oder beobachtete Phänomene nicht ad-

3 Diese Notwendigkeit wird vor allem durch den Fall »Curveball« deutlich: Unter diesem Decknamen führte der Bundesnachrichtendienst den irakischen Chemiker Rafed Ahmed Alwaneine als Quelle, die Informationen über das Waffenprogramm des irakischen Diktators Saddam Hussein lieferte. Teile seiner Aussagen, darunter ein Bericht über rollende Biowaffenlabore und einen Giftunfall in einer Waffenfabrik, waren jedoch gelogen. Eben diese Informationen gab der BND aber an die amerikanische Regierung weiter und wurden von dieser als wesentlicher Beweggrund für den Krieg gegen den Irak 2003 herangezogen. Vgl. dazu auch Drogin 2007.

äquat eingeschätzt wurden, weil die Analytiker mit einer bestimmten Erwartung an die Bearbeitung des Problems gingen. Durch die Weiterverbreitung möglicherweise unzutreffender Einschätzungen können derartige Fehler in der Methodik amerikanischer Dienste auch Bedrohungswahrnehmungen und sicherheitspolitische Entscheidungen in Europa beeinflussen.

## 7.2. Intelligence-Produkte

Idealtypisch kann man die Generierung von Intelligence in einem Zyklus abbilden. Während ein Diagramm der CIA den Intelligence-Prozess in fünf Punkte unterteilt, geht Lowenthal von einem siebenteiligen Prozess aus. Er setzt dem klassischen Intelligence-Zyklus der CIA, der aus den Schritten Planung, Sammlung, Datenerschließung und Datenauswertung, Analyse und Weitergabe an den politischen Entscheidungsträger besteht, einen mehrschichtigen prozessualen Zyklus entgegen (Lowenthal 2003, S. 52). In ihm laufen die einzelnen Schritte idealtypisch auch in dieser Reihenfolge nacheinander ab, werden jedoch vom Feedback der einzelnen beteiligten Abteilungsglieder vervollständigt. Je nachdem wie dieses ausfällt, werden die nächsten Analyseschritte ablaufen bzw. wird zum vorangegangenen Schritt zurückgegangen. Außerdem findet in Lowenthals Schema die Beurteilung des Entscheidungsträgers nicht nur am Ende statt. Indem er die Ergebnisse als unzureichend oder nicht aussagekräftig erachtet, kann er den Zyklus erneut anstoßen.

**Abb. 2:** The Intelligence Process: Multilayered

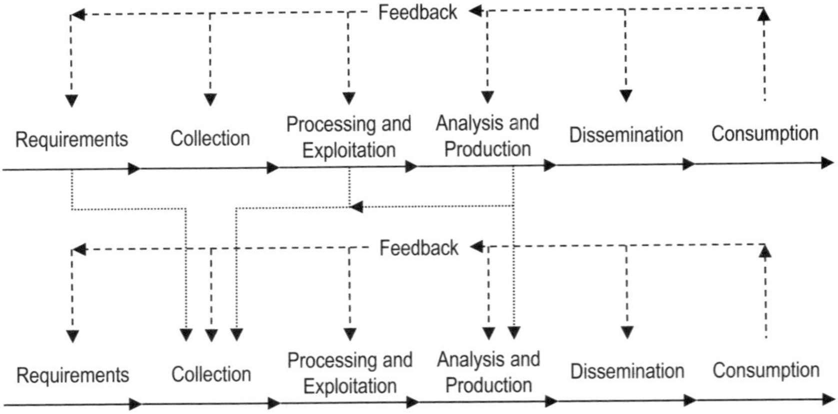


**Grafik 2:** (Lowenthal 2003, S. 52)

Die analytische Arbeit wird häufig als die zentrale Aufgabe der Dienste beschrieben. Sie muss auf den gesammelten Daten aufbauen und ihre politische Relevanz ist von der Weitergabe an die administrative Führung abhängig; sie ist deshalb in den Intelligence-Prozess eingebunden. Drei Aspekte der Analyse wollen wir knapp skizzieren: die einheitliche versus die kompetitive Analyse; das Problem der Politisierung; und die Unterscheidung zwischen einer Krisen- und Langzeitanalyse.

Die Intelligence Community der USA produziert, wie bereits erwähnt, kompetitive Analysen; die Abteilungen stehen miteinander und um die Gunst der politischen Entscheidungsträger im Wettbewerb. Wie die jeweiligen Analysen zum Präsidenten und seinen engsten Mitarbeitern gelangen, entscheidet über ihren politischen Stellenwert. Die Vorteile dieser Vorgehensweise, unterschiedliche Analysen vorgelegt zu bekommen, können darin bestehen, dass sie die Entscheidungsträger nicht mit einer sicheren Variante, sondern mit mehreren Möglichkeiten zukünftiger Entwicklungen konfrontieren. Ein Nachteil dieser Art der Analyse liegt in der Entstehung politischer Kosten, weil der politischen Führung die scheinbar eindeutige, unzweifelhaft sichere Grundlage für eine Entscheidung fehlt. Die Anforderung, die unterschiedlichen Analysen zusammenzuführen, endete häufig auf dem kleinsten gemeinsamen Nenner, der weniger dem beobachteten Vorgang als bürokratischen Interessen entspricht.[4]

Das Interesse der politischen Führung an sicherem Wissen über Vorgänge (zur Steuerung administrativer Entscheidungen und der öffentlichen Meinung) steht der Vorgehensweise entgegen, bei uneindeutigen Informationen auch unsichere Analysen zu kommunizieren. Die eingangs beschriebene Konkurrenz zwischen CIA und Verteidigungsministerium um die Intelligence zum Dritten Golfkrieg verdeutlichte dieses Problem: Intelligence ist ein politisches Instrument und wird in der bürokratischen Auseinandersetzung entsprechend eingesetzt.

Zwischen den politischen Beamten und der Bürokratie bestehen deshalb unterschiedliche Interessen an der Politisierung von Intelligence. Die politischen Beamten sind daran interessiert, ihre Agenda umzusetzen, während die Bürokratie in kritischer Distanz hierzu stehen kann, da die Politisierung des Intelligence-Prozesses die Gefahr birgt, Vorgänge nicht mehr problemadäquat zu erfassen. Auch hierfür lieferte die Vorgeschichte des Dritten Golfkriegs viele Beispiele, in denen Informationen nicht danach bewertet wurden, ob sie sich bestätigen ließen, sondern ob sie in die politischen Absichten der Administration passten (Drogin 2007).

Langfristige Analysen und Krisenanalysen sind zwei unterschiedliche Formen der Intelligence, wobei erstere umfassend Daten sammelt, auswertet und analysiert, während die letztere aufgrund des hohen Zeitdrucks Informationen ziemlich roh weiterleiten muss. Im Rahmen langfristiger Analysen können deshalb bestimmte Ereignisse anders interpretiert werden, als dies in zeitnahen Krisenanalysen der Fall ist. Dies kommt vor allem dann zum Tragen, wenn beispielsweise entschieden werden muss, wann vor einem bestimmten Vorgang gewarnt werden soll. Weder soll die Aufmerksamkeit auf falsche Vorgänge gelenkt noch sollen Anzeichen für Bedrohungen übersehen werden. Hier stellt sich die Aufgabe, der politischen Führung die Analysen zum rechten Zeitpunkt zur Verfügung zu stellen, wenn sie mit weiteren Fragen und vor allem der Vermittlung von Politik in der Öffentlichkeit befasst ist.

4 Ein instruktives Beispiel hierfür ist die 1965 in einem längeren interbürokratischen Abstimmungsprozess ermittelte Stärke der nordvietnamesischen Armee. Das Pentagon hatte aus politischen Gründen die Vorgabe, dass die Schätzung unter 300.000 Soldaten liegen müsse, während die CIA-Analysen von 600.000 Soldaten ausgingen. Im Bericht des DCI standen am Ende die Zahl 248.000, die nicht der militärischen Realität in Vietnam, sondern der politischen Realität in Washington entsprach.

Die Administration wird regelmäßig in standardisierten Verfahren über neue Erkenntnisse informiert. Die Dienste nutzen diese Möglichkeit, um bei den Entscheidungsträgern Gehör zu finden und den politischen Prozess zu beeinflussen.

Der Präsident wird jeden Morgen durch das bereits erwähnte *President's Daily Briefing* auf zwanzig bis dreißig Seiten durch das ODNI über die aktuellen Entwicklungen unterrichtet. Dieses Briefing wird formal den Wünschen der Präsidenten entsprechend gestaltet, in den frühen Morgenstunden zusammengestellt und steht außer dem Präsidenten nur sehr engen Senior-Beratern zu Verfügung.

Mehrere hundert Adressaten in der Exekutive und den zuständigen Kongressausschüssen erreicht allmorgendlich der Senior Executive Intelligence Brief (SEIB), der von der CIA in Koordination mit den anderen Intelligence-Abteilungen zusammengestellt wird. Das INR im State Department erstellte bis 2001 täglich die »Secretary's Morning Summary« (SMS); die DIA im Pentagon zudem den »Military Intelligence Digest« (MID). Beide Berichte zirkulierten zwar nicht so umfangreich wie der SEIB, wurden aber über das eigene Ministerium hinaus verbreitet. Bis 2001 stellen SEIB, SMS und MID der politischen Führung unterschiedliche Sichtweisen der Intelligence Community parallel zur Verfügung, seither nur mehr SEIB und MID. Die Unterschiede bezogen sich nicht nur auf die Interpretation derselben Informationen, sondern die beiden Papiere konnten auch unterschiedliche Themen behandeln.

Den Mitgliedern der entsprechenden Kongressausschüsse (armed services, foreign affairs, intelligence) stellt die CIA Analysen zur Verfügung und informiert sie in Hintergrundgesprächen. Im NIC, einer Organisation zwischen den Bürokratien, werden die »National Intelligence Estimates« (NIE) von Mitgliedern aller Abteilungen der Intelligence Community erarbeitet. Sie stellen die Position aller Dienste dar. Die Studien werden teilweise in jahrelanger Analyse erarbeitet und dienen dazu, zukünftige Entwicklungen zu antizipieren. Verantwortlich ist der DNI, der den Bericht unterzeichnet und dem Präsidenten zuleitet. In dringenden Fragen legt das NIC sogenannte »Special NIE's« vor.

Produzenten und Adressaten von Intelligence haben unterschiedliche Interessen, die im Verlauf des Intelligence-Prozesses reflektiert werden und auf die erarbeiteten Kenntnisse Einfluss nehmen können. Beispielsweise wurden die zur Legitimation des Irakkrieges angeführten Massenvernichtungswaffen des Saddam-Regimes nicht gefunden. Als später der amerikanische Waffeninspekteur David Kay erläuterte, an diesen Erkenntnissen sei fast alles falsch gewesen, war eine Untersuchung des Prozesses nicht mehr zu verhindern. Umgehend interpretierten die wichtigen Berater des Präsidenten – DCI George Tenet, Außenminister Powell und Verteidigungsminister Rumsfeld – die Sachlage öffentlich und kamen zu sehr unterschiedlichen Befunden (Höse 2008, S. 96). Die Grenzen der bürokratischen Kooperation wurden deutlich, weil jedes Ministerium eigene, von anderen Ministerien verschiedene Interessen verfolgt und die internationalen Beziehungen aus dem Blickwinkel des Außenministeriums eben anders aussehen als durch den des Pentagon oder den des Finanzministeriums. Insofern hängt das Wissen in den einzelnen Ministerien auch von den dort gestellten Fragen, also deren Steuerung, ab. Aber auch ganz generell – über die verschiedenen Ministerien hinweg – ist das durch Intelligence gewonnene Wissen politisch umstritten. Auf der einen Seite verlangen die politischen Entscheidungsträger gesicherte Informationen; die Dienste wissen auf der anderen Seite um die Vagheit so mancher Einschätzung.

Immer wieder ist deshalb zu beobachten gewesen, dass sich die politische Elite schlecht informiert fühlte – davon ausgehend, dass man doch eigentlich alles wissen könne. Dieses Bewusstsein, eigentlich alles wissen zu können und alle Daten verfügbar zu haben, hat im Prozess der Digitalisierung noch zugenommen. Die Intelligence Community fühlte sich dagegen ganz oder teilweise nicht verstanden – davon ausgehend, dass man wenig mit Sicherheit weiß. Einige Beispiele solch komplexer Analysen sind:

1. Die Tet-Offensive im Vietnamkrieg 1968 wurde in der Intelligence Community unterschiedlich beurteilt. Die Administration folgte der Einschätzung der Dienste im Verteidigungsministerium.
2. Kurz vor der Islamischen Revolution im Iran 1979 wurde ein CIA-Bericht veröffentlicht, der bezweifelte, dass es eine vorrevolutionäre Stimmung gäbe.
3. Der Fall der Berliner Mauer 1989 wurde nicht vorhergesehen.
4. Die CIA warnte vor dem Einmarsch Iraks in Kuwait 1991, ohne dass die politische Führung diese Warnung ernst nahm.

5. Ende August 1991 warnte die CIA vor dem Zusammenbruch der Sowjetunion, zeitgleich hielt das INR die Regierung Gorbatschows für stabil.
6. 2001 verfügten FBI und CIA über Informationen, die bei entsprechend koordinierter Auswertung zu einer Warnung vor Terroranschlägen im Land hätten führen müssen. Die Attentäter waren den Diensten durchweg bekannt. Am 6. August 2001 erging sogar eine Warnung vor Flugzeugattentaten.
7. Der Arabische Frühling 2011 wurde nicht vorhergesehen, insbesondere nicht die Entwicklungen in Ägypten.
8. Auch die Annexion der Krim scheint die amerikanischen Dienste 2014 überrascht zu haben.

Insbesondere die beiden letztgenannten Beispiele verdeutlichen, dass Fehleinschätzungen der amerikanischen Geheimdienste auch das Lagebild europäischer Staaten über Entwicklungen an der eigenen Peripherie beeinflussen können. Vor allem dann, wenn sie schlussfolgern sollten, dass eine entsprechende Einschätzung der USA aufgrund der angenommenen nachrichtendienstlichen Überlegenheit höher zu gewichten wäre als eigene, in einer bestimmten Lage womöglich als inadäquat bewerteten, Informationen.

Auch wenn diese Probleme den Beteiligten in der amerikanischen Intelligence Community bewusst sind, hat dies die Sachlage nicht grundlegend geändert. Die Suche nach gesichertem Wissen wird konstant von der Unsicherheit der Informationslage begleitet. In diesen Situationen hat die politische Führung Fragen, auf die sie Antworten sucht und auf die die Dienste antworten müssen (zur Bestätigung ihrer bürokratischen Position und ihrer Budgets).

## 7.3. Counter-Intelligence

Counter-Intelligence ist eine notwendige Aufgabe von Geheimdiensten, um für andere Regierungen und Gruppen arbeitende Personen und von diesen vermittelte Informationen von der eigenen Arbeit auszuschließen. Gleichzeitig wird versucht, andere Geheimdienste mit eigenen Mitarbeitern und Informationen zu infiltrieren. Ein Geheimdienst, in den von außen gesteuerte Informationen eingeschleust werden können, kann

Regierungsentscheidungen in eine Richtung beeinflussen, die anderenfalls nicht ausgewählt worden wären. Sich auf das falsche Szenario vorzubereiten, kann dabei größeren Schaden bedeuten, als auf alles gefasst zu sein.

Personen:
Die Auswahl loyaler Mitarbeiter ist eine zentrale Aufgabe der Dienste. Die Loyalität gilt den Organisationen, konkret aber den wechselnden Administrationen, die die Dienste für ihre unterschiedlichen Ziele nutzen. Hier können Loyalitätskonflikte entstehen. Darüber hinaus können sehr unterschiedliche – private und politische – Motive für einen Geheimnisverrat analysiert werden (vgl. Sale 2003; Wise 1995). Überprüfungen der Mitarbeiter finden in den amerikanischen Diensten (außer im State Department und dem Kongress) mittels des Lügendetektors statt. In den neunziger Jahren enttarnte Mitarbeiter hatten diesen Test jedoch mehrfach bestanden. Die Enttarnung von Aldrich Ames (CIA) 1994 und Robert Hanssen (FBI) 2001, die beide als Doppelagenten für den Geheimdienst der Sowjetunion KGB (Komitee für Staatssicherheit) gearbeitet hatten, führten zur Einsetzung eines von CIA und FBI gemeinsam besetzten Büros für Counter-Intelligence. Es hatte sich nämlich erwiesen, dass jede der Behörden den Maulwurf zuerst in anderen Abteilungen vermutete – und erst ganz zuletzt in den eigenen Reihen suchte.

Informationen:
Geheimdienste verarbeiten unsicheres Wissen, das entweder von anderen geheim gehalten wird oder das zumindest nicht verständlich ist. Aus den Millionen von abgehörten Telefongesprächen, abgefangenen Nachrichten und Spionageerkenntnissen wird eine Lageeinschätzung für die Regierung erstellt, die in vielen Fällen auch dann noch unsicheres Wissen ist. Der Vorteil von Wissen ist dann am größten, wenn andere Akteure darüber keine Kenntnis haben. Die Funktion der Dienste, einen Informationsvorsprung der eigenen Regierung zu erarbeiten, ist notwendigerweise damit verbunden, die eigene Informationsgewinnung und -verarbeitung von anderen Diensten abzuschotten. Denn nur auf diesem Weg kann mit größerer Wahrscheinlichkeit gewährleistet werden, dass der eigenen Regierung keine Informationen vorgelegt werden, die von anderen Diensten ein-

geschleust wurden. Wenn die Art und Weise bekannt ist, wie bestimmte Informationen erlangt wurden, wächst die Möglichkeit, dass diese Kanäle von anderen in Zukunft genutzt werden, um Informationen zu übermitteln, die zu einer fehlerhaften Einschätzung der Lage führen können.

Deshalb war es für die Arbeit der amerikanischen Dienste ein so großes Problem, dass Edward Snowden ab 2013 nicht nur *Wissen* öffentlich darlegte, sondern darüber hinaus auch noch die dabei verwendeten *Quellen* und *Methoden*. Denn dadurch wurde anderen Akteuren bekannt, wogegen sie sich schützen mussten und welche Fähigkeiten die amerikanischen Dienste einsetzen können – aber auch, welche nicht. In Situationen, in denen die Informationserlangung stärker durch verdeckte Quellen erfolgt, bestehen größere Möglichkeiten, eigene Quellen für Counter-Intelligence zu instrumentalisieren. Die Enttarnung und das Engagement solcher ausländischen Agenten für eigene Zwecke ist das klassische Beispiel für diesen Prozess. Dies gilt aber auch für offizielle Quellen, die in open-source-Analysen verwendet werden, sofern die Überprüfung der Informationen nur schwer möglich ist.

## 7.4. Covert actions

*Covert actions* sind Aktivitäten der amerikanischen Regierung, die darauf abzielen, die politischen, ökonomischen und militärischen Gegebenheiten in anderen Staaten zu beeinflussen. Sie werden angewandt, wenn die Regierung nicht in Erscheinung treten oder die jeweilige Aktivität öffentlich nicht eingestanden werden soll. Legitimiert werden sie durch den »National Security Act«, Abschnitt 503(e). Das entscheidende Kriterium für diese Handlungen ist also nicht, dass sie verdeckt vollzogen werden, sondern dass es sich um politische Handlungen der amerikanischen Administration handelt, durch die bestimmte Ziele erreicht oder befördert werden sollen, die zuvor von ihr festgelegt wurden. Dass die Ziele durch verdeckte Handlungen erreicht werden sollen, ist eine weitere politische Entscheidung des Präsidenten, die er schriftlich nach Beratungen im National Security Council und gegenüber den Kongressausschüssen festlegen muss. Dass die CIA in bestimmten Fällen verdeckt tätig wurde und dies nach seiner Aufdeckung große öffentliche Aufmerksamkeit auf sich zog, ist nur die eine Seite der Medaille; denn die CIA wird nur auf Anweisung der Administration tätig, ohne sich hierauf während oder nach der verdeckten

Aktion öffentlich berufen zu können. Genau darin liegt der Sinn einer verdeckten Aktion.

Deshalb gehen die Analysen fehl, die sehr grundsätzlich von einer Schattenregierung im Sicherheitsbereich sprechen (Wise/Ross 1966). Richtig ist aber die Beobachtung, dass nicht alle Ministerien und Kabinettsmitglieder gleichermaßen in den Sicherheitsprozess eingebunden sind. Das ist wiederum eine politische Entscheidung – ebenso wie die Einbeziehung privater Firmen.

Dass die Regierungsspitze aber eigenständige Handlungen der CIA hinnehmen würde oder diese verdeckten Aktionen illegal ausführen würde, ist aufgrund der bürokratischen Organisation der Dienste und ihrer politischen Kontrolle weniger wahrscheinlich. Wie bereits betont, ist die Intelligence Community – und für die verdeckten Aktionen betrifft dies besonders die CIA – kein autonomer Akteur, sondern ein besonderes außenpolitisches Instrument der amerikanischen Exekutive.

*Covert actions* beginnen mit der Definition des politischen Zwecks durch die exekutiven Entscheidungsträger und der Definition der anzuwendenden Mittel. Wegen der damit verbundenen finanziellen Kosten und politischen Risiken werden verdeckte Handlungen vor allem dann ausgeführt, wenn die Regierung für offenes Handeln keine Unterstützung organisieren kann.

Die finanziellen Kosten resultieren daraus, dass die Infrastruktur für verdeckte Aktionen aufgebaut werden muss. Bei längerfristiger Planung werden diese Kosten im Budget veranschlagt; kurzfristige Aktionen setzen hingegen voraus, dass bereits eine nutzbare Infrastruktur im und gegenüber dem Zielland besteht.

Politische Kosten ergeben sich, wenn die verdeckte Aktion öffentlich wird. Je gewalttätiger eine verdeckte Aktion ist, desto höher sind die zu veranschlagenden politischen Kosten, wenn sie öffentlich wird. Die Wahl dieses spezifischen außenpolitischen Instruments setzt deshalb voraus, dass die amerikanische Regierung damit nicht in Verbindung gebracht werden kann und will. Dazu ist es notwendig, dass eine Beteiligung glaubwürdig abgestritten werden kann. Wenn dies nicht der Fall sein sollte – als »klassischer Fall« etwa die Beteiligung an der gescheiterten Schweinebucht-Invasion auf Kuba 1961 –, nutzen auch Maßnahmen zum Schutz des verdeckten Charakters – hier die Weigerung Präsident Kennedys, die amerikanische Luftwaffe einzusetzen – wenig. Verdeckte Aktionen sind also immer mit zwei Risiken behaftet: dass die Aktion fehlschlägt und dass sie öffentlich wird. Derartige Risiken übernimmt eine Regierung gewöhnlich nur, wenn sie zu dem Schluss kommt, dass zentrale Interessen berührt sind und andere Mittel nicht bereitstehen.

Verdeckte Maßnahmen werden erwogen, wenn die Ausführung bestimmter politischer Maßnahmen in den USA zu diesem Zeitpunkt keine Unterstützung findet oder offene Maßnahmen bereits gescheitert sind. Deshalb stehen die verdeckten Maßnahmen auch am stärksten unter dem Verdacht, ein unkontrollierbares Mittel der Exekutive zu sein. Erst in den siebziger Jahren wurden weitergehende Kontrollmechanismen (über den Kongress und die *presidential findings*) eingesetzt, nachdem der Untersuchungsbericht der Church-Kommission mehrere Fälle ermittelt hatte, in denen die amerikanische Regierung in Umstürze ausländischer Regierungen, in paramilitärische Maßnahmen und Mordversuche involviert war (vgl. Government Documents Department Boston Public Library 1976).

Es kennzeichnete dabei alle bisherigen Krisen nach der Veröffentlichung von verdeckten Handlungen, dass die beteiligten Personen – von Richard Helms bis William Casey/Oliver North – der Ansicht waren, im wahren Interesse der USA gehandelt zu haben, das öffentlich nur nicht vermittelt werden konnte.

Alle verdeckten Aktionen müssen seitdem durch ein so genanntes *presidential finding* vom Präsidenten der USA schriftlich genehmigt werden. Dieses Schriftstück wird den Verantwortlichen und den beiden Kongressausschüssen für Intelligence Communities zugestellt. Die Ausgaben für die Aktionen sind im Budget einzustellen. Wenn die Aktion keinem Gesetz widerspricht, kann der Kongress nur über die Budgetbewilligung Einfluss auf die verdeckte Aktion nehmen. Unter Bruch der Verfahrensregeln sind verdeckte Aktionen – wie im Fall von Iran-Contra – auch ohne diese Kontrolle möglich. Es handelt sich dann aber nicht mehr um *covert actions* im hier beschriebenen Sinn.

Die CIA ist für die Ausführung von verdeckten Aktionen verantwortlich. Dies gilt auch für die damit verbundenen militärischen Maßnahmen. Das Verteidigungsministerium hat die Zuständigkeit hierfür von Beginn an abgelehnt, obwohl die Planungs- und Ausführungskapazitäten in diesem Ministerium größer sind. Denn sollte das Pentagon militärische Maßnahmen verdeckt ausüben, stellte sich im Falle der Enttarnung die Frage, inwieweit kriegerische Handlungen ausgeübt wurden. Auch sollte es eine klare bürokratische Trennung zwischen militärischen und verdeckten militärischen Maßnahmen geben.

Während des Kalten Krieges hatte die CIA (vor allem unter Allen Dulles während der Administrationen Eisenhowers) hierbei größere Handlungsfreiheit. Dies resultierte aus dem generellen Vorrang der Exekutive auf diesem Gebiet und der breiten öffentlichen Unterstützung für antikommunistische Handlungen durch die Regierung. Verdeckte Maßnahmen waren die dritte Option, wenn die amerikanische Regierung nicht offen militärisch eingreifen wollte, aber diplomatische Maßnahmen allein für wenig aussichtsreich zur Erreichung ihrer Ziele wertete. Die Nutzung verdeckter Maßnahmen begann mit einem nachhaltigen Eingreifen in die parlamentarischen Wahlen in Italien 1947 und Frankreich 1948, weil man hier Wahlsiege der kommunistischen Parteien befürchtete. Die Destabilisierung politischer Systeme und die Einsetzung alternativer politischer Regime wurden in Iran 1953 (Gasiorowski/Byrne 2004; Abrahamian 2013) und Guatemala 1954 (Schlesinger/Kinzer 2005) erfolgreich durchgeführt. 1953 – sechs Jahre nach ihrer Gründung – war die CIA schon in 48 Ländern tätig. Den schweren Verlust an Glaubwürdigkeit im bürokratischen Prozess durch das Scheitern der Schweinebucht-Invasion konnte die CIA durch die Erfolge bei der Aufklärungsarbeit in der Kuba-Krise 1962 ausgleichen, die ohne Spione in Moskau nicht möglich gewesen wären.

Weil die CIA ihren Handlungsspielraum weiter nutzte, als von der öffentlichen Meinung gedeckt war, wurden in den siebziger Jahren neue Kontrollmechanismen in das politische System eingebaut. Präsident Ford verbot die Ermordung von Personen im Rahmen verdeckter Maßnahmen. Diese Position wurde noch unter Präsident George W. Bush offiziell aufrechterhalten, allerdings gelten Terroristen auch unter dieser gesetzlichen Lage als mögliche Ziele militärischer Maßnahmen, weil sie die *terroristische Infrastruktur* darstellen. Die Tötung von Personen wurde in der Administration Obama wieder eingesetzt, auch die eigener Staatsbürger, wobei die amerikanische Regierung diese »gezielten Tötungen« (Krishnan 2012) nicht als verdeckte Aktionen, sondern als Kriegshandlungen wertete. Jedoch wurden diese bisher vielfach von der CIA und nicht unbedingt vom Militär durchgeführt. Die Durchführung solcher Aktionen kann auf Informationen beruhen, die beispielsweise von europäischen Verbündeten geliefert werden oder deren Territorium betreffen, beispielsweise durch die Nutzung amerikanischer Militärbasen im Ausland. Unter Präsident Reagan wurden die Einschränkungen für verdeckte Aktionen missachtet. In der Iran-Contra-Aktion wurden deshalb private Personen und Netzwerke in den USA in den Ablauf eingeschaltet, mit der die Gesetzgebung des Kongresses umgangen wurde. Nach den »Boland-Amendments« (genannt nach dem Vorsitzenden des zuständigen House Permanent Select Committee on Intelligence, Edward Boland, D-Mass.), die der amerikanischen Regierung verboten, die Contras in Nicaragua zu unterstützen, stützte sich die Reagan-Administration noch stärker auf private Gruppen, die weniger ideologische als vor allem ihre Profitinteressen verfolgten.

Nach dem 11. September 2001 wurde die CIA erneut sehr stark mit der Ausführung militärischer Maßnahmen beauftragt und lange Zeit waren Mitarbeiter der CIA die einzigen Militärs der USA in Afghanistan. Der insbesondere unter Präsident Obama intensivierte Einsatz von Drohnen, mit Stützpunkten unter anderem in Dschibuti, wurde ebenfalls von der CIA geführt.

Instrumente verdeckter Handlungen sind vor allem:

1. *Propaganda*. Als verdeckte Aktion zielt sie darauf ab, bestimmte politische Kräfte im Zielland zu unterstützen oder zu schwächen; sie ist die verdeckte Variante von »Public Diplomacy«, also »Clandestine Public Diplomacy«. Dabei unterscheidet die Intelligence Community zwischen schwarzer Propaganda, für die ein fremder Absender ausgemacht werden kann, und grauer Propaganda, für die kein Absender identifiziert werden kann.
2. *Politische Aktionen* zielen auf eine direktere Einflussnahme im politischen System des Ziellandes, um amerikanische Interessen durchzusetzen. Die möglichen Maßnahmen sind sehr unterschiedlich und reichen von Propaganda einerseits bis zu einem Regimewechsel andererseits. Sie umfassen beispielsweise Unterstützungsleistungen für politische Gruppen, destabilisierende Maßnahmen oder Infiltration.

3. *Wirtschaftlich-finanzielle Maßnahmen* zielen darauf ab, die Steuerungsfähigkeit der Regierung des Ziellandes über die heimische Ökonomie zu reduzieren, das Vertrauen der Bürger in die eigene Wirtschaft zu schwächen und über ökonomischen Protest politische Wirkung zu erzielen. Deren Bedeutung ist seit dem 11. September 2001 enorm gestiegen, indem der Einsatz finanzpolitischer Maßnahmen zu einem effizienten und effektiven außen- und sicherheitspolitischen Instrument wurde.
4. Ein *Regierungswechsel* im Zielland wurde bereits mehrfach als amerikanisches Interesse definiert und durch Unterstützung politischer Kräfte herbeigeführt.
5. *Paramilitärische Maßnahmen* bedeuten, dass die Regierung der USA gegen die Regierung des Ziellandes kämpfende Einheiten unterstützt und ihnen Geld, Waffen und Ausbildung zur Verfügung stellt.

Verdeckte Maßnahmen stellen den engsten Zusammenhang zwischen Politik und Intelligence dar, weil mit ihnen direkte politische Ziele der jeweiligen Administration verfolgt werden. Mit dem Iraq Liberation Act (1998) erhielten beispielsweise sieben Oppositionsgruppen im Irak 97 Millionen USD an militärischer und logistischer Unterstützung, um Saddam Hussein zu stürzen und seine Waffenprogramme zu stören. Auch in Libyen und Syrien wurden Rebellengruppen unterstützt. *Covert actions* stellen mit ihrer Möglichkeit zur aktiven Beeinflussung von Vorgängen eine Sonderform der Intelligence dar. Einen wichtigen Bestandteil der Intelligence-Aktivitäten stellt jedoch insbesondere auch die Informationsbeschaffung und -verarbeitung dar. Gerade bei der Bekämpfung des internationalen Terrorismus rückt daher auch SIGINT immer mehr in den Mittelpunkt. Doch nicht nur die Sicherheitspolitik, auch die Außenpolitik generell wird durch die IC informiert und dient ihr als Instrument.

Die in unserer Chronologie der NSA-Affäre noch genannten Maßnahmen der Geheimdienste hätte die amerikanische Regierung gerne geheim gehalten – auch vor den europäischen Verbündeten, die zum Teil Ziel von NSA-Spionage waren. Doch diese verdeckten Handlungen wurden öffentlich gemacht – mit entsprechenden politischen Folgen. Auch in diesem Prozess gab die US-Regierung allerdings immer nur das zu, was schon bekannt war. Transparenz und Intelligence passen politisch eben nicht zusammen.

## 7.5. Intelligence als außenpolitisches Instrument

Die Intelligence Community ist ein wichtiges außenpolitisches Instrument der amerikanischen Exekutive. Sie ist nur im Rahmen der regierungsseitigen Vorgaben ein eigenständig handelnder Akteur, auch wenn die Regierungsspitze in den Fällen illegaler Aktivitäten, die öffentlich wurden, jede Verfügung über die CIA bestritten hat. Doch ist es schwer vorstellbar, dass eine Regierung gegen ihre Politik gerichtete Geheimdienstaktivitäten toleriert. Deshalb können die Dienste nur als Apparat der jeweiligen Administration im In- und Ausland wirken. Die Prioritäten ihrer Arbeit müssen der politischen Agenda des Präsidenten entsprechen, denn er ist der erste Adressat der erarbeiteten Intelligence und Auftraggeber der verdeckten Aktionen. Die CIA ist dem Präsidenten direkt zugeordnet und seine außenpolitischen Absichten werden im Handeln der CIA besonders deutlich.

Die vier Hauptfunktionen der Dienste – intelligence, counterintelligence, *covert actions*, cooperation – müssen seit 1989 unter veränderten Bedingungen erfüllt werden. Die wichtigsten Änderungen sind:

1. Die Intelligence Community ist nicht mehr auf die mit der sowjetischen Bedrohung zusammenhängenden Fragen ausgerichtet, wodurch ihre Aufgaben neu definiert und die Bürokratien neu organisiert werden mussten (u. a. wurde hierzu die »Aspin-Brown-Kommission« eingesetzt).
2. Transnationale Akteure spielen eine größere Rolle, weshalb fallweise nicht mehr die Spitze der Staaten, sondern die gesamte Gesellschaft zum Ziel der geheimdienstlichen Beobachtungen und Handlungen wird.
3. Unter den Bedingungen von Globalisierung und Transnationalisierung ist die Kooperation mit privaten Akteuren in Fragen von Technik und Wissen unerlässlich und erfordert eine parallele Fortentwicklung der Counter-Intelligence.
4. Der Ausbau und die Schnelligkeit des privaten Informationsnetzes, insbesondere im Rahmen der Digitalisierung, macht eine unüberschaubare Zahl von Informationen öffentlich, wodurch die

Anforderungen an Analyse verändert werden und gleichzeitig die Möglichkeiten zur Beobachtung von geheimdienstlicher Tätigkeit wachsen.

5. Die Bandbreite von und damit die Anforderungen an die Vorbereitung von *covert actions* haben zugenommen.

Dabei gab es deutliche Kritik an den Diensten – bis hin zur Forderung ihrer Auflösung –, weil sie trotz eines Milliarden-Etats und großer personeller Ausstattung weder das Ende der Sowjetunion[5] noch die Anschläge vom 11. September 2001 vorhergesehen haben. Im Kampf gegen den Terrorismus spielten die Dienste und vor allem die CIA dann jedoch eine herausgehobene Rolle (Woodward 2003).

Mit den Snowden-Enthüllungen wurde das Ausmaß an Fähigkeiten der amerikanischen Dienste in den USA und weltweit deutlich. Zuvor der Allgemeinheit unbekannte Sicherheitsinstitutionen wurden nach und nach sichtbar, wiewohl sie, wenn Umfragen das korrekt erfassen, von den meisten Menschen nach kurzer Empörung wieder vergessen wurden und damit erneut in der Unsichtbarkeit versanken. Es ist davon auszugehen, dass die Dienste anderer Staaten durch ihr geringeres Budget auch weniger Fähigkeiten aufweisen.

Erst in den nächsten Jahren wird sich zeigen, welchen Stellenwert die Dienste im sich verändernden politischen System der USA einnehmen und ob beispielsweise die verdeckten Aktionen dem bisher erkennbaren Muster folgen. Deutlich wurde jedoch bereits, dass die Kompetenzen der NSA vor allem vor dem Hintergrund des Terrorismus spätestens seit 2001 immens ausgebaut wurden. DNI Clapper bezeichnete die Überwachungstätigkeiten des DOD-Geheimdienstes als »counterterrorism program« (Clapper 2013a).

Die Intelligence Community und speziell die *covert actions* der CIA waren bisher im politischen System der USA dann von großer Bedeutung, wenn die Exekutive aufgrund einer als besonders gefährlich wahrgenommenen Bedrohung eine Vorrangstellung im politischen System be-

5 Hierzu gibt es unterschiedliche Darstellungen. Die Stabilität der Sowjetunion wurde innerhalb der CIA unterschiedlich beurteilt. Allerdings wurden von der Regierung nur Beamte zur Lagebesprechung geladen, die von einem Fortbestand des kommunistischen Russlands ausgingen. Auch über die Möglichkeit von Flugzeugattentaten wurde der Präsident am 6. August 2001 unterrichtet (Rosati 2004, S. 217).

anspruchte und es ihr gelang, die Bevölkerung von dieser Bedrohung zu überzeugen, wofür wiederum die Intelligence-Arbeit sehr wichtig ist. In der Vergangenheit neigten Regierungen dazu, die Dienste dann illegal einzusetzen, wenn sie die amerikanische Öffentlichkeit nicht überzeugen konnten.

Die Veränderung der internationalen Ordnung nach 1991 hat die Arbeit der amerikanischen Dienste grundlegend verändert. Mit dem Untergang der Sowjetunion und dem Ende des Ost-West-Konflikts entfiel für alle Abteilungen der Geheimdienste der zentrale Bezugspunkt ihrer Arbeit in den letzten Jahrzehnten: Der Feind war verschwunden (Bearden/Risen 2003). Schon seit Ende des Zweiten Weltkrieges und noch vor dem »National Security Act« 1947, durch den die CIA gegründet wurde, waren die Vorläufer der heutigen Dienste als Abteilungen des OSS auf die Sowjetunion und ihren Versuch, Osteuropa zu beherrschen und darüber hinaus Verbündete zu finden, konzentriert. Nachdem Pläne, osteuropäischen Widerstand im Untergrund zu organisieren, gescheitert waren, war es die Aufgabe der Dienste, die politische Führung über Entwicklungen in der Sowjetunion so zu informieren, dass die Politik des *containment* implementiert werden konnte. Diese betraf in hohem Maße auch verbündete Staaten in Europa. Mit den technischen Aufklärungsmöglichkeiten ab den späten fünfziger Jahren (U2-Flüge) erhöhte sich dieses Wissen enorm. In den folgenden fünfzig Jahren blieben die Tätigkeiten der Dienste auf die Sowjetunion ausgerichtet, auch wenn die direkten Auseinandersetzungen häufig in Lateinamerika (Kuba, Chile und Zentralamerika) und Afrika (Angola, Mosambik und am Horn von Afrika) ausgetragen wurden. Dass es mit der Sowjetunion nur einen wichtigen weltpolitischen Konkurrenten gab, charakterisierte die Arbeit der Intelligence Community lange Jahre.

Mit dem Ende des Ost-West-Konflikts wurde dies anders; jetzt existierten mehrere Ziele, die gleichzeitig von Bedeutung sein konnten und den Diensten fundamentale Fragen auferlegten, wie etwa, ob nun Russland oder die Volksrepublik China, der islamische Terrorismus oder die sogenannten Schurkenstaaten Iran, Irak und Nordkorea zuerst beobachtet werden sollten. Die Entscheidungsträger konnten nach 1989 die sicherheitspolitischen Ziele der USA nicht ausreichend genau definieren und die zentralen Bedrohungen nicht zutreffend identifizieren, auf die sich die

Arbeit der Intelligence Community hätte konzentrieren können. Die Breite des auswärtigen Engagements war unklar und schwankte; die Ziele der Außenpolitik wandelten sich; es wurden viele Bedrohungen erkannt, aber kein Strukturkonflikt ordnete die außenpolitische Arbeit. Die Intelligence Community musste sich somit zu einem schwankenden außenpolitischen Programm verhalten.

Neue Sicherheitsbedrohungen wurden zwar identifiziert (z. B. digitale Informationskriegsführung und Risiken der vernetzen Kooperationsführung) und es stellten sich erweiterte militärische Aufgaben (z. B. Peacekeeping), die Intelligence erforderten. Auch nahm die Beobachtung privater Akteure einen größeren Raum ein, beispielsweise terroristische Netzwerke oder Unternehmen, die der Proliferation von Massenvernichtungswaffen verdächtigt wurden. Erst mit der Presidential Decision Directive 35 formulierte Präsident Clinton 1995 die Prioritäten der Geheimdienstarbeit neu. Dabei wurden die *rogue states* (Irak, Iran, Libyen, Nordkorea, Kuba) und transnationale Probleme (Terrorismus, Proliferation, Drogenhandel, organisierte Kriminalität und ökologische Bedrohungen) und damit die Unterstützung militärischer Operationen als besonders dringliche Aufgaben der Intelligence Community definiert. Parallel wurde am Bericht »Global Trends 2015« gearbeitet. Der vom NIC im Dezember 2000 publizierte Bericht analysierte Megatrends der technoiogischen, demographischen und ökologischen Entwicklung. Der im Jahr 2012 veröffentlichte entsprechende NIC-Bericht *Global Trends 2030* schätzt unter anderem, dass es weltweit zur Instabilität von Demokratien kommen könne, und prognostiziert eine multipolare Welt, der ein machtvoller Hegemon fehlen werde (NIC 2012, ii).

Auf die Arbeit der Intelligence Community hat der Wandel des internationalen Systems von der Bipolarität zur volatilen Vielfalt der Konflikte und Gefahren, die jede für sich hinter der sowjetischen Bedrohung zurückblieb, enorme Auswirkungen, weil sie entsprechend der von Krise zu Krise schwankenden Interpretation der internationalen Ordnung durch die politische Führung ihre Analysen erstellen musste. Gerade für die NSA kam auch die Herausforderung hinzu, sich auf eine neue Domäne der Kriegsführung, den Cyberspace, einzustellen. Der Umfang, in dem dieser neue militärisch genutzte Raum durch die Intelligence Community genutzt werden soll, wurde in der »Presidential Directive 20« durch Barack

Obama 2012 definiert, worauf wir später noch näher eingehen werden. Vor dem Hintergrund der hier beschriebenen Aufgaben und Befugnisse der amerikanischen IC wird es nun um die NSA-Affäre ab 2013 gehen, die in der europäischen Öffentlichkeit hohe Wellen schlug und die den europäischen Gesellschaften die technologische Übermacht der amerikanischen Nachrichtendienste wie auch deren Zielen und Methoden in der Erfassung und Auswertung globaler Datenströme vor Augen führte.

# III. Die NSA-Affäre

Für die öffentliche Kenntnis von den Prioritäten, Strukturen und Vorgehensweisen der amerikanischen Intelligence Community erwies sich das Jahr 2013 als Wendepunkt. Insbesondere die Aktivitäten der NSA, dem nach Mitarbeiterzahl und Finanzausstattung größten der drei amerikanischen Auslandsgeheimdienste, standen im Mittelpunkt monatelang anhaltender Enthüllungen. Diese gingen auf zahlreiche Dokumente zurück, die der ehemalige NSA-Mitarbeiter Edward Snowden der NSA entwendet hatte und in Zusammenarbeit mit dem englischen *Guardian* und der amerikanischen *Washington Post* ab Juni 2013, ab 2014 auch über die Website *The Intercept,* der Öffentlichkeit zugänglich machte. Die auf diese Weise bekannt gemachten Überwachungs- und Spionageaktivitäten der NSA, aber auch der CIA und des britischen Geheimdienstes »Government Communications Headquarters« (GCHQ), lösten in den USA und zahlreichen verbündeten Nationen, vor allem in Europa, intensive Debatten über die Befugnisse von Geheimdiensten, den Schutz persönlicher Daten und die politischen und wirtschaftlichen Beziehungen mit den USA sowie zugleich auch die Frage nach den gemeinsamen Werten aus. Doch reichte diese sogenannte NSA-Affäre über tagesaktuelle Debatten weit hinaus.

Die bisher bekannt gewordenen Aktivitäten verdeutlichen vielmehr die hervorgehobene Stellung der Geheimdienste im amerikanischen Regierungssystem, ihre Bedeutung für die Außen- und Sicherheitspolitik der USA insgesamt und insbesondere ihren festen Bestandteil in der amerikanischen Sicherheitsstrategie seit dem Jahr 2001. Zudem weisen sie einerseits auf die Nutzung neuer elektronischer Medien und globaler Kommunikationsnetzwerke zum Erreichen *klassischer* nachrichtendienstlicher Ziele hin, andererseits auf die Internationalisierung geheimdienstlicher Kooperation und die Vernetzung wichtiger Informationsströme innerhalb dieser Zusammenarbeit. Bei den Zielsetzungen der NSA gilt es anhand der bislang bekannten Geheimdienstaktivitäten und -programme generell zwischen einerseits *klassischen* gezielten Spionageeinsätzen zur Aufklärung und Überwachung und andererseits dem massenhaften Abschöpfen von Daten und internationalen Kommunikationsströmen zu unterscheiden. Dass die amerikanischen Dienste auf beiden Gebieten derzeit technisch führend sind, verkompliziert die Interessenlage anderer, insbesondere der europäischen Staaten, die mit den USA im Bereich der Intelligence auch zusammenarbeiten. Wobei dem hinzufügen ist: Zusammenarbeit ohne gleichzeitige Konkurrenz gibt es auf diesem Gebiet nicht.

Die Interessenlage der europäischen Staaten ist also davon geprägt, dass sie *erstens* mit den führenden amerikanischen Diensten punktuelle oder dauerhafte Zusammenarbeit etabliert haben, anstreben oder wenigstens die Möglichkeit dafür offenhalten wollen. *Zweitens* die Ausforschung der eigenen Lage abwehren wollen. *Drittens* von der eigenen Bevölkerung unter Druck gesetzt werden, die amerikanische Datensammlung und -speicherung abzuwenden, wobei sie, *viertens,* gegebenenfalls genau davon profitieren, indem sie über geplante Anschläge informiert werden. Zunächst wollen wir daher die wesentlichen Ereignisse der NSA-Affäre chronologisch darstellen und nach derzeitigem Kenntnisstand einordnen. Hieran schließt sich unter anderem die Darstellung der wichtigsten Programme an, deren Existenz im Zuge der Affäre bekannt wurde, beispielsweise »PRISM«, »XKEYSCORE« und »MUSCULAR«.

# 1. Eine Chronologie der Ereignisse[6]

Die NSA-Affäre begann im Juni 2013 und setzte sich durch die fortdauernde Veröffentlichung von Dokumenten des aus den USA über Hongkong nach Russland geflüchteten Whistleblowers[7] Edward Snowden und die Eigendynamik der dadurch in Gang gesetzten Entwicklungen bis ins Jahr 2017 fort. Dabei wurden nicht allein Formen amerikanischer Spionage gegen die Regierungen anderer Staaten, darunter viele europäische, bekannt, sondern auch Details der Zusammenarbeit mit europäischen Nachrichtendiensten. Vor allem aber wurden die vielfältigen Erfassungs-, Zugriffs- und Analysemöglichkeiten auf persönliche Daten, auch die von europäischen Bürgern, öffentlich nachvollziehbar. Am 5. Juni 2013 berichtete der *Guardian* erstmals, dass das amerikanische Telekommunikationsunternehmen Verizon der NSA auf Basis eines geheimen Gerichtsbeschlusses Verbindungsdaten von Millionen ihrer Kunden übergeben müsse.[8] Einen Tag später folgte durch den *Guardian* und erstmals auch die *Washington Post* die Enthüllung des seit 2007 bestehenden Programms PRISM, das der NSA den direkten Zugriff auf Daten großer amerikanischer Internetunternehmen wie Google, Facebook oder Apple ermöglicht. Die somit gesammelten Kommunikationsdaten dienen der Überwachung der Kontakte und Bewegungen einzelner Personen. Die Enthüllung von PRISM führte zu einer ersten öffentlichen Reaktion von Barack Obama und hochrangigen amerikanischen Geheimdienstvertretern, die diese Veröffentlichung als schädlich für die nationale Sicherheit der USA kritisier-

6 Die im Folgenden dargestellten Ereignisse sind – sofern nicht explizit kenntlich gemacht – den folgenden, online verfügbaren Chronologien des *Guardian* (http://www.theguardian.com/world/2013/jun/23/edward-snowden-nsa-files-timeline bzw. http://www.theguardian.com/world/nsa), der *Tagesschau* (http://www.tagesschau.de/ausland/chronologie-PRISM-tempora100.html), der Zeit (http://www.zeit.de/digital/datenschutz/2013–10/hintergrund-nsa-skandal) und der *Süddeutschen Zeitung* (http://www.sueddeutsche.de/politik/chronik-des-nsa-geheimdienstskandals-affaere-ohne-grenzen-1.1807106) entnommen und an die Struktur des Textes angepasst worden. Wir übernehmen dabei keine Garantie für die Vollständigkeit aller bekannt gewordenen Tätigkeiten der amerikanischen Geheimdienste oder in diesem Zusammenhang relevanter Geschehnisse. Diese Chronologie dient vielmehr als einordnede Wiedergabe wesentlicher Ereignisse in der NSA-Affäre zwischen 2013 und 2017.

7 Wir übernehmen die Bezeichnung »Whistleblower« als neutrale Charakterisierung von Snowdens Vorgehen. Die Einschätzung, ob er Verräter oder Held ist, spielt für unsere Analyse keine Rolle. Ebenso umgehen wir Fragen des staatlich geförderten Geheimnisverrats und der entsprechenden Programme, die die amerikanische Regierung – neue Identitäten, hohe Honorarzahlungen – unterhält.

8 2015 wurde bekannt, dass bereits die Drug Enforcement Administration (DEA) der USA von 1992 bis 2013 Metadaten über Telefonate sammelte, die amerikanische Bürger ins Ausland führten. Dies beinhaltete Telefonnummern sowie Dauer und Uhrzeit von Anrufen in insgesamt 116 Länder.

ten und das Programm verteidigten. Obama betonte dabei, dass das Gleichgewicht zwischen Sicherheit und Privatsphäre eingehalten werde, dass aber eine Abwägung zugunsten der nationalen Sicherheit die grundlegende Motivation des Programmes sei: »You can't have 100% security, and also then have 100% privacy and zero inconvenience« (BBC 2013). Am 8. Juni 2013 wurde bekannt, dass die NSA durch ein internes Computertool namens »Boundless Informant« in der Lage ist, die erhobenen Daten nach Ländern einzuordnen, was eine Strukturierung der überwachten Kommunikationsdaten erlaubt. Diese Fähigkeit hatte die NSA zunächst bestritten.

In einem in Hongkong aufgezeichneten Videointerview mit dem damaligen *Guardian*-Mitarbeiter Glenn Greenwald meldete sich Edward Snowden in einem Gespräch am 9. Juni 2013 erstmals selbst zu Wort und gab sich als ehemaliger externer Mitarbeiter der NSA zu erkennen. Er gab an, durch seine Arbeit als Computerspezialist das Ausmaß der globalen Überwachungsaktivitäten der NSA und die dadurch bestehenden technischen und politischen Möglichkeiten, – allein aufgrund eines bloßen Verdachts in die Privatsphäre einzelner Personen einzudringen –, kennengelernt zu haben. Aufgrund dieser Kenntnis habe er sich zunächst zur Kopie geheimer Daten und zur Flucht aus den USA entschieden, um diese Überwachung und Spionageaktivitäten danach öffentlich zu machen. Mit seinen Enthüllungen wolle er den USA nicht schaden, sondern einen Dienst erweisen, da er das Wissen um diese Tätigkeiten als elementar für die individuelle Freiheit der amerikanischen Bürger ansehe und seiner Meinung nach die amerikanische Öffentlichkeit daher auch über das Ausmaß an geheimdienstlichen Überwachungsaktivitäten zu entscheiden habe (The Guardian 2013).

In den darauffolgenden Wochen und Monaten entfaltete sich einerseits eine internationale politische Debatte über die Aktivitäten der NSA, während andererseits zugleich weitere Enthüllungen publik wurden und die Strafverfolgung von Edward Snowden begann. So gab Keith Alexander, der damalige Direktor der NSA, in einer Anhörung vor dem Kongress an, dass durch die Arbeit seiner Organisation mehr als 50 Terroranschläge, unter anderem auf die New Yorker Börse, verhindert worden seien (Sullivan 2013). Präsident Obama wiederholte diese Angaben bei einem Staatsbesuch in Deutschland am 19. Juni 2013. Nachdem das FBI bereits früher strafrechtliche Ermittlungen eingeleitet hatte, erstattete das amerikanische Justizministerium am 22. Juni 2013 offiziell Anzeige gegen Edward Snowden und legte ihm Spionage, Diebstahl und die Weitergabe von Regierungseigentum zur Last. Snowden verließ daraufhin Hongkong in der mutmaßlichen Absicht, nach Ecuador zu gelangen, und hielt sich ab dem 23. Juni 2013 zunächst im Transitbereich des Moskauer Flughafens auf. Kurz zuvor gab er in einem Interview mit der *South China Morning Post* an, dass die NSA in umfangreichem Maße chinesische Mobilfunknachrichten überwacht habe und in das Computernetzwerk der Universität in Peking eingedrungen sei. Dies führte zu diplomatischen Verstimmungen zwischen den USA und China. Auch die Beziehungen der USA zu Ecuador und Bolivien verschlechterten sich rapide. Ecuador war als mutmaßliches Reiseziel Snowdens und angesichts der Tatsache, dass Ecuador dem mit Haftbefehl gesuchten Gründer der Enthüllungsplattform *WikiLeaks,* Julian Assange, ab Juni 2012 in seiner Botschaft in London Zuflucht und politisches Asyl gewährte, unter Druck der USA geraten. Ecuador kündigte daraufhin den mit den USA bestehenden »Andean Trade Promotion and Drug Eradication Act«, der dem Land Vorteile bei seinen Exporten in die USA gewährte und bot den USA öffentlich eine Spende von 23 Millionen USD für Menschenrechtstraining an. Am 2. Juli 2013 stellte der bolivianische Präsident Evo Morales Snowden bei einem Besuch in Russland politisches Asyl in Aussicht.

Einen Tag später wurde sein Flugzeug auf dem Rückweg nach Bolivien in Wien zur Landung gezwungen, da andere europäische Staaten, aufgrund des Verdachts, dass sich Snowden an Bord befinde, keine Erlaubnis für die Nutzung ihres Flugraums gewährt hatten. Das Flugzeug wurde auf den Verbleib Snowdens hin untersucht und zwölf Stunden lang in Wien festgehalten. Dies rief scharfe Proteste aus Bolivien und anderen lateinamerikanischen Staaten hervor. Bolivien, Nicaragua und Venezuela boten Snowden daraufhin Asyl an. Im August 2015 berichtete die spanische Zeitung *El Deber* unter Berufung auf ein Gespräch mit *WikiLeaks*-Gründer Julian Assange, dass *WikiLeaks* 2013 mit der venezolanischen Regierung über die Mitnahme Snowdens in der bolivianischen Präsidentenmaschine aus Moskau gesprochen habe. *WikiLeaks* dementierte dies jedoch (Frankfurter Allgemeine Zeitung 2015a). Am 12. Juli 2013 kündigte Snowden an, permanentes Asyl in einem lateinamerikanischen

Staat anzustreben und vorübergehendes politisches Asyl in Russland zu beantragen. Dies wurde ihm am 1. August bewilligt. Er konnte dadurch den Flughafen verlassen und hielt sich danach an einem unbekannten Ort in Russland auf. Den USA war es nicht gelungen, ihr dringlichstes Ziel zu erreichen, nämlich Edward Snowdens habhaft zu werden, um weitere Enthüllungen verhindern oder zumindest das Ausmaß des Schadens abschätzen zu können. Wie schon 2010 und 2011 bei der Veröffentlichung geheimer und vertraulicher amerikanischer Dokumente durch *WikiLeaks*, konnte die amerikanische Regierung den Enthüllungsprozess nicht stoppen. Im Gegenteil, dieser nahm nun erst richtig Fahrt auf. Denn jetzt wurde die massenhafte Ausspähung und Durchleuchtung von Bürgerinnen und Bürgern, ergänzt um gezielte Spionage gegen Regierungen, bekannt.

Im Zuge weiterer Berichte, nunmehr auch durch den *Spiegel* und lateinamerikanische Zeitungen, wurde die öffentliche Kenntnis über das Ausmaß der Aktivitäten der NSA in Europa und Lateinamerika immer größer. Nach Angaben des *Spiegels* waren die Vertretungen der Europäischen Union in Washington und bei den Vereinten Nationen durch die NSA verwanzt (Poitras et al. 2013). Der *Guardian* berichtete sogar von der Verwanzung der Botschaften zahlreicher verbündeter Staaten, darunter Frankreichs, Italiens und Japans. Auch in Lateinamerika seien E-Mail- und Telefondaten abgeschöpft worden und in Brasilien bis 2002 eine permanente Spionagemission unterhalten worden (MacAskill/Borger 2013). Nachdem am Anfang des Monats bekannt geworden war, dass ihre persönlichen Telefonate abgehört worden waren, sagte Brasiliens Präsidentin Dilma Rousseff im September 2013 einen geplanten Staatsbesuch in den USA ab und forderte öffentlich eine Entschuldigung von Präsident Obama. Wie im Oktober bekannt wurde, hatte die NSA sowohl die Telefonate des aktuellen Präsidenten Mexikos als auch den E-Mail-Verkehr seines Vorgängers und wichtigen Ministers abgehört und überwacht. Dem *Spiegel* zufolge wurden zudem das Hauptquartier der Vereinten Nationen in New York sowie zahlreiche diplomatische Vertretungen weltweit gezielt durch die NSA abgehört (Spiegel Online 2013a).

Auch das weitreichende Ausmaß der von der NSA genutzten Programme und der Zusammenarbeit mit ausländischen Geheimdiensten wurde durch Enthüllungen von *Spiegel* und *Guardian* bekannt. So habe die NSA fortwährenden Zugang zu den von Microsoft betriebenen E-Mail-Diensten Hotmail, Live und Outlook besessen (12. Juli) und verstoße vielfach gegen in den USA bestehende Datenschutzrichtlinien (ZEIT ONLINE 2015a). Zudem machte der *Guardian* am 31. Juli 2013 das Überwachungsprogramm XKEYSCORE publik, anhand dessen NSA-Mitarbeiter, ohne richterliche Ermächtigung oder die Kontrolle durch anderes NSA-Personal, Informationen und Daten von Einzelpersonen erlangen, filtern und überwachen können. Laut NSA-Angaben bietet das Programm die besten Möglichkeiten, aus im Internet gewonnenen Datenmengen nachrichtendienstliche Informationen zu sichern. Es ermöglicht von der umfangreichen Erfassung sämtlicher Internetaktivitäten einer Einzelperson über die Sammlung ihrer Daten bis hin zu ihrer Live-Überwachung den vollständigen und unmittelbaren Zugriff auf individuelle digitale Daten (Greenwald 2013). Nach Angaben der *Washington Post* kauft die NSA von privaten Drittfirmen auch gezielt Wissen über noch unbekannte Softwarelücken großer Internetunternehmen ein – sog. »*zero-day exploits*« – um diese für das Eindringen in fremde Computernetze zu nutzen. Allein 2013 habe die NSA zu diesen Zwecken 25 Millionen USD ausgegeben (Fung 2013). Am 4. Dezember 2013 berichtete die *Washington Post*, dass die NSA anhand der weltweiten Abschöpfung der Ortungsdaten von Mobiltelefonen täglich bis zu fünf Milliarden Datensätze sammelt und dadurch Aufenthaltsorte und Kontakte von Millionen Handynutzern speichern und auswerten kann. Mithilfe eines Analysetools namens »CO-TRAVELER« kann die Organisation Verbindungen zwischen den Bewegungsdaten einzelner Handys herstellen und damit nach eigener Aussage Verbindungen zwischen Terrorverdächtigen aufdecken (Gellman/Soltani 2013). Die Metadaten liefern nicht nur Mobilitätsprotokolle, die über längere Zeiträume hinweg hohe Aussagekraft besitzen, sondern auch Netzwerkdaten. Der amerikanischen Regierung war es zum damaligen Zeitpunkt erlaubt, bis zum dritten Kreis der Kontakte einer überwachten Person Abhörmaßnahmen einzuleiten: Wenn also eine Person mit einer anderen Person Kontakt hatte, die ihrerseits mit einer weiteren Kontakt hatte, die wiederum mit einer überwachten Person Kontakt hatte, war auch diese im Visier der Behörden. Man konnte also überwacht werden, ohne selbst jemals Kontakt mit einer überwachten Person zu haben. Inzwischen wurde dies auf zwei Kreise eingegrenzt. Zudem zieht die NSA über das Nutzen von Google generierte Cookies heran, um das Verhalten von Internetnutzern genauer zu kennen und gezielt Abhörsoftware auf als sicherheitsrelevant eingestuften Rechner zu installieren (Soltani/Peterson/Gellman 2013).

Zusätzlich zur Enthüllung eines weiteren NSA-Programms wurde auch die enge Zusammenarbeit zwischen der NSA und anderen Diensten bekannt. Vor allem mit dem britischen Geheimdienst GCHQ verbindet die NSA nach derzeitigem Kenntnisstand eine enge Beziehung. Dieser hat eigenständig, unter anderem den G-20 Gipfel in London 2009 abgehört und das Überwachungsprogramm »Tempora« betrieben, mit dessen Hilfe er durch die Überwachung globaler Glasfaserkabel weltweit Kommunikationsströme erfassen konnte (2013, 21. Juni). Zur Abhörung des Internetverkehrs hat er auch mit internationalen Kommunikationsunternehmen zusammengearbeitet (2013, 2. Aug.).

Am 30.10.2013 wurde das Programm »MUSCULAR« bekannt, das die NSA gemeinsam mit dem GCHQ betreibt. Es dient beiden Diensten, um auf die weltweiten Netzwerke von Google und Yahoo und damit auf sämtliche Nutzerdaten der beiden Internetunternehmen zugreifen zu können. Darüber hinaus hat die NSA den GCHQ allein in den Jahren 2010 bis 2013 direkt mit 100 Millionen Pfund finanziert, um Einfluss auf die Überwachung durch den britischen Geheimdienst zu gewinnen und seine Arbeit für die eigenen Interessen steuern und nutzen zu können (2013, 1. Aug.). Zudem enthüllte der *Guardian*, dass die USA und Großbritannien 2007 ein Abkommen abgeschlossen haben, das der NSA, ohne die Notwendigkeit eines konkreten Verdachts, den direkten Zugriff auf die Telefon-, Internet- und E-Mail-Daten britischer Bürger, ihre Analyse und Speicherung erlaubt (Ball 2013a) Sowohl der GCHQ als auch die NSA sind nach Angaben der *New York Times* und des *Guardians* durch das Programm »BULLRUN« in der Lage, selbst verschlüsselte Daten, E-Mails oder gar Bankgeschäfte zu erfassen und eventuelle Zugriffshindernisse mithilfe eigener Technologien zu umgehen (2013, 6. Sep.).

Im Zuge der NSA-Affäre gerieten auch ihre Zusammenarbeit mit deutschen Nachrichtendiensten und ihre Überwachungsaktivitäten in Deutschland an die Öffentlichkeit. Am 21. Juli 2013 räumten der deutsche Bundesnachrichtendienst (BND) und das Bundesamt für Verfassungsschutz (BfV) ein, dass sie das NSA-Programm XKEYSCORE zu Testzwecken genutzt und im Einzelfall auch Daten an die NSA übermittelt hätten. Am 4. August berichtete *Der Spiegel*, dass BND und NSA weitaus enger zusammengearbeitet hätten als bislang bekannt. Die Bundesregierung dementierte eine umfangreiche Zusammenarbeit, verwies jedoch auf ein Abkommen (Memorandum of Agreement), das 2002 zwischen beiden Diensten geschlossen worden war und das die gemeinsame Fernmeldeaufklärung in Bad Aibling ermöglicht (2013, 7. Aug.). Im September wurden jedoch weitere Einzelheiten bekannt. *Der Spiegel* berichtete am 8. September, dass die CIA gemeinsam mit BND und BfV eine geheime Datenbank namens PX betrieben hätte, in der Daten über Dschihadisten und Terrorbefürworter gesammelt wurden (Spiegel Online 2013b). Recherchen des *Norddeutschen Rundfunks* (*NDR*) ergaben zudem, dass das BfV einen intensiven Datenaustausch und regelmäßige Personalkontakte mit der NSA pflegt (2013, 13. Sep.). Allein 2012 habe das BfV über 800 Datensätze an die US-Dienste weitergeleitet, um dafür im Gegenzug Software und Daten zu erhalten (Fuchs/Goetz/Obermaier 2013).

Neben der bilateralen Zusammenarbeit scheint Deutschland nach derzeitigem Kenntnisstand aber auch eines der Hauptziele der amerikanischen Überwachungsaktivitäten gewesen zu sein. Nach Bekanntwerden von PRISM hatte die deutsche Bundesregierung – die laut eigenen Angaben keine Kenntnis davon besessen hatte –, das Programm noch mit dem Verweis auf verhinderte Anschläge als legitimes Instrument der Anti-Terrorpolitik in Schutz genommen. Anlässlich des Berlin-Besuchs Barack Obamas im Juni 2013 war das Thema zwar Teil der Gespräche und der anschließenden öffentlichen Verlautbarungen, über mögliche Aktivitäten der NSA in Deutschland wurde aber nichts Weiteres bekannt. Am 30. Juni berichtete *Der Spiegel* – analog zu den *Guardian*-Enthüllungen über die Verwanzung ausländischer Botschaften in Washington – über die Existenz einer amerikanischen Überwachungsbasis in Frankfurt am Main und die systematische Überwachung einer halben Milliarde Kommunikationsdaten in Deutschland pro Monat. Am 11. August folgte im *Spiegel* ein weiterer Bericht, dem zufolge die NSA Deutschland und die Europäische Union als Spionageziele betrachte. Trotz der fortlaufenden öffentlichen Debatte erklärte Bundeskanzlerin Angela Merkel am 18. August, dass alle Fragen der deutschen Regierung an die NSA geklärt seien. Möglicherweise stand diese Aussage im Zusammenhang mit der Bundestagswahl am 22. September 2013. Da allerdings zuvor auch schon der damalige Kanzleramtsminister Ronald Pofalla ähnliche Aussagen getätigt hatte, kann auch ein generelles Interesse daran vermutet werden, die Beziehungen zu den amerikanischen Diensten nicht zu belasten.

Die Affäre kehrte deutlich verschärft in die deutsche Öffentlichkeit zurück, als die Bundesregierung am 23. Oktober bekanntgab, dass die NSA möglicherweise das Diensthandy der Bundeskanzlerin abgehört hatte und Angela Merkel darüber persönlich mit Präsident Obama telefoniert habe (Appelbaum et al. 2013). Infolgedessen bestellte die Regierung den amerikanischen Botschafter zu einem Gespräch ein – ein Schritt, den Frankreich nach Bekanntwerden der massenhaften Aufzeichnung der Telefondaten französischer Bürger durch die NSA bereits drei Tage früher unternommen hatte. Allerdings wurde am 25. Oktober ein geheimes Abkommen namens »*Lustre*« zwischen den USA und Frankreich publik, in dem die Weitergabe gesammelter Daten durch den französischen Geheimdienst an die NSA geregelt ist. Nur einen Tag später berichteten *Spiegel* und *New York Times,* dass die NSA Bundeskanzlerin Merkel bereits seit 2002 abhörte.

Nach weiteren Angaben des *Guardians* überwachte die NSA gezielt insgesamt 35 Staats- und Regierungschefs und ist in der Lage, auch auf die Daten in Smartphones zuzugreifen (Ball 2013b). Ein »Special Collection Service« (SCS) der NSA ist wahrscheinlich speziell für Abhöraktivitäten in diplomatischen Einrichtungen gebildet worden. Zudem geriet die amerikanische Botschaft in Berlin durch Recherchen des *Spiegels* in den dringenden Verdacht, zugleich ein Stützpunkt der NSA und Ausgangspunkt für umfassende Abhöraktivitäten im Berliner Regierungsviertel zu sein. Ab Mitte November berichtete die *Süddeutsche Zeitung* zudem in einer Reihe von Publikationen über die amerikanisch-deutsche Zusammenarbeit im Kampf gegen den Terrorismus, der das Tun der NSA legitimieren sollte. So wurde bekannt, dass die USA von vielen Standorten in Deutschland aus den internationalen Krieg gegen den Terrorismus führen, den Einsatz von Drohnen ausüben und Spionage betreiben (Brinkmann/Obermaier 2013). Die deutschen Behörden würden den Amerikanern ihrerseits Informationen weitergeben, die bei der Planung von Drohnenangriffen zum Einsatz kämen. Das gesamte Drohnenprogramm der CIA ist, laut *Washington Post,* stark auf Informationsbeschaffung durch die NSA angewiesen (Miller/Tate/Gellman 2013).

Infolge der Debatte über die Aktivitäten der NSA gelang es dem deutschen Bundestagsabgeordneten Hans-Christian Ströbele, am 29. Oktober 2013 nach Russland zu reisen und an einem geheimen Ort ein Gespräch mit Edward Snowden zu führen. Laut Ströbele sei es in dem Gespräch vor allem um eine mögliche Vorladung Snowdens vor einen Untersuchungsausschuss des Deutschen Bundestages oder einer Staatsanwaltschaft für eine Aussage über die Aktivitäten der NSA in Deutschland gegangen. Im Rahmen des Treffens übergab Snowden Ströbele einen Brief, in dem er Vertretern der deutschen Politik seine Mithilfe bei der Aufklärung der NSA-Überwachung in Aussicht stellte.

In Deutschland entspann sich daraufhin eine Debatte über die Möglichkeiten, Snowden zu vernehmen, und über die Konsequenzen, die es aus der NSA-Affäre zu ziehen gelte. So reichte Deutschland gemeinsam mit Brasilien im Menschenrechtsausschuss der Vereinten Nationen einen Resolutionsentwurf ein, der das Recht auf Privatsphäre durch eine Überprüfung von Überwachungsaktivitäten im Ausland stärken sollte. Die Resolution wurde am 26. November von der Vollversammlung der Vereinten Nationen verabschiedet. Kritiker beklagten allerdings eine Abschwächung des ursprünglichen Textentwurfs durch die USA (Pitzke 2013). Über diese UN-Initiative hinausgehende Maßnahmen, die von den USA als kritisch angesehen werden könnten, lehnte die Bundesregierung ab, mutmaßlich um das deutsch-amerikanische Verhältnis nicht zu belasten. Aus guten Gründen kann dahinter die Einschätzung der großen Bedeutung der amerikanischen Dienste für die Außenpolitik der USA und die Weitergabe sicherheitsrelevanter Informationen an die deutschen Sicherheitsorgane vermutet werden. Diese wurden seitens der Bundesregierung in ihrer politischen Bewertung wohl in Rechnung gestellt.

Zugleich war die Abhöraffäre auch Gegenstand bilateraler Gespräche zwischen den USA und Deutschland. Nachdem, laut Informationen der *Rheinischen Post,* deutschen Spitzenbeamten bereits ein Anti-Spionage-Abkommen in Aussicht gestellt worden war, reisten am 4. November 2013 die Präsidenten des BND und des BfV zu Gesprächen mit NSA-Chef Keith Alexander und Geheimdienstdirektor James Clapper nach Washington (D.C). Bei einem Treffen zwischen der EU-Justizkommissarin Viviane

Reding und dem amerikanischen Justizminister Eric Holder am 18. November machte dieser die amerikanische Bereitschaft zu einem transatlantischen Datenschutzabkommen im Laufe des Jahres 2014 deutlich. Zusätzlich zu den bekannten Aktivitäten der NSA wurde auf Basis weiterer Snowden-Dokumente bekannt, dass auch der britische GCHQ einen Lauschposten in seiner Berliner Botschaft betreibt, durch den er Daten aus Telefonaten und Drahtlosnetzwerken abschöpfen kann. Die *Süddeutsche Zeitung* berichtete am 5. November von einer Abhörbasis, die NSA und GCHQ gemeinsam auf Zypern betreiben und von der aus die Dienste mutmaßlich die vollständige Internet- und Telefonkommunikation des Nahen Ostens und Nordafrikas abhören (Goetz/Hager/Obermaier 2013). Zudem wurde bekannt, dass sich die Mitglieder der sogenannten »Five-Eyes-Gruppe« – das sind die kooperierenden Geheimdienste aus den USA, Kanada, Großbritannien, Neuseeland und Australien – auch gegenseitig abhören (21. Nov.).

Die NSA ist nicht der einzige amerikanische Geheimdienst, der internationale Daten abgreift. Wie die *New York Times* am 14. November 2013 berichtete, sammelt auch die CIA im Geheimen riesige Datenmengen über den internationalen Zahlungsverkehr. Ebenso wie die NSA, die dieses Gesetz zur juristischen Legitimierung der umfangreichen Speicherung amerikanischer Telefondaten nutzt, beruft sie sich dabei auf den 2001 verabschiedeten »Patriot Act«[9] und auf die Aufsicht durch den FISC. Neben all diesen in der Vergangenheit beschlossenen und in der Durchführung bereits seit Jahren bestehenden Programmen und Aktivitäten wurden durch die Enthüllungen von Edward Snowden auch gegenwärtige Strategien und strategische Ziele der NSA bekannt. Am 23. November 2013 berichtete die *New York Times* von einem Vierjahresplan der NSA, der 2012 verfasst wurde und in dem Prioritäten und inneradministrative Zielsetzungen bis 2016 dargelegt werden. Aus dem Dokument geht hervor, dass die NSA sich selbst in einem *goldenen Zeitalter* sieht und bis 2016 plante, gegnerische Cybersicherheitsmaßnahmen auszuschalten, um an die Daten von »jedermann, jederzeit, überall« gelangen zu können (National Security Agency 2012a, SIGINT Strategy 2012–2016, S. 2–4). Inwieweit diese Pläne durch die Snowden-Enthüllungen und die durch ihn

9 Die Abkürzung Patriot steht für Uniting and Strengthening America by Providing Appropriate Tools Required to Intercept and Obstruct Terrorism.

ausgelösten Debatten verändert, modifiziert oder gar gestoppt wurden, ist nach derzeitigem Erkenntnisstand nicht zu beurteilen.

Im Zuge der Enthüllungen und der scheinbar ständig größer werdenden internationalen Tragweite der NSA-Affäre wurden aber auch die inneramerikanischen Überwachungstätigkeiten der NSA bekannt. Nachdem Präsident Obama in seiner ersten Stellungnahme nach dem Bekanntwerden des Programms PRISM auf dessen Genehmigung durch ein geheimes Gericht hingewiesen hatte, lud der amerikanische Kongress NSA-Direktor Keith Alexander noch im Juli 2013 zweifach zu Anhörungen, in denen er zu dem Programm Stellung nehmen musste. Am 17. Juni gab Obama in einem Fernsehinterview bekannt, dass er ein Gremium für Bürgerrechte und Privatsphäre eingesetzt habe, das die Balance zwischen Sicherheit und Freiheit gewährleisten solle. In den folgenden Wochen nahm aufgrund weiterer Enthüllungen durch Edward Snowden vor allem dessen Strafverfolgung durch die amerikanische Justiz Gestalt an, während die amerikanische Regierung zu vielen der bekannt gewordenen Einzelheiten der NSA-Programme offiziell schwieg. Lediglich anlässlich besonderer Vorkommnisse äußerten sich Regierungsvertreter öffentlich. Beispielsweise im Falle des USA-Besuchs des deutschen Innenministers Hans-Peter Friedrich versicherten sie volle Aufklärung der deutschen Fragen. Erst im Herbst 2013, nachdem zahlreiche weitere Programme und Überwachungsziele der NSA publik geworden waren, äußerten sich Regierungsvertreter vermehrt und auch innerhalb der USA entfaltete sich eine Debatte über die Befugnisse der Dienste. Nachdem die NSA-Überwachung des brasilianischen Ölkonzerns Petrobas bekannt geworden war (9. Sep.) und noch vor der Absage ihres Staatsbesuches durch Präsidentin Rousseff rechtfertigte Geheimdienstdirektor Clapper die Aktivitäten mit den Gefahren durch die Finanzierung von Terroristen.

Im Oktober 2013, nachdem die Überwachungsaktivitäten in Frankreich enthüllt worden waren, das Europäische Parlament öffentlich die Aussetzung des transatlantischen Datenabkommens SWIFT gefordert hatte und die Überwachung des Handys der deutschen Bundeskanzlerin publik geworden war, erhöhte sich der Druck auf die amerikanische Regierung. In einer erneuten Anhörung vor dem amerikanischen Kongress verteidigten die Geheimdienstdirektoren Clapper und Alexander das Abhören von Staatschefs als elementar notwendige Geheimdiensttätigkeit, die auch durch europäische Dienste durchgeführt werde. Einen Tag später wies Alexander den direkten NSA-Zugriff auf Server von Yahoo und Google zurück und betonte dabei, dass die NSA nur auf Basis von Gerichtsbeschlüssen handele (Ackerman 2013). Angesichts des wachsenden politischen Drucks entschied sich die Regierung, bis zum Jahresende 2013 die Ergebnisse der Geheimdienstüberprüfung vorzulegen, die, nach Angaben des amerikanischen Botschafters in Deutschland, alle Regierungsebenen und relevanten Gesetze umfasse. Anfang November entstand der Eindruck, dass sich die USA zu einem bilateralen Anti-Spionage-Gesetz, zumindest mit Deutschland, bereit erklären würden, und US-Außenminister John Kerry kündigte einen Besuch in Deutschland an. Der scheidende NSA-Chef Keith Alexander warf im Dezember 2013 angesichts der gegen seine Behörde erhobenen Vorwürfe in der Fernsehsendung *60 Minutes* die Frage auf, ob nicht die deutschen Geheimdienste ihrerseits die USA ausspähten (Bahners 2013).

Neben diesen diplomatischen Reaktionen und zusätzlich zur internen Geheimdienstüberprüfung wurden verstärkt die politischen Konsequenzen der NSA-Affäre diskutiert. Bereits im Juli 2013 hatte eine Abstimmung zur Aussetzung der NSA-Finanzierung im Repräsentantenhaus eine Mehrheit nur knapp verfehlt. Am 29. Oktober kündigte die Vorsitzende des Geheimdienstausschusses im Senat, Dianne Feinstein, eine umfassende Senatsuntersuchung der Überwachungsaktivitäten der NSA an und kritisierte die Abhörpraktiken gegenüber ausländischen Staatschefs, insbesondere der deutschen Bundeskanzlerin, scharf (Lewis/Ackerman 2013). Ein durch Snowden öffentlich gewordener Entwurf eines Berichts des Generalinspekteurs der Geheimdienste beweist jedoch, dass einige Senatsmitglieder bereits seit Jahren vollumfänglich über die Überwachungstätigkeiten der NSA unterrichtet wurden. Auch die öffentliche Version eines Berichts vom Juli 2009 zeigt, dass zwischen 2001 und 2007 49 Briefings für Kongressmitglieder und ihre Mitarbeiter zu den Überwachungsmaßnahmen der NSA im Rahmen des sogenannten Terrorist Surveillance Program stattgefunden haben (Fine et al. 2009).

Im November 2013 forderte der republikanische Senator James Sensenbrenner, der 2001 maßgeblich für die Verabschiedung des Patriot Acts verantwortlich gewesen war, rasche Gesetzesänderungen. In einem Gespräch mit der *Frankfurter Allgemeinen Zeitung* beschuldigte Sensenbrenner die NSA, das amerikanische Justizministerium und die FISA-Gerichte[10], das Gesetz falsch ausgelegt zu haben und dadurch erst einen Missbrauch von Überwachungsrichtlinien möglich gemacht zu haben. Er halte Edward Snowden zwar für einen Verbrecher, aber er kündigte einen neuen Gesetzentwurf namens »Freedom Act« zum Verbot massenhafter Datensammlungen in den USA und eine stärkere Aufsicht der NSA durch den Kongress an (Frankfurter Allgemeine Zeitung 2013). Am 17. Oktober wurde bekannt, dass NSA-Chef Keith Alexander zum Jahresbeginn 2014 in den Ruhestand versetzt werde. Ende November besuchten die beiden Kongressabgeordneten Chris Murphy und Gregory Meeks Europa und trafen sich mit zahlreichen Vertretern der deutschen und europäischen Politik, um über die amerikanischen Geheimdienstaktivitäten zu berichten und sich auf künftige Rahmenbedingungen der Zusammenarbeit zu verständigen.

In einem Fernsehinterview erklärte Präsident Obama am 5. Dezember 2013, dass einige der Snowden-Enthüllungen berechtigten Anlass zur Sorge gäben, und kündigte an, dass er zum Jahresbeginn 2014 Vorschläge zur Beschneidung einiger NSA-Befugnisse veröffentlichen werde. Zudem bestätigte er, dass die NSA außerhalb der USA aggressiver vorgehe, da sie dort nicht durch amerikanische Gesetze beschränkt sei (Serwer 2013), ein Umstand, der insbesondere für europäische Politik und Gesellschaften von Belang ist. Die Vorstandsvorsitzenden der Unternehmen Facebook, Twitter, Yahoo, AOL, Microsoft, Apple, LinkedIn und Dropbox veröffentlichten am 9. Dezember 2013 einen offenen Brief an Präsident Obama und den Kongress, in dem sie die Einschränkung bestehender Überwachungsprogramme und eine umfassende Reform zugunsten erhöhter Transparenz und exekutiver Zurückhaltung gegenüber den individuellen Freiheitsrechten forderten (Roberts/Kiss 2013). Als Motiv des Briefes muss vermutet werden, dass die Unternehmen der NSA-Affäre wegen Umsatz- und Gewinnrückgänge fürchteten. Die inzwischen bekannt gewordene ausgesprochen enge Verknüpfung zwischen amerikanischen Diensten und privaten IT-Unternehmen lässt vermuten, dass die verschiedenen Interessen beider Seiten in enger gegenseitiger Abstimmung öffentlich ausgetragen wurden. Die mehrfachen Gipfeltreffen zwischen Präsident

10 Dies bezieht sich auf den Foreign Intelligence Surveillance Act von 1978 (mehr dazu in Kapitel III, 3.1, 3.2, 5.1 und 5.2) und die ihm zugeordneten Gerichte.

Obama und den IT-CEOs dokumentierten als Rückseite der Medaille die fortdauernde enge Abstimmung.

Am 17. Dezember 2013 urteilte der Federal District Court in Washington, dass das NSA-Programm zur Speicherung der Telefondaten aller Amerikaner mutmaßlich gegen die Verfassung verstoße. Die Richter äußerten erhebliche Zweifel daran, dass die Gründungsväter der USA ein derartiges Überwachungsprogramm der Bundesregierung gutheißen würden (Savage 2013). Die Regierung erklärte in der Folge mehrfach, die Abhörmaßnahmen und Datensammlung beziehungsweise -analyse reformieren zu wollen, was bedeutet, sie rechtlich auf eine sichere Basis stellen zu wollen. Am 18. Dezember veröffentlichte die von Präsident Obama eingesetzte Expertengruppe ihren Abschlussbericht zur Aufarbeitung der NSA-Affäre. Darin betonte sie die bleibende Notwendigkeit geheimdienstlicher Arbeit für die nationale Sicherheit der USA und unterbreitete dem Präsidenten eine Reihe von Reformvorschlägen für die künftige Balance zwischen Sicherheit und bürgerlicher Freiheit. Die Autoren fanden allerdings keinen Beweis dafür, dass die Metadaten-Sammlung aus den gesammelten Telefondaten in den USA Terroranschläge verhindert habe. Sie widersprachen damit entsprechenden Behauptungen seitens der NSA: »Our review suggests that the information contributed to terrorist investigations by the use of section 215 telephony meta-data was not essential to preventing attacks and could readily have been obtained in a timely manner using conventional section 215 orders« (Clarke et al. 2013, S. 104).

Zum Jahresende 2013 richtete sich Edward Snowden in einer vom britischen *Channel 4* übertragenen Weihnachtsansprache an die britischen Bürger und forderte das Ende der Massenüberwachung (Walker 2013). Am 2. Januar 2014 berichtete die *Washington Post*, dass die NSA mit immensen finanziellen Zuwendungen die Grundlagenforschung an Quantencomputern fördere, um einen Computer zu erlangen, der nahezu jede Art von Verschlüsselung durchbrechen oder umgehen und damit den weltweiten Datenzugriff der NSA in erheblicher Weise erhöhen würde (Rich/Gellman 2014).

Am 17. Januar 2014 nahm Präsident Obama in einer Grundsatzrede so ausführlich wie nie zuvor Stellung zur NSA-Affäre und der Rolle der amerikanischen Dienste und verkündete Vorschläge, um diese zu reformieren. Die von ihm eingebrachten Änderungen richteten sich vor allem an das unter Section 215 des »Patriot Acts« innerhalb der USA bestehende Programm zur Abschöpfung von Metadaten, vor allem Telefondaten. Dabei verteidigte er aber entschieden den grundlegenden Ansatz der Geheimdienste, dessen Relevanz ungebrochen fortbestehe:

> *»Our intelligence agencies will continue to gather information about the intentions of governments – as opposed to ordinary citizens – around the world, in the same way that the intelligence services of every other nation does. We will not apologize simply because our services may be more effective.« (Obama 2014)*

Von administrativer Seite lässt sich nach Obamas Rede eine Rückkehr zur Normalität verzeichnen, da die Debatte nach der umfangreichen Stellungnahme des Präsidenten von Seiten der amerikanischen Regierung nicht mehr in wesentlichen Punkten fortgeführt, sondern seine Ankündigungen innerhalb des administrativen Apparats zur Bearbeitung weitergeleitet wurden. Am 30. Januar 2014 gab Obama bekannt, Michael S. Rogers für die Nachfolge von Keith Alexander als Direktor der NSA und als Chef der U. S. Cyber Command nominieren zu wollen. Damit verwarf Obama zugleich einen Vorschlag der Expertengruppe, die in ihrem Bericht eine Trennung beider Positionen angeregt hatte (Sanger/Shanker 2014). Zur Verhinderung eines mit den Snowden-Enthüllungen vergleichbaren Falles interner Informationsweitergabe kündigte James Clapper am 11. Februar 2014 in einer erneuten Anhörung vor dem Senat an, dass die amerikanischen Nachrichtendienste mittelfristig ein verstärktes Schutzsystem entwickeln würden, aus dem ersichtlich ist, welche Person intern auf welche Daten der Dienste Zugriff hat (Sanger/Schmitt 2014). Bei einem Staatsbesuch in den USA erklärte der damalige französische Präsident François Hollande die NSA-Affäre aus französischer Sicht für überwunden und erklärte, dass verloren gegangenes Vertrauen zwischen beiden Partnern wiederhergestellt sei (BBC 2014).

Auch nach Obamas Rede wurden weitere Aktivitäten der amerikanischen Geheimdienste bekannt. Glenn Greenwald zufolge hat die NSA in Kooperation mit dem GCHQ unter dem Codenamen »Anticrisis Girl« gezielt Unterstützer der Enthüllungsplattform *WikiLeaks* überwacht und unter anderem die IP-Adressen der auf die Homepage zugreifenden Computer gespeichert (Greenwald/Gallagher 2014). Darüber hinaus wurde bekannt, dass die CIA Mitglieder des Geheimdienstausschusses im Senat abgehört hat, um die Einzelheiten einer ausschussinternen Untersuchung über die Inhaftierungs- und Verhörpraxis der CIA während der Regierungszeit George W. Bushs herauszufinden (Mazzetti 2014).

Die vom Snowden-Vertrauten Glenn Greenwald ins Leben gerufene Website *The Intercept* berichtete am 13. März 2014, dass die NSA innerhalb des Programms TURBINE auch gezielt gefälschte Facebook-Server eingesetzt habe, um Computer mit schädlicher Software infizieren zu können. Das Programm wurde – wie aus internen Dokumenten der NSA hervorging – initiiert, um schnelleren und besseren Zugang auf weltweite Daten zu erlangen und eventuell bestehende Schutzmechanismen auszuschalten. Dabei operieren die von der NSA entwickelten Systeme computergesteuert und automatisiert – ähnlich dem Hochfrequenzhandel an einer Börse –, wodurch sie in den weltweiten Überwachungsaktivitäten unabhängig von menschlicher Steuerung agieren (Gallagher/Greenwald 2014). Daraufhin wurde am 14. März bekannt, dass Facebook-Gründer Marc Zuckerberg persönlich mit Präsident Obama telefoniert habe, um seinen Ärger über die Geheimdienstprogramme zum Ausdruck zu bringen (Holpuch 2014).

Am 18. März berichtete die *Washington Post*, dass die NSA mit dem Programm MYSTIC die Telefongespräche eines ganzen Landes aufzeichnen, speichern und bis zu einem Monat lang zur genaueren Analyse abhören kann. Aus Rücksicht auf die Regierung teilte die Zeitung den Namen des konkreten Landes, in dem dies bereits in Gänze möglich sei, jedoch nicht mit (Gellman/Soltani 2014). Forscher der Stanford University fanden in einer Studie über den Informationsgehalt, der aus der Ansammlung von Telefon-Metadaten gewonnen werden kann, heraus, dass die NSA durch die Sammlung dieser Daten in erheblichem Maße persönliche Informationen über die jeweilige Person erkennen kann. So vermag die NSA mit Leichtigkeit unter anderem medizinische und finanzielle Details aus den Telefondaten einer Person herauszufinden, sodass die von Präsident Obama selbst betonte Anonymität abgehörter Personen weitaus weniger ausgeprägt ist, als öffentlich eingeräumt wurde (Parker 2014).

Am 22. März 2014 enthüllten *Der Spiegel* und die *New York Times*, dass die NSA gezielt hochrangige chinesische Politiker, zentrale politische Institutionen Chinas und mit besonderem Fokus den Technologiekonzern Huawei ausspioniert und unter anderem Zugang zum E-Mail-Archiv und firmeneigenen Quellcodes erlangt habe (Sanger/Perlroth 2014). Die öffentliche Auseinandersetzung zwischen den USA und China spitzte sich wieder zu, als in den USA chinesische Bürger wegen Spionageverdacht festgenommen wurden. Zwei Monate nach Obamas Grundsatzrede wurde zudem eine erste konkrete legislative Initiative zur Reform der Geheimdienstarbeit bekannt: Wie die *New York Times* am 24. März berichtete, sah eine Vorlage, die im Kongress eingebracht werden sollte, die Abschaffung der nach Section 215 des »Patriot Acts« bislang gültigen Massenabschöpfung von Telefondaten durch die NSA innerhalb der USA vor. Diese Daten sollten, dem Entwurf zufolge, im Besitz der Telekommunikationsunternehmen verbleiben, sodass die NSA nur noch in konkreten Verdachtsfällen und mit richterlicher Genehmigung auf einzelne Datensätze zugreifen könnte (Savage 2014). Senatorin Dianne Feinstein, Vorsitzende des »Intelligence Committees« des Senats, erklärte ihre Zustimmung zu diesem Verfahren, forderte jedoch, dass die Daten nicht länger als 18 Monate gespeichert werden dürften (Knowlton 2014). Ende März wurden weitere Einzelheiten über die starke Verflechtung zwischen NSA und Privatwirtschaft bekannt. So erhielt Amazon eine Sicherheitsüberprüfung und darf nun in großem Umfang sensible Daten des US-Verteidigungsministeriums speichern. Nach Angaben der *Frankfurter Allgemeinen Zeitung* nutzen 6.000 Regierungsbehörden das Cloud-Angebot von Amazon, darunter die Navy und die U.S. Airforce (Frankfurter Allgemeine Zeitung 2014a).

Das deutsch-amerikanische Verhältnis stabilisierte sich in den Monaten seit den Enthüllungen bis zum Frühjahr 2014 zunehmend. Das ursprünglich von deutscher Seite verfolgte No-Spy-Abkommen kam zwar aufgrund der amerikanischen Ablehnung nicht zustande und später wurde zudem bekannt, dass es seitens der amerikanischen Regierung nie die ernste Absicht gegeben hatte, ein solches Abkommen überhaupt zu verhandeln und abzuschließen. Allerdings vereinbarten beide Staaten einen fortgesetzten Dialog über Cybersicherheit (Sanger/Smale 2013; U.S. Department of State 2014). Nachdem die Debatte über die Snowden-Enthüllungen innerhalb Deutschlands zunächst deutlich an Intensität verloren hatte, einigten sich die Fraktionen des Deutschen Bundestags am 14. März 2014 auf die Einrichtung eines Untersuchungsausschusses zur Aufarbeitung der NSA-Affäre und der Überwachungsaktivitäten ausländischer Dienste in

Deutschland (Denkler 2014). Dieser legte im Juni 2017 seinen Abschlussbericht vor. Am 23. März 2014 entschuldigte sich der ehemalige NSA-Direktor Michael Hayden für die Abhöraktionen in Deutschland, betonte aber gleichzeitig, dass die Zusicherung, das Handy von Bundeskanzlerin Merkel nicht mehr abzuhören, nicht für die restliche Bundesregierung gelte (Spiegel Online 2014a). Bei einer öffentlichen Debatte an der Johns Hopkins University hatte Hayden im April mit der Aussage »we kill people based on metadata« (Hayden 2014) zudem den offensichtlichen Zusammenhang zwischen den Überwachungstätigkeiten der NSA und dem Drohnenprogramm der amerikanischen Streitkräfte und der CIA eingeräumt. Wie bereits erläutert, kann hierzu auf die durch die NSA erfassten Daten europäischer Bürger, an die USA weitergegebene Kenntnisse europäischer Dienste wie auch auf Territorium und Infrastruktur in verbündeten europäischen Staaten zurückgegriffen werden.

Wie im Mai 2014 weiter bekannt wurde, greift die NSA durch ihre globalen Überwachungsaktivitäten massenhaft Bilder aus dem Internet ab und nutzt hauptsächlich eine Gesichtserkennungssoftware namens »Tundra Freeze« zu ihrer Auswertung. Zudem sammelt sie Fingerabdrücke, Daten zur Iriserkennung von Ausländern und betreibt gemeinsam mit dem State Department und der CIA ein Programm mit dem Namen »Pisces« zwecks Sammlung biometrischer Daten, die weltweit bei Grenzübertritten erhoben werden (Risen/Poitras 2014). Darüber hinaus besitzt das FBI nach eigenen Angaben »eine der größten biometrischen Datenbanken der Welt« (Kühl 2014). Neben der Kooperation im Rahmen der *Five Eyes* – welche sich aus den signalverarbeitenden Diensten NSA, dem britischen »Government Communications Headquarter« (GCHQ), dem »Communications Security Establishment Canada« (CSEC), dem »Australian Secret Intelligence Service« (ASIS) und dem neuseeländischen »Government Communications Security Bureau« (GCSB) zusammensetzt – arbeitet die NSA in einem Programm namens »Rampart-A« auch eng mit sogenannten *third-party partners* zusammen, um im Geheimen an weltweiten Datenknotenpunkten Überwachungsausrüstung in Glasfaserkabel einzupflegen. Wie *The Intercept* berichtete, erlauben die ausländischen Partner der NSA, darunter wohl auch Dänemark und Deutschland, dem amerikanischen Dienst Zugang zu solchen Kabeln und den Einbau ihrer Technologie, und ermöglichen es ihr so, die Inhalte von Telefongesprächen, Faxen, E-Mails,

Internetchats und Internettelefonie wie beispielsweise über Skype abzufangen (Gallagher 2014a).

Im Juli 2014 berichteten mehrere deutsche Medien über den Einsatz amerikanischer Spione in den deutschen Bundesministerien für Verteidigung, Wirtschaft, Inneres und Entwicklung sowie über die mutmaßliche Abhörung der Diensthandys mehrerer mit der NSA-Affäre betrauten Bundestagsabgeordneter, darunter auch Roderich Kiesewetter, Obmann der CDU/CSU-Fraktion im NSA-Untersuchungsausschuss (ZEIT ONLINE, 2014a). Konkret wurde zunächst bekannt, dass ein Mitarbeiter des BND im Verdacht stehe, mehr als 200 geheime Dokumente an die CIA weitergeleitet zu haben. Bei den in diesem Zusammenhang sichergestellten Unterlagen wurden auch Gesprächsprotokolle von BND-Präsident Gerhard Schindler und seines Stellvertreters mit den Chefs ausländischer Geheimdienste sowie detaillierte Beschreibungen der Spionageaktivitäten des BND in anderen Ländern und die Namen und Adressen der dazu entsandten Agenten entdeckt (ZEIT ONLINE 2014b).

Das Auswärtige Amt bestellte daraufhin den amerikanischen Botschafter ein. Als ein weiterer Verdachtsfall über Spionage im Bundesverteidigungsministerium bekannt wurde, forderte die Bundesregierung den Repräsentanten der amerikanischen Geheimdienste in Berlin zur Ausreise aus Deutschland auf. In beiden Fällen nahm zudem die Bundesanwaltschaft Ermittlungen auf (Frankfurter Allgemeine Zeitung 2014b; 2014c; 2014d). Am 16. Juli sicherte Präsident Obama Bundeskanzlerin Merkel telefonisch zu, zur Verbesserung der Geheimdienstkooperation in engem Kontakt verbleiben zu wollen (Spiegel Online 2014b). Im August 2014 verlangte das Auswärtige Amt die Aufdeckung aller in Deutschland aktiven ausländischen Agenten (Gebauer/Schindler 2014). Wie eng die geheimdienstliche Zusammenarbeit von Deutschland und den USA trotz dieser politischen Konflikte ist, wurde im September 2014 erneut deutlich: *Der Spiegel* berichtete am 7. September, dass der BND an seinem Standort in Bad Aibling massenhaft Daten aus Krisenregionen speichern und für die Auswertung dieser Daten 15 bis 20 Programme der NSA nutzen würde. Zudem werte der BND diese Daten gezielt anhand von Suchbegriffen der NSA, sogenannten Selektoren, aus und leite die Ergebnisse wiederum in die USA weiter (Spiegel Online 2014c). Hier wird beispielhaft deutlich, dass die enge Kooperation mit amerikanischen Diensten aufgrund ihrer überlegenen Fähigkeiten für europäische Staaten schlichtweg als Gebot zur Wahrung eigener Sicherheitsinteressen wahrgenommen wird. Daran hat die NSA-Affäre vermutlich auch seither nichts geändert, und solange die Europäer nicht vergleichbare Fähigkeiten entwickeln, wird dies auch so bleiben.

Nach Angaben von Edward Snowden wurde der Ausfall des Internets in Syrien im November 2012 durch einen Fehler der NSA beim Versuch einer Infiltration verursacht (Ackermann 2014). Zudem berichtete *Der Spiegel,* dass die Türkei für die NSA und das GCHQ in der Spitzengruppe der Aufklärungsziele rangiere und diese die türkischen Botschaften bei den Vereinten Nationen und in den USA mit Spähprogrammen und IT-Systemen infiltriert habe (Spiegel Online 2014d). Daraufhin bestellte die Türkei den amerikanischen Botschafter ein.

Am 5. August 2014 veröffentlichte *The Intercept* eine umfangreiche Analyse über eine von der amerikanischen Regierung geführte »*Terrorist Screening Database*«, eine Liste von Personen, die der Nähe zu terroristischen Organisationen verdächtigt werden. Auf Basis geheimer Regierungsdokumente zeigten die Autoren, dass über 40 % der 680.000 in dieser Datenbank geführten Personen keinerlei Verbindung zu einer terroristischen Organisation aufweisen, die amerikanische Regierung aber dennoch umfangreiche Daten über sie sammelt. Zudem berichteten sie über ein Programm namens HYDRA, das die CIA nutze, um auf Datenbanken anderer Staaten zugreifen zu können (Scahill/Deveraux 2014).

Eine weitere Enthüllung von *The Intercept* betraf die Bereitstellung gesammelter Datensätze durch die NSA an amerikanische Behörden. Aus Unterlagen, die von Edward Snowden entwendet worden waren, geht demnach hervor, dass die NSA eine Google-ähnliche Suchmaschine namens ICREACH entwickelt hat, die es bereits 1.000 Analysten aus 23 amerikanischen Regierungsbehörden ermöglicht hat, auf einen Satz aus 850 Milliarden aufgezeichneten Daten aus Telefongesprächen, E-Mails und mobilen Standorten zuzugreifen. Diese Metadaten beträfen sowohl Amerikaner, die bislang nicht gegen Gesetze verstoßen haben, als auch ausländische Bürger ohne amerikanische Staatsangehörigkeit. Zu den Behörden, die vor allem auf die Daten zugreifen, gehören das FBI, die CIA, die DEA und die DIA (Gallagher 2014b). In einem Dokument von 2007 wird das Programm als »first-ever wholesale sharing of communications metadata within the U. S. Intelligence Community« (The Intercept 2014a) bezeichnet. Es dient vor allem dem Datenzugriff aus der Auslandsüberwachung, ohne allerdings Zugang zu der gewaltigen Sammlung der Telefondaten amerikanischer Bürger zu ermöglichen, die die NSA auf Basis der Section 215 des »Patriot Acts« zusammengestellt hat.

Im September 2014 berichtete *Der Spiegel*, dass unter anderem die Netze der deutschen Telefonanbieter Deutsche Telekom und NetCologne durch das NSA-Programm TREASURE MAP[11] durchdrungen worden seien und die NSA damit Zugang zu den Daten dieser Unternehmen erlangt habe (Spiegel Online 2014e). Wie eine interne Präsentation der NSA zeigt, dient das Programm als »capability for building a near real-time, interactive map of the global internet« und zielt letztlich darauf ab, das gesamte Internet auf Karten sichtbar zu machen: »any device, anywhere, all the time« (The Intercept 2014b). Bereits im November 2013 hatte die *New York Times* das Programm als Teil der »Sigint[12]-Strategie« der NSA öffentlich gemacht und über seine Ambitionen zur Sammlung unterschiedlichster Daten aus Computernetzwerken, von Internetprovidern und geologischen Datensätzen berichtet (Risen/Poitras 2013). Die NSA hat überdies Geheimagenten als Mitarbeiter in Kommunikationsunternehmen in China, Deutschland und Südkorea eingeschleust, die sowohl relevante Informationen an die NSA weitergaben als auch zur Manipulation technischer Geräte in Produktlieferketten eindrangen. So würden Postpakete mit technischen Geräten geöffnet und Überwachungstechnologie in diese eingebaut sowie Daten und das Wissen über Verschlüsselungstechnologien aus den Unternehmen an die NSA weitergeleitet (Maass/Poitras 2014).

Erneuter Widerstand aus der Internetbranche regte sich im Oktober 2014, als die Firmenchefs von Google, Microsoft, Facebook und Dropbox die Abschöpfungspraxis der NSA erneut scharf kritisierten und ihre Befürchtungen über einen globalen Vertrauensverlust in amerikanische Technologie öffentlich diskutierten. Google-Chef Eric Schmitt beklagte

---

11 Da das Programm in den bislang veröffentlichten Snowden-Dokumenten nicht näher erläutert wird, kann nur vermutet werden, dass es sich hier um eine Strategie der Nutzbarmachung von Vernetzung auf mehreren Ebenen handelt. Hier sollen sowohl Glasfaserkabel, Router- und Serverdaten als auch digitale und physische Identitäten von Menschen strategisch nutzbar gemacht werden, um strategische und taktische Vorteile für die USA zu erzielen.

12 SIGINT meint die Erfassung und Verarbeitung von technischen Daten durch geheime Nachrichtendienste, siehe S. 89.

wirtschaftliche Konsequenzen für die IT-Branche und bezeichnete das Zerbrechen des globalen Internets und den Aufbau nationalstaatlicher Internetstrukturen als mögliche weitere Folge der NSA-Aktivitäten (Scola 2014). Im November 2014 scheiterte ein Gesetzesentwurf zur Reform der NSA-Überwachung von Telefondaten, als im Senat die für eine erfolgreiche Abstimmung notwendige Mehrheit von 60 Stimmen aufgrund des Widerstands zahlreicher republikanischer Senatoren nicht zu Stande kam (Savage/Peters 2014). Die Regierung Obama verlängerte im Dezember 2014 das auf Section 215 des »Patriot Acts« basierende Überwachungsprogramm von Telefondaten um weitere 90 Tage (U.S. Department of Justice 2014).

Die NSA versucht gezielt, Mobilfunkdaten zur Beschaffung von Informationen heranzuziehen. *The Intercept* berichtete im Dezember 2014, dass die NSA in der Operation »Auroragold« Mobilfunknetze weltweit auf Sicherheitslücken hin ausspionieren würde, um diese Schwachstellen für ihre Überwachungsaktivitäten zu nutzen. Dazu hackte die NSA die E-Mail-Accounts von über 1.200 Mitarbeitern in Firmen und Organisationen, die Mobilfunknetze betreiben und entwickeln. Durch das Programm will sich die NSA Zugang zu allen Mobilfunknetzen verschaffen und selbst in der Lage sein, Lücken in neue Sicherheits- und Verschlüsselungstechnologien einzubauen, um diese wiederum zur Spionage zu nutzen. Im Mai 2012 hat die NSA nach eigenen Angaben bereits technische Informationen über 70% der weltweiten Mobilfunknetze gesammelt (Gallagher 2014c). Wie *Der Spiegel* ebenfalls im Dezember 2014 offenbarte, ist die NSA zudem seit Februar 2011 durch den Beschluss eines Geheimgerichts befugt, Daten des Internet-Telefondienstes Skype zu sammeln (Appelbaum et al. 2014).

Die Enthüllungen über weitere Programme der NSA hielten auch 2015 weiter an. Aus weiteren Dokumenten, die von Edward Snowden gesichert worden waren, geht hervor, dass die NSA Cyberangriffe aus anderen Staaten ihrerseits zur Gegenspionage in diesen Staaten nutzt (Appelbaum et al. 2015). Eine politische Konsequenz aus der NSA-Affäre wurde im Februar 2015 kurz vor einer USA-Reise von Bundeskanzlerin Merkel bekannt. So ordnete das Weiße Haus an, dass die von der NSA gesammelten Daten von Ausländern maximal fünf Jahre gespeichert und danach gelöscht werden müssen. Außerdem solle die Liste aller von der NSA abgehörten ausländischen Staats- und Regierungschefs nunmehr vom Weißen Haus selbst und häufiger als bisher geprüft werden. Nach Bekanntwerden dieser Abhörmaßnahmen sei die Überwachung von Bundeskanzlerin Merkel und anderer Staatschefs eingestellt, für Brasilien und Mexiko jedoch beibehalten worden (Sanger 2015). Nach Veröffentlichungen des *Spiegels* identifizierte die russische Sicherheitsfirma Kaspersky ein in den Unterlagen von Edward Snowden als »Qwerty« bezeichnetes Programm als das Cyberwaffensystem *Regin*, das aufgrund seiner Leistungsfähigkeit in Anlehnung an den gleichnamigen hochentwickelten Trojaner, der 2010 das iranische Atomprogramm angegriffen hatte, bereits als neues Stuxnet für Aufsehen gesorgt hatte (Frankfurter Allgemeine Zeitung 2014e). Diese Schadsoftware, die unbemerkt Daten aus Computern speichert und an seinen Urheber sendet, sei bereits bei Cyberangriffen in 14 Staaten – darunter auch in Deutschland und gegen die EU-Kommission – eingesetzt worden und sei zudem ein gemeinsames Instrument der Geheimdienste der *Five-Eyes*-Allianz (Rosenbach et al 2015) (vgl. Kapitel III 5.4). Über Computerprogramme zur Protokollierung und phonetischen Darstellung ist die NSA zudem in der Lage, die Inhalte von Telefongesprächen abzufangen, in Textform umzuwandeln und im Hinblick auf bestimmte Suchbegriffe zu analysieren und zu speichern (Froomkin 2015).

Die Arbeit des NSA-Untersuchungsausschusses des Deutschen Bundestags wurde durch weitere Enthüllungen über die Zusammenarbeit zwischen BND und NSA begleitet. Nach Recherchen von *Zeit Online* sammelt der BND täglich 220 Millionen Metadaten und leitet diese in großen Teilen an die NSA weiter. Der genaue Umfang war zunächst unbekannt (Biermann 2015a). Im Mai 2015 wurde bekannt, dass der BND monatlich bis zu 1,3 Milliarden Daten an die NSA weiterleitet (Biermann 2015b). Die NSA hat die Kooperation mit dem BND zudem über Jahre hinweg zur Ausspähung Dritter genutzt. Zu diesem Zweck lieferte die NSA dem BND sogenannte Selektoren, beispielsweise Handynummern, E-Mailadressen oder IP-Adressen, die dieser in seine eigenen Überwachungsaktivitäten einspeiste und die Ergebnisse wiederum an die NSA zurückgab. Ziele dieser gezielten Suchbegriffe waren unter anderem der deutsch-französische Rüstungskonzern EADS, der europäische Hubschrauberhersteller Eurocopter, die französische Regierung und die EU-Kommission. Diese Form der Spionage diente also nicht nur – wie im gemeinsamen Memorandum of Agreement von 2002 vereinbart – der Terrorbekämpfung, sondern legt den Schluss nahe, dass die NSA über diese Selektorenliste mit der Unterstützung des BND gezielte wirtschaftliche und politische Spionage in Europa betrieb (Baumgärtner et al. 2015a; Mascolo 2015). Der BND stellte dies bereits 2005 fest, das Bundeskanzleramt war über die Vorkommnisse seit 2008, spätestens jedoch 2010, informiert. Das öffentliche Bekanntwerden löste in Deutschland erneut eine intensive Debatte aus. Thomas de Maizière, von 2005 bis 2009 Kanzleramtsminister, wies eine politische Verantwortung der Bundesregierung von sich und sagte im Juni 2015 vor dem NSA-Ausschuss des Deutschen Bundestags aus, dass »der Kernfehler (...) zu hundert Prozent im mangelnden Meldeverhalten des BND« (Meiritz 2015) liege. Zudem gab er an, keinerlei Kenntnis von den Selektoren oder ihrer Nutzung zum Ausspähen europäischer Ziele gehabt zu haben (ebenda).

Über die Selektorennutzung wurden in den folgenden Monaten weitere Einzelheiten bekannt: Die NSA soll versucht haben, über den BND Siemens auszuspähen (Spiegel Online 2015a). Im Mai 2015 räumte die Bundesregierung ein, dass die NSA bis zum August 2013 E-Mailadressen europäischer Politiker, von Ministerien der EU-Mitgliedsstaaten, EU-Institutionen und Vertretungen deutscher Firmen als Selektoren an den BND weitergegeben und so zur Spionage genutzt hat. Danach habe der BND die Begriffe aus seiner Liste mit Suchkriterien entfernt (Frankfurter Allgemeine Zeitung 2015b). Anfang Mai schränkte die Bundesregierung die Datenweitergabe des BND erheblich ein, sodass nur noch wenige amerikanische Selektoren in der BND-Analyse berücksichtigt wurden (Spiegel Online 2015b).

Zwischen 2008 und 2013 hatte der BND nach Recherchen der Deutschen Presse-Agentur etwa 15.000 Selektoren der NSA aus der Liste der Selektoren entfernt, die zur Internetüberwachung eingesetzt wurden. Im Sommer 2013 wurden nach Beginn der NSA-Affäre insgesamt 25.000 weitere NSA-Selektoren aussortiert, sodass insgesamt 40.000 NSA-Selektoren aus der über den Standort in Bad Aibling erfolgten Internetspionage des BND für die NSA herausgenommen und auf eine elektronische Ablehnungsdatei gesetzt wurden. Diese aussortierten Selektoren betrafen wohl Spionageziele, die mit dem Auftragsprofil des BND nicht vereinbar waren, beispielsweise politische Ziele von Partnerländern oder Institutionen wie der EU. Ab Sommer 2013 wurde zudem offensichtlich die komplette Internetüberwachung des BND mit NSA-Selektoren, inklusive bisher als unproblematisch eingestufter Suchbegriffe, über Bad Aibling ausgesetzt. Dies umfasst insgesamt 5 Millionen Selektoren, die die NSA an den BND übermittelt hat, und betrifft 1,3 Millionen Ziele, darunter Institutionen, Unternehmen und Einzelpersonen. Der BND setzt die Internetüberwachung mit seinen eigenen Selektoren sowie die Überwachung von Telefongesprächen und Faxkommunikation mit NSA-Selektoren weiterhin fort (ZEIT ONLINE 2015a).[13] Wie nach gemeinsamen Recherchen des *NDR*, des *WDR* und der *Süddeutschen Zeitung* im Januar 2016 bekannt wurde, wurde die gemeinsame Internetüberwachung von NSA und BND in Bad Aibling mittlerweile wieder aufgenommen, da die USA nun jeden Suchbegriff mit einer individuellen Begründung an den BND herantragen (Mascolo/Baars 2016).

Wichtige Passagen des »Patriot Acts« – darunter auch Section 215, die Grundlage für die anlasslose Massenspeicherung von Metadaten aus Telefongesprächen – liefen zum 1. Juni 2015 aus. Am 2. Juni verabschiedete der amerikanische Kongress den »USA Freedom Act«, das umfangreichste Gesetz zur Überwachung seit 2001, in dem Teile des »Patriot Acts« erneuert und modifiziert wurden. Am selben Tag unterzeichnete Präsident Obama das Gesetz, sodass es unmittelbar in Kraft treten konnte.

Der erfolgreichen Abstimmung war ein monatelanges Ringen im Kongress vorausgegangen. Noch im November 2014 war die Abstimmung über einen ähnlichen Gesetzesentwurf gescheitert und im Mai 2015 hatte das Berufungsgericht von Connecticut, New York und Vermont (*Second Circuit*) geurteilt, dass die Massenspeicherung von Telefondaten nicht durch Section 215 des »Patriot Acts« autorisiert sei (Savage 2015, 30. Juni). Der Freedom Act beendete die Massenspeicherung der Telefonverbindungsdaten durch amerikanische Regierungsbehörden, wie sie auf Basis von Section 215 seit 2001 durch die NSA praktiziert worden war. Das Gesetz räumte der NSA dazu einen Zeitraum von 180 Tagen bis zum November 2015 ein, um einen Übergang zu gewährleisten. Telefondaten werden seitdem nicht mehr bei den Geheimdiensten oder anderen Bundes-

13 Die genaue Zahl der Selektoren, die die NSA an den BND weitergeleitet hat, kann nicht eindeutig beziffert werden. Im Mai 2015 zitierte ein Bericht von *Zeit Online* Dokumente, in denen die Zahl der Selektoren mit »zwischen acht und neun Millionen« angegeben wird (Biermann 2015c).

behörden gespeichert, sondern direkt bei den entsprechenden Unternehmen. Staatliche Behörden können nur auf Basis eines Beschlusses durch den FISC Zugriff auf sie erhalten. Erstmals muss dazu ein konkretes Kriterium für die Herausgabe erfüllt werden. Viele Entscheidungen des Gerichts sollen zudem nicht mehr im Geheimen getroffen werden und die Rechte amerikanischer Bürger sollen stärker als bisher bei Entscheidungen geltend gemacht und berücksichtigt werden (Gawehns/Thimm 2015, S. 1 f.; Office of the Director of National Intelligence 2015a).

Am 29. Juni entschied der FISC, dass die NSA ihr Programm zur Massenspeicherung von Telefondaten zeitweise wieder aufnehmen dürfe, und wiedersprach damit dem im Mai getroffenen Urteil des *Second Circuit*, das für den FISC nicht bindend ist (Savage 2015, 30. Juni). Das Justizministerium der USA begrüßte diesen Schritt (Strobel 2015). Im Juli gab der DNI bekannt, dass die NSA parallel zur Beendigung des inländischen Telefonabhörprogramms zum November 2015 auch das Archiv aller Metadaten, die auf Basis von Section 215 des »Patriot Acts« über Telefongespräche gesammelt worden waren, löschen werde, sobald laufende Zivilverfahren zu diesem Programm beendet seien. Bis zum 29. Februar 2016 sei technischem Personal zur Überprüfung der korrekten Umsetzung des Freedom Acts Zugang zum Metadatenarchiv erlaubt (Office of the Director of National Intelligence 2015b).

Im Juni 2015 wurde bekannt, dass die NSA über Jahre hinweg die französische Staatsspitze, darunter Gespräche der französischen Präsidenten Jacques Chirac, Nicolas Sarkozy und François Hollande abgehört hat (Baars/Goetz 2015). Auch deutsche Ministerien wurden von der NSA ausgespäht. Wie die *Süddeutsche Zeitung* im Juli auf Basis von *WikiLeaks* veröffentlichten Geheimdokumenten berichtete, spähte die NSA mindestens seit den 1990er Jahren deutsche Bundesministerien und Mitglieder der Bundesregierung aus. So seien verschiedene Ebenen in den Ministerien für Wirtschaft, Finanzen und Landwirtschaft bis hin zu den Bundesministern Oskar Lafontaine und Theo Waigel abgehorcht worden. Dies lege eine Selektorenliste mit 69 Telefonnummern nahe. Es sei zudem wahrscheinlich, dass auch der damalige Bundeswirtschaftsminister Sigmar Gabriel abgehört wurde oder werde (Goetz/Leyendecker/Mascolo 2015). Auch ein von der NSA abgehörtes privates Gespräch zwischen Angela Merkel und ihrer persönlichen Assistentin, in dem 2011 Möglichkeiten der Beilegung der griechischen Finanzkrise erörtert wurden, wurde von *WikiLeaks* veröffentlicht. Zudem fing der GCHQ ein Papier zur deutschen Position zur Lösung der Griechenlandkrise ab und gab es an die NSA weiter (WikiLeaks 2015a).

Basierend auf weiteren Selektoren und Gesprächsmitschnitten zeigten weitere *WikiLeaks*-Dokumente, dass die NSA mit 56 Selektoren gezielt das Kanzleramt, darunter Bundeskanzlerin Merkel, Staatssekretäre, enge Mitarbeiter und ihr persönliches Büro abhörte. Im Juli wurden 125 Telefonnummern hochrangiger deutscher Politiker und Beamter bekannt, die von der NSA zur politischen und wirtschaftlichen Spionage abgehört wurden. Die NSA-Spionage reicht weit zurück. Bereits enge Mitarbeiter von Bundeskanzlerin Merkels Amtsvorgängern Gerhard Schröder und Helmut Kohl wurden abgehört. Die Mitschriften von persönlichen Gesprächen Angela Merkels lieferten der NSA unter anderem Erkenntnisse über ihre Ansichten zur Finanzkrise (2009), der amerikanischen Iranpolitik unter Barack Obama (2009) und der Einrichtung der Europäischen Finanzstabilisierungsfazilität (2011) (WikiLeaks 2015b). Bekannt wurde wenig später auch das gezielte Abhören des früheren Bundesaußenministers Frank-Walter Steinmeier im Jahr 2005. Die dadurch von der NSA gesammelten Informationen hätten wiederum der CIA genutzt, Flüge im Zusammenhang mit ihrer außergerichtlichen Verhörpraxis Terrorverdächtiger (*Rendition*) über Europa zu vertuschen (vgl. Daun 2011a, S. 195–202). Bereits seit 1998 war das Auswärtige Amt ein explizites Ziel von Abhörversuchen gewesen. Davon betroffen waren unter anderem hohe Beamte sowie Steinmeiers Amtsvorgänger Joschka Fischer (Wikileaks 2015c). Die neuen Enthüllungen über die Selektoren der NSA verstärkten die öffentliche Debatte in Deutschland erneut und warfen die Frage auf, ob der BND durch die Einspeisung von NSA-Selekoren den USA beim Abhorchen der deutschen Regierung geholfen haben könnte. Die Liste mit 40.000 inaktiven Selektoren, die der BND von der NSA erhalten hatte, wurde vom Bundeskanzleramt unter Verschluss gehalten. Lediglich ein Sonderermittler, der vom NSA-Untersuchungsausschuss nominiert und von der Bundesregierung offiziell ernannt wurde, sollte diese Liste im Auftrag der Bundesregierung untersuchen.

Recherchen von *Die Zeit* und *ZEIT Online* zeigten, dass die Snowden-Enthüllungen das Auswärtige Amt im Sommer 2013 veranlasst hatten, den BND mit der Überprüfung von mindestens 14 Ständigen Vertretungen, Generalkonsulaten und Botschaften auf Abhörtechnik und Verwanzungen zu beauftragten. Dazu gehörten die deutschen Botschaften in den USA, in Großbritannien, Frankreich, Israel, Russland, China und Libanon sowie bei der NATO und den Vereinten Nationen (Biermann/Musharbash 2015a). Im August 2015 enthüllten weitere Snowden-Dokumente, dass der Telefonkonzern AT & T die NSA seit dem Jahr 2003 bei der Sammlung von Metadaten unterstützte. Dazu habe das Unternehmen im Rahmen eines gemeinsamen Projekts namens FAIRVIEW jeden Tag eine Million E-Mails an die NSA weitergeleitet, von 2011 bis 2013 täglich 1,1 Millionen Mobilfunkdaten. Auch bei gezielten Abhöraktionen, so etwa der Abschöpfung der Internetkommunikation im Hauptquartier der UNO, habe AT & T der NSA geholfen (ZEIT ONLINE 2015b).

Wie *Die Zeit* und *Zeit Online* ebenfalls im August berichteten, schlossen die NSA und das BfV im April 2013 ein Abkommen. Darin überließ die NSA dem BfV einerseits die Software XKEYSCORE und erhielt im Gegenzug von deutscher Seite die Zusage, dass alle durch die Nutzung des Programms gewonnenen und für die NSA relevanten Daten mit ihr geteilt würden. Dem Abkommen vorausgegangen waren eine Testvorführung im Jahr 2011 und ein schriftliches Gesuch des damaligen BfV-Präsidenten Heinz Fromm, in dem dieser NSA-Direktor Alexander um das Einverständnis zur Nutzung der Software bat (Biermann/Musharbash 2015b). Wiederum zeigt sich hier, dass der Sicherheitsnutzen amerikanischer Fähigkeiten höher bewertet wurde als die Einschränkung eigener Autonomie.

Im September sagte ein namentlich nicht näher identifizierter Mitarbeiter des BND im NSA-Untersuchungsausschuss aus, dass bei einer Umstellung des internen E-Mailsystems im März 2015 zahlreiche E-Mails, die Selektoren der NSA enthielten, »versehentlich gelöscht worden« waren (Biermann 2015d). Unter Berufung auf Mitglieder des Parlamentarischen Kontrollgremiums und des NSA-Untersuchungsausschusses des Bundestages berichtete *Der Spiegel*, dass der BND bis 2013 mit einer Vielzahl von eigenen Selektoren deutsche Partner ausgespäht habe. Zu den Staaten, die durch Überwachungssysteme des BND ausspioniert wurden, gehörten Frankreich und die USA (Baumgärtner/Schindler 2015b).

Die Regierung Obama gab im Oktober 2015 bekannt, dass amerikanische Firmen nicht durch verschärfte Gesetzgebung zur Dekodierung verschlüsselter Kommunikation gezwungen werden sollen. Dennoch solle es der amerikanischen Regierung, und damit auch den Geheimdiensten, möglich sein, durch direkten Austausch mit den entsprechenden Firmen auf derartige Daten zuzugreifen, um sie für kriminelle oder terroristische Ermittlungen nutzen zu können (Nakashima/Peterson 2015). Am 15. Oktober sagte Brandon Bryant, ein früherer Drohnenoperator der amerikanischen Luftwaffe, vor dem NSA-Untersuchungsausschuss aus und bestätigte die Aussage von Michael Hayden vom Mai 2014, dass die Sammlung von Metadaten zur Tötung von Menschen genutzt werde. Zur Ortung und Liquidierung von Terrorverdächtigen mit Drohnen reiche eine Mobilfunknummer aus, wie sie auch von deutschen Geheimdiensten an die NSA weitergeleitet würden. Befinde sich eine von den Geheimdiensten identifizierte sicherheitsrelevante Mobiltelefonnummer in einem Haus – dies kann die US-Luftwaffe durch ein System namens GILGAMESH feststellen –, so reiche dies aus, um einen Drohnenangriff auf dieses Haus zu rechtfertigen. Demnach spielt auch die Metadatensammlung deutscher Geheimdienste eine wichtige Rolle für das amerikanische Drohnenprogramm. Zudem ist die amerikanische Luftwaffenbasis in Ramstein ein zentrales Drehkreuz des Programms (Biermann 2015e).

Am 23. Oktober 2015 legte Kurt Graulich, der von der Bundesregierung eingesetzte Sonderermittler zur Selektorenliste, einen Bericht vor, in dem er die Ergebnisse seiner Sichtung der vom BND zwischen 2005 und 2015 in einer Ablehnungsdatei aussortierten NSA-Selektoren dem NSA-Untersuchungsausschuss präsentierte. In dem Bericht, den der Deutsche Bundestag am 29. Oktober 2015 veröffentlichte, kommt Graulich zu der Schlussfolgerung, dass die NSA mithilfe des BND vor allem versuchte, europäische Regierungen auszuspähen: 70 % der vom BND aussortierten Selektoren betrafen Regierungsbehörden von EU-Mitgliedsstaaten, auch europäische Unternehmen und deutsche Telekommunikationsteilnehmer seien betroffen gewesen. Insgesamt habe die NSA gegen das 2002 geschlossene Memorandum of Agreement zwischen den USA und Deutschland verstoßen (Baumgärtner/Knobbe 2015c). Allerdings berichtete die *Süddeutsche Zeitung* in Berufung auf geheime Dokumente, dass diese »die Vermutung nahe[legen], dass Graulich in seinem 262 Seiten langen Abschlussbericht wichtige rechtliche Einschätzungen ohne Quellenangabe aus einem vertraulichen, vier Seiten langen Kurzgutachten des Bundesnachrichtendienstes abgeschrieben hat.« Dies betreffe zum einen den Umgang mit Daten, die über Satelliten aus dem Weltraum gewonnen werden und die aus Sicht des BND offenbar nicht unter den Schutz des Grundgesetzes fallen. Zum anderen Metadaten, die der BND laut der *Süddeutschen Zeitung* für nicht personenbezogen und damit für nutzbar halte. Beides gehe aus dem Gutachten aus dem Jahr 2013 hervor und sei von Graulich ohne Quellenangabe in seine Darstellung der BND-Positionen übernommen worden (Denkler 2015).

Wie durch den Freedom Act angewiesen, endete am 29.11.2015 die von der NSA betriebene Massenabschöpfung von Telefonverbindungsdaten, die bis dahin durch Section 215 des »Patriot Acts« legitimiert worden war. Die Daten werden jetzt bei den Providern gespeichert und die NSA ist darauf angewiesen, beim FISC präzis begründete Anträge zu stellen, um Zugriff auf diese Daten zu erhalten und sie untersuchen zu können. Um nicht mehr nur die Regierungsseite in derartigen Fragen anzuhören, hat der FISC in Übereinstimmung mit dem Freedom Act zudem fünf Anwälte ernannt, die bürgerrechtliche Aspekte vor dem Gericht vertreten sollen, und damit ein Gegengewicht zur bisherigen Dominanz von Regierungsvertretern geschaffen.

Die über zwei Jahre anhaltenden Enthüllungen über die Aktivitäten der amerikanischen Geheimdienste hatten schließlich auch Auswirkungen auf einen bestehenden transatlantischen Vertrag: Im Oktober 2015 urteilte der Europäische Gerichtshof (EUGH), dass der Datenaustausch zwischen der EU und den USA im Sinne des Safe-Harbor-Abkommens aus dem Jahr 2000 nicht rechtens sei und gegen europäische Standards zur Datensicherheit verstoße. Das Abkommen legt fest, dass und wie amerikanische Unternehmen Daten ihrer europäischen Kunden in die USA transferieren können. Auf Klage europäischer Datenaktivisten hin stellte das Gericht zudem fest, dass die Daten europäischer Bürger angesichts der Erkenntnisse durch die Enthüllungen von Edward Snowden in den USA nicht ausreichend geschützt seien.

Das Urteil des EUGH wurde von Beobachtern bereits als »transatlantischer Datenkrieg« (Farrell/Newman 2015, 14. Dez.) interpretiert, da es weitreichende Auswirkungen für die Aktivitäten amerikanischer Unternehmen in Europa habe, und offenbarte, welch tiefgreifende Unterschiede über den Schutz von Privatsphäre, die Gewährleistung von Datensicherheit und die Machtressourcen zur Durchsetzung internationaler Regeln zwischen EU und USA bestehen. Im Februar 2016 einigten sich beide Seiten auf ein neues Abkommen, indem sich die USA Berichten zufolge bereit erklärte, Firmen, die europäische Daten nutzten, unter die Aufsicht des Handelsministeriums zu stellen und des Weiteren auch die eigenen Justiz- und Sicherheitsbehörden im Hinblick auf den Schutz europäischer Daten zu kontrollieren (Spiegel Online 2016). 2017 legte der NSA-Untersuchungsausschuss des Deutschen Bundestags seinen Abschlussbericht vor, der einerseits ein umfassendes Bild der geheimdienstlichen Kooperation zwischen Deutschland und den USA zeichnete, andererseits jedoch zahlreiche Fragen zu Ausmaß und genauen Details offen zurückließ. Welche weiteren Enthüllungen es über die Arbeit der amerikanischen Dienste, vor allem der NSA, geben wird und inwieweit dies in Zukunft politische Konsequenzen nach sich ziehen wird, ist nach derzeitigem Stand nicht zu beurteilen.

## 2. Formen und Inhalte der amerikanischen Überwachungsaktivitäten

Da es sich beim Beobachtungsobjekt um ein sogenanntes *moving target* handelt, also um einen Beobachtungsgegenstand, der sich ständig weiterentwickelt und dessen Dimensionen und Implikationen sich daher in ihrer Gänze schwer einschätzen lassen, kann eine Analyse der NSA-Affäre immer nur unvollständig erfolgen. Wie im vorherigen Abschnitt zur Chronologie der Ereignisse bereits deutlich wurde, ist die Quellenlage eingeschränkt, da die Quellen von Edward Snowden nur wenigen Leitmedien zur Verfügung gestellt wurden und der Umfang an Leitartikeln, denen Primärquellen zugrunde liegen, begrenzt ist. Veröffentlichungen aus den Jahren 2013 und 2014 sind jedoch zwischenzeitlich von der »American Civil Liberties Union« (ACLU) in einer zentralen Datenbank online zugänglich gemacht worden. Die Verweise in diesem Buch werden sich daher vor allem auf diese Datenbank beziehen. Zu den Primärmedien, welche die NSA-Dokumente ausgewertet haben, zählen der britische *Guardian* und die US-amerikanische *Washington Post*. Auch *Der Spiegel* hat Material originär bearbeitet. Zudem sind jüngst auch von Seiten der Intelligence Community zuvor als klassifiziert geltende Dokumente veröffentlicht worden, die die Hintergründe teilweise verständlicher machen und deshalb hier in die Analyse einfließen.

Betrachtet man die Spionagetätigkeiten der NSA, lassen sich Programme zur Sammlung und Auswertung von Verbindungsdaten – sogenannte Metadaten (beide Begriffe werden synonym verwendet) –, von Maßnahmen zur gezielten Ausspähung von Regierungsmitgliedern fremder Staaten unterscheiden. Zudem geriet die Zusammenarbeit mit anderen Geheimdiensten, die in groben Zügen bereits seit dem Kalten Krieg besteht, deren Tiefe und Umfang sich jedoch im Rahmen neuer technischer Möglichkeiten gewandelt hat, in den medialen Fokus. Ebenfalls medial diskutiert wurden Maßnahmen der NSA zur Nutzbarmachung von privatwirtschaftlich erhobenen Nutzerdaten für geheimdienstliche Überwachungszwecke – insbesondere Daten großer US-Internetfirmen wie Google, Yahoo und Facebook – sowie die Frage danach, inwieweit diese Zusammenarbeit durch Druck der Geheimdienste zustande kommt oder einer freiwilligen Kooperation gleichkommt. Ergänzt wurden diese Maßnahmen durch gezielte Abhöraktionen gegenüber Regierungen und anderen Organisationen. All dies betrifft in hohem Maße europäische Staaten und Gesellschaften und wirft vor dem Hintergrund der eingangs geschilderten Sicherheitskooperation in Europa grundsätzliche Fragen über die Fähigkeiten europäischer Sicherheitsorgane auf, Sicherheit und Autonomie in Europa selbst zu gewährleisten.

Außerdem ist in die Öffentlichkeit gedrungen, in welchem Umfang die NSA *cyber network operations* (CNO)[14] einsetzt und damit beispielsweise Rechner vor der Zustellung zum Endkunden manipuliert, durch aktiv angelegte Sicherheitslücken später in fremde Rechensysteme einsteigt und dort Schadsoftware einsetzt. Grund für den Einsatz der in diesem Absatz genannten Methoden ist nachweislich, dass die NSA nach dem 11. September 2001 eine Lücke in ihrer technischen Intelligence (TECHINT), genauer gesagt, in ihrer Aufklärung von technischen Sig-

14 CNO kann als Oberbegriff zu »cyber network exploitations« (CNE), also der Ausnutzung von Computernetzwerken, CND, »cyber network defense« und CNA, »cyber network attack« verstanden werden. Die Grenzen zwischen den Begriffen sind oftmals fließend, da beipielsweise die Exfiltration von Daten (CNE) gleichzeitig als ein Angriff (CNA) gewertet werden kann beziehungsweise diesen vorbereiten kann.

nalen (SIGINT)[15] zur Verhinderung zukünftiger Anschläge entdeckt hat und dabei das sogenannte »international gap« (National Security Agency 2009a: Draft NSA IG Report, S. 4) identifiziert hat. Zur Verhinderung zukünftiger Terroranschläge und zur Durchsetzung ihrer eigenen Interessen auch und gerade gegenüber anderen, auch amerikanischen Nachrichtendiensten, setzte die NSA »the collection of communications transiting through but not originating or terminating in the United States« (ebd.) ein. Viele der im Zuge der NSA-Affäre in die Medien geratenen Programme und Abläufe sind nicht neu, haben zuvor jedoch noch nie ein so großes öffentliches Interesse erfahren. So war der US-Kongress bereits seit 2008 vollumfänglich im Bilde und hat die Überwachungstätigkeiten im Dezember 2012 erneut autorisiert (National Security Agency 2009b: STELLARWIND Classification Guide (2–400), S. 5).

Auch die deutsche Regierung kann von der Überwachung durch die NSA nur teilweise überrascht worden sein. Bereits 1998 warnte das BfV vor Wirtschaftsspionage durch das Satellitenüberwachungsprogramm ECHELON. Zudem gab Michael Hayden, der sowohl NSA- als auch CIA-Direktor war, in einem Fernsehinterview zu, bereits kurz nach dem 11. September 2001 die internationalen Partnergeheimdienste darüber informiert zu haben, was die NSA vorhatte. »We were very forthcoming with our friends. Not just in Germany, but the meeting was there. We explained to them what we wanted to pursue and asked them for cooperation (…) which was in our mutual interest.« (Hano/Reichart/Slansky/Theveßen 2013). Wenn Hayden von gemeinsamen Interessen und Kooperation spricht, liegt es nahe, dass die auf hoher politischer Ebene vorgebrachte Empörung über die NSA-Affäre in Deutschland wider besseren Wissens und nur vorgetäuscht wurde, um lediglich öffentlichkeitswirksam Kritik artikulieren zu können.

## 3. Einordnung der NSA-Überwachung

Nach dem in Kapitel II dargelegten Einblick in das Wesen und die Funktionsweise der US-amerikanischen Intelligence Community lassen sich nun die Informationen, die im Zuge der NSA-Affäre ans Licht der

15 Die Abkürzung SIGINT meint die Auswertung technischer Daten und steht für *Signal Intelligence.*

Öffentlichkeit gekommen sind, leichter einordnen. Es wird deutlich, welcher sicherheitspolitische Mehrwert für europäische Regierungsorganisationen durch eine Kooperation mit der großen amerikanischen Intelligence Community, aber auch im Speziellen mit der technisch versierten NSA entsteht. Gleichzeitig wird erkennbar, welches Risiko für die Privatsphäre europäischer Bürger vorhanden ist, wenn ihre im Internet hinterlassenen Daten und Bewegungsprofile durch den Dienst gespeichert und potenziell auch ausgewertet werden. Im Folgenden werden wir die wichtigsten Eckdaten der Überwachungspraxis durch die NSA nennen und einordnen.

## 3.1. Formen der Internetüberwachung

Bei der Überwachung durch die NSA muss man zwischen zwei Vorgehensweisen differenzieren: *Erstens*, der groß angelegten elektronischen Auslandsüberwachung, auch als Massenüberwachung bezeichnet, und *zweitens*, der gezielten Spionage. Zudem lässt sich unterscheiden, ob es sich um die generelle Erfassung von Metadaten und Kommunikationsinhalten im Internet oder gezielte Cyber Network Exploitations handelt, welche im nächsten Abschnitt näher erläutert werden. Durch diese Spezifizierung lassen sich die im Rahmen der NSA-Affäre bekannt gewordenen Programme näher einordnen. Im Zuge der NSA-Affäre sind – wie in Kapiteln III 1 und 2 dargestellt – folgende Methoden der NSA in den Fokus geraten:

- *Auslandsaufklärung mit verschwimmender Grenze zur Inlandsaufklärung:* Analyse und Speicherung von Telefon- und Internetkommunikationsdaten innerhalb der USA sowie zwischen USA und dem Ausland. Die Analyse und Speicherung von telefonbezogenen Metadaten unter Section 215 des »Patriot Act« ist mittlerweile durch den USA Freedom Act 2015 aufgehoben worden, da hierdurch auch Telefonmetadaten von US-Amerikanern in den Fokus der NSA geraten waren. Internet-Metadaten zu Zwecken der strategischen Fernmeldeaufklärung werden unter Section 702 des FISA jedoch weiterhin ausgespäht.
- *Metadaten-Analyse und Speicherung von Metadaten:* Gespeicherte Metadaten ergeben Informationen über Zielpersonen mithilfe von »contact chaining« (National Security Agency 2009a: Draft NSA IG Report, S. 4), auch »Pattern of Life Analysis« (National Security Agency 2008d: Metadata Policy Conference) genannt. Es entsteht ein Netz von Be-

ziehungsgeflechten und es können Muster erkennbar werden, anhand derer Aussagen über bestimmte Personen getroffen werden können. Die Überwachung konzentriert sich bei der Telefonüberwachung nicht nur auf eine Zielperson, sondern kann auch auf bis zu drei Ziele *(hops)* entfernt vom eigentlich beobachteten Ziel ausgedehnt werden (vgl. National Security Agency 2013a: Administration White Paper, S. 2). Der gleiche Umfang wird vermutlich auch auf die Internetkommunikation angewendet. Außerdem zählen Ortsdaten der Kommunikation zu den von der NSA gesammelten Metadaten. Durch PRISM ist eine Kombination des Konzepts personenbezogener Einzelüberwachung mit von der strategischen Fernmeldekontrolle entlehnten technischen Systemen möglich.

- *Weiterentwicklung der technischen Möglichkeiten zur elektronischen Aufklärung:* Die NSA hat sich auf das Internetzeitalter perfekt eingestellt und ihre Systeme an allen Punkten angelegt, an denen die Daten aus Internet- und Telefonkommunikation abgefangen werden können. Sie überwacht nicht nur Datenknotenpunkte, Glasfaserkabel und Serverzentren, sondern hat auch Möglichkeiten gefunden, aus der Mobilfunkkommunikation, die durch Smartphones und andere vernetzte Geräte auch immer mehr Schnittpunkte zur Online-Kommunikation aufweist, zu profitieren und neue Datenformate für die Auslandsaufklärung nutzbar zu machen. Darüber hinaus richtet sich das traditionelle Spionagehandwerk der USA, das verdeckte Ausspähen von Informationen, auf das Informationszeitalter aus. Die NSA verfügt über Möglichkeiten, Computernetzwerktechnologie zu infiltrieren, und wendet dabei nicht nur physische Operationen an, sondern startet auch selbst digitale Angriffe.
- *Cyber Network Operations:* Die NSA greift gezielt Computersysteme an, die Schwachstellen aufweisen. Vorbereitet wird dies automatisiert durch das Zusammenwirken von passiven Überwachungspunkten und aktiv gesteuerten Netzwerkaktivitäten. Die Angriffe werden mithilfe von spezieller Schadsoftware durchgeführt, die auf eigenen Servern der NSA lagert. Ein wichtiges Programm für solche Computernetzwerkoperationen ist »QUANTUMTHEORY«.
- *Gezielte Regierungsspionage:* Auch Regierungen stehen im Fokus der NSA-Spionage. Gezielte Abhöraktionen werden beispielsweise von US-

Botschaften aus betrieben und finden in Regierungssitzen, Parlamenten und in den Gebäuden internationaler Organisationen statt. Zu den überwachten Regierungschefs zählen, wie schon erwähnt, auch Bundeskanzlerin Angela Merkel sowie brasilianische und mexikanische Spitzenpolitiker. Auch Institutionen der UNO und der EU wurden abgehört.

- *Intensivierte Kooperation mit anderen Diensten:* Die NSA unterhält enge *(second partner)* und lose *(third parties* oder *Tier-3-Partner)* Beziehungen zu den Geheimdiensten anderer Länder. Die Zusammenarbeit richtet sich nach dem Grundsatz *quid pro quo*, d. h. nur ein Geheimdienst, der aus NSA-Sicht selbst interessante Informationen anzubieten hat, erhält im Gegenzug auch welche von ihr. »Second Partners« werden gegenüber »Tier-3-Partnern« beim Informationsaustausch bevorzugt behandelt, sie liefern aber auch mehr Daten. Vor allem Großbritannien liefert der NSA wertvolles Material, indem die Briten z. B. Zugang zu Metadaten ermöglichen, die via Google generiert werden. Dies ist ein Vorgang, der, im Rahmen von Five-Eyes-Kooperationen wie ECHELON[16], in dieser Größenordnung früher noch nicht möglich war. Es ist außerdem davon auszugehen, dass Großbritannien gemeinsam mit den USA weiterhin stark im Bereich Satellitenaufklärung tätig ist, beziehungsweise diese Mission in immer stärkerem Ausmaß von ihrem Partner NSA übernimmt (vgl. Government Communications Headquarter, 2010, Why Tarmac?). Darüber hinaus arbeitet die NSA, wie bereits erwähnt, eng mit US-Diensten wie der CIA und dem FBI zusammen.
- *Extensive Kooperation mit der Privatwirtschaft als Datenlieferant:* Die NSA nutzt den Umstand, dass die global erfolgreichsten Internetdienste ihren Sitz in den USA haben und somit die für die Auslandsaufklärung interessanten Informationen in den USA liegen. Besteht der Verdacht, dass die Informationen relevant für die Auslandsaufklärung sind, kann die NSA die Kooperation der privaten US-Betreiber einfordern. Diese müssen die Inhalte offenlegen. Unabhängig davon speichert die NSA Kommunikationsmetadaten, um sie bei Bedarf auszuwerten. Außerdem ergeben sich durch die Ausspähung von Metadaten

16 Das Programm ECHELON ist ein von den USA, Großbritannien, Australien, Neuseeland und Kanada im Rahmen der Five-Eyes-Kooperation betriebenes, globales Abhörprogramm von satellitenbasierter Kommunikation. Vgl. Kapitel III, 5.4.

die Möglichkeiten des späteren Zugriffs auf Inhalte oder auch auf das Computernetzwerk durch das Aufspielen von Schadsoftware. Auch die Verschlüsselung von Softwareprogrammen wird, beispielsweise durch die Zusammenarbeit mit Microsoft, potenziell geschwächt.

- *Kooperation mit der Privatwirtschaft als Dienstleister:* Aufgrund des massenhaften Sammelns von Daten ist die NSA bei der Auswertung in hohem Maße auf die Auslagerung von Kapazitäten an private IT-Dienstleister angewiesen. In diesem Zusammenhang wird besonders häufig Booz Allen Hamilton genannt, bei dem sowohl Whistleblower Edward Snowden als auch DNI James Clapper gearbeitet haben. Dadurch wird die Kooperation zwischen staatlichen Behörden und Privatunternehmen im Kontext nationaler Sicherheit gestärkt.

Die Ausspähungsmethoden der NSA sind stark mit der Reaktion auf die Anschläge des 11. September 2001 verknüpft, dienen aber auch der generellen Information der Regierung über außen- und sicherheitspolitisch relevante Vorgänge. Das bekannteste, durch die Snowden-Dokumente enthüllte Programm ist PRISM. Diese Operation lief ursprünglich unter dem Titel »President's Surveillance Program« (PSP) und wurde 2008 durch den »FISA Amendments Act« (FAA) und die »Presidential Policy Directive 20« bestätigt. Die Autorisierung für die Überwachung durch die NSA wurde also nach 2001 mehrfach erneuert. Der US-Präsident autorisierte die Maßnahmen zwischen dem 11. September 2001 und dem 17. Januar 2007 (mandatiert durch den FISA Amendments Act 2008 und später durch das FISC (National Security Agency 2009a: Draft NSA IG Report, S. 2). In der nun folgenden Analyse werden die aufgeführten Erkenntnisse in einen Kontext zu den Ereignissen der NSA-Affäre gesetzt und eingeordnet.

## 3.2. Prinzip Schleppnetz versus gezielte Zugriffe auf Computernetzwerke

Die NSA führt die Erhebung von elektronischen Massendaten (SIGINT) durch, die auf die Abschöpfung und Speicherung von privaten digitalisierten Bürgerdaten wie elektronischen Identitäten, individuellen Kommunikationspartnern, Kommunikationsinhalten und Daten des Zahlungsverkehrs basieren. Diese Sammlung und Speicherung von Daten findet sowohl im Internet als auch über den Mobilfunk statt. Dadurch gelingt es der NSA,

Verknüpfungen zwischen einzelnen Personen zu erstellen und ein Muster sozialer Kontakte abzulesen. Diese Daten werden, wie bereits betont, anlasslos und nach dem Schleppnetzprinzip gesammelt. Gleichzeitig vollzieht die NSA gezielte Abhöraktionen gegen Regierungen, Organisationen und Institutionen wie das Europäische Parlament. Die Überwachung führt zudem zu gezielten Angriffen gegen feindliche Systeme, durch installierte elektronische Hintertüren in Software und Hardware, sogenannte *back doors*. Diese ermöglichen einem extern Handelnden, unerkannt immer wieder elektronisch in Fremdsysteme eindringen zu können. Bleiben diese *back doors* unentdeckt und sind sie dem eigenen System bekannt, können Angriffe auch automatisiert durchgeführt werden. Der Geheimdienst sichert sich also geheime Zugriffsrechte auf fremde Systeme, auf die er dann jederzeit zugreifen kann. Durch *interdiction*, also einen direkten Eingriff der NSA-Agenten, können Computer bereits vor ihrer Ankunft beim Endkunden in der Lieferkette abgefangen und manipuliert werden. Die NSA-Mitarbeiter manipulieren Geräte dann vor Ort, indem sie Hardware- oder Softwareimplantate in das Zielsystem einführen. Schadsoftware kann auch ganz einfach per USB-Stick eingebracht werden (vgl. National Security Agency 2008a: ANT Product Data). Die NSA-Abteilung »Tailored Access Operations« (TAO) kann jedoch auch von ihrem Rechner aus in fremde Zielsysteme einsteigen und diese dann attackieren. Technische Systeme ermöglichen es außerdem, dass sich ungeschützte Computer, Server oder Router dem Angreifer selbst offenbaren.

Die wichtigsten bisher bekannten Programme der NSA lassen sich nach Inhalt und Zielsetzung unterscheiden. Zum Ersten kann zwischen der Sammlung von Metadaten, Daten ohne konkrete Kommunikationsinhalte und den bereits genannten Cyber Network Operations (CNO) unterschieden werden, die, zum Zweiten, wiederum in anlasslose oder gezielte Datensammlung unterteilt werden können.

### 3.2.1. PRISM – SIGINT durch Datenkooperation mit Privatunternehmen

Die Metadaten-Überwachung mit PRISM entspricht einer verdachtsunabhängigen Massenüberwachung von Kommunikationsmetadaten. Unter Metadaten versteht man »data that *describes*[17] content, events, or networks

17 Eigene Hervorhebung.

associated with SIGINT targets« (National Security Agency 2009a: Draft NSA IG Report, S. 1), oder genauer:

> *»Communications metadata refers to structured ›data about data‹: it includes all information associated with, but not including content, and includes any data used by a network, service, or application to facilitate routing, or handling of a communication or to render content in the intended format; it includes, but is not limited to; dialing, routing, addressing, or signaling information and data in support of various network management activities (e. g. billing, authentication or tracking of communicants).« (National Security Agency 2013b: NSA/CSS POLICY MANUAL 1–52)*

Dabei werden nicht nur Daten der elektronischen Kommunikation, die etwa beim Versenden von E-Mails, Chatnachrichten oder dem Aufrufen einer Website generiert werden, erfasst, sondern auch Anrufinformationen von Mobil- und Satellitentelefonen.

PRISM sammelt jedoch nur Internet-Metadaten. In einer Liste der Abhöreinheit »Special Source Operations« (SSO), die sich in ihrem eigenen Memo als »The Cryptologic Provider of Intelligence from Global High-Capacity Telecommunications Systems« (National Security Agency 2014a: Special Source Operations) bezeichnet, wird PRISM unter der Bezeichnung »Corporate« (ebd.), also als privatwirtschaftliche Quelle, geführt. Der FISA ist allem Anschein nach die geltende Verordnung für Metadaten-Kommunikationsüberwachung, welche mit weiterführenderen Befugnissen verbunden ist als der »FISA Amendments Act« (FAA). Der FISA wurde 1978 verabschiedet und gilt bis heute (vgl. National Security Agency 2009c: Classification Guide for FISA/PAA/FAA). Er wird zudem für besondere Operationen wie die Kommunikationsüberwachung von ausländischen Regierungen und Botschaften innerhalb der USA eingesetzt (ebd.). Der FAA »is the permanent FISA modernization legislation« (ebd.) und regelt, dass »pursuant to sections 702, 704 and/or 705 of the FAA, NSA conducts electronic surveillance activities and/or targets and collects against an unspecified person« (ebd.).

PRISM fällt damit unter die »FAA 702 Operations« (National Security Agency 2014b: FAA702 Operations and PRISM Collection Details). Die NSA listet auf, dass sie, je nach Provider (sie hat Zugriff auf Microsoft,

Yahoo, Google, Facebook, PalTalk, AOL, Skype, YouTube und Apple), Zugang zu »E-Mail, Chat – video, voice, Videos, Photos, Stored data, VoIP, File transfers, Video Conferencing, Notifications of target activity – logins, etc, Online Social Networking details, Special Requests« (ebd.) hat. Was ihr das bringt offenbart die letzte Seite des Dokuments, welches wohl eine Powerpoint-Folie zu Trainingszwecken darstellt. Die Abschlussfolie trägt den Titel »(TS//SI//NF) A Week in the Life of PRISM Reporting – Sampling of Reporting Topics from 2–8 Feb 2013«. Es wurden drei Länder ausgewählt. Für Mexiko hat PRISM Ergebnisse in den Bereichen »Narcotics, Energy, Internal security, Political Affairs« (ebd.) ergeben. Für Japan werden Erkenntnisse in »Trade, Israel« (ebd.) zugeschrieben. Venezuela wurde in Sachen »Military procurement, Oil« (ebd.) ausgeforscht.

Der Ablauf eines »PRISM Tasking Process« (National Security Agency 2013c: PRISM Powerpoint Slides Re Data Acquisition) lässt sich bruchstückhaft aus einem weiteren Dokument ableiten. Demnach hat der Analyst die Möglichkeit, in den von PRISM erhobenen Daten nach Selektoren zu suchen. Es gibt verschiedene Arten von Selektoren. Diese generieren sich aus Identitäten oder Informationen, die mit Geräten verknüpft sind. Sie können benutzerunspezifisch sein, wie beispielsweise Yahoo-Cookies und Twitter-Hashtags, aber auch Hinweise auf persönliche Identitäten enthalten, wie beispielsweise E-Mailadressen und Facebook-Loginnamen. Aber auch Browser-Informationen wie Onlineshop-Käufe können gesucht werden, genauso wie Hinweise auf Windows-Fehlermeldungen oder Updates. Hierdurch erhält die NSA vermutlich Informationen über Schwachstellen in Systemen, die später ausgenutzt werden können. Informationen, die mit mobilen Telefongeräten verbunden sind, beispielsweise deren Identifikationsnummer, die International Mobile Equipment Identity (IMEIS) und Bluetooth-Gerätenamen zählen ebenso zu Selektoren wie Profildaten von YouTube, Skype, Google und Hotmail. Außerdem kann die NSA Informationen ausforschen, die Netzwerke senden, wenn sie sich beispielsweise als VSAT-Anlage oder Wireless MAC im Internet zu erkennen geben (National Security Agency 2014c: Selector Types). Welche dieser Selektoren für die Analyse von PRISM-Daten relevant sind, kann nicht abschließend geklärt werden. Diese müssen laut Abbildung jedoch durch das sogenannte »Unified Targeting Tool« erfasst werden können. Es scheint also eher technische als regulative Einschränkungen für das Targeting zu geben. Das Tool sucht in den zeitgleich erfassten Datenströmen sowie in den aufgezeichneten Datenverbindungen nach relevanten Informationen. Die dadurch erzielten Daten müssen einer Überprüfung unterzogen werden. Vermutlich wird in diesem Schritt kontrolliert, ob mit hoher Wahrscheinlichkeit ausgeschlossen werden kann, dass sich hinter dem Selektor ein US-Amerikaner verbirgt. Die validierten Daten werden in einem weiteren Review-Prozess vom Targeting and Mission Management überprüft, woraufhin vermutlich noch einmal in PRISM nach den durch den ersten Selektorensuchprozess gewonnenen weiteren Selektoren gesucht wird. Dies findet allem Anschein nach durch ein weiteres Programm namens PRINTAURA statt. Sind keine US-Amerikaner betroffen, gelten die Selektoren als *Target* und ihre Daten können von der NSA weiterverarbeitet und dank des Zugriffs auf Dienste wie Google und Yahoo überwacht werden.

*Targeting*[18] ist ein Begriff der umschreibt, wie die NSA im Internet ihr Schleppnetz auswirft, um möglichst viele Daten abzufangen. Dieses Bild wird von Mitarbeitern der NSA selbst verwendet, wie ein Dokument beweist:

> »*With traditional targeting, analysts cast their nets wide into the murky waters of network traffic and haul in anything that gets caught in the net. We are like Forrest Gump on his shrimping boat off the coast to Alabama pulling in a boot, toilet seat, seaweed, and there they are... three shrimp! We burn up a lot of resources getting those shrimp, those reportable documents or metadata used to expand target knowledge, and we deal with tons of toilet seats, the span and other junk. Then, we repeat the same process and hopefully catch enough ›shrimp‹ to have ourselves a little cocktail. XKS has become so important because with it, analysts can downsize their gigantic shrimping nets to tiny, handheld*

18 Targeting kann entweder ein spezifischer Vorgang sein, der festlegt, auf welche Weise und in welchem Umfang Informationen über Kommunikationen und deren Metainformationen erhoben werden. Es kann sich aber auch um eine generelle Aktivität im Zusammenhang mit »targets«, also Zielen, handeln: »Targets can be categorized in a variety of ways. One category is communication links (whether individual links or categories of links) that are the focus of intercept or other collection operations (...). Two others are the identities of the targets (e.g., foreign leaders) or specific activities that might involve individuals or organizations of interest (e.g., gaming, pron viewing)« (Richelson 2016: 225). Die Analyse der Reichweite und Grenzen des Targetings ist also immer nur im jeweiligen Kontext möglich und erschwert das Verständnis der Informationen, welche aus den Snowden-Dokumenten hervorgehen.

> *goldfish-sized nets and merely dip them into the oceans of data, working smarter and scooping out exactly what they want.« (National Security Agency 2012b: Dragons, Shrimp, and XKEYSCORE)*

Die vier Regeln des Targeting lauten: »No General Approval without Attorney; No U. S. Person in the U. S. without a Court Order; No U. S. persons outside the U. S. without a Court Order; Foreign persons outside the U. S. – fair game« (National Security Agency 2013d: Content Acquisition Optimization Powerpoint Slides). Targeting ist eine notwendige Vorbedingung, um mit der *Collection* zu beginnen, also der Sammlung von Daten. Targeting als Aktivität wird synonym mit *sammeln* verwendet. Dabei unterscheidet die NSA zwischen »Targeting a specific communicant (e. g. a terrorist, a foreign minister, a computer hacker)« (ebd.) und »Collecting based upon subject matter (e. g. nuclear proliferation, oil sales, economics)« (ebd.). Es ist ein kontinuierlicher Anstieg der Nutzung von PRISM durch die NSA zu beobachten. So wurde 2012 Skype, wie anzunehmen ist, im Vergleich zum Vorjahr bis zu 248 %, Facebook bis zu 131 % und Google bis zu 63 % häufiger genutzt (vgl. National Security Agency 2014b: FAA702 Operations and PRISM Collection Details).

Die Snowden-Dokumente geben auch Aufschluss darüber, wann die unterschiedlichen Provider begannen, mit der NSA zu kooperieren. Microsoft arbeitet seit dem 11. September 2007, Yahoo seit dem 12. März 2008, Google seit dem 14. Januar 2009, Facebook seit dem 3. Juni 2009, PalTalk seit dem 7. Dezember 2009, YouTube seit dem 24. September 2010, Skype seit dem 6. Februar 2011, AOL seit dem 31. März 2011 und Apple seit Oktober 2012 mit der NSA zusammen. Dabei belaufen sich die jährlichen Programmkosten auf 20 Millionen USD pro Jahr (vgl. National Security Agency 2013e: PRISM Overview Powerpoint Slides). Dabei bleibt offen, ob das Geld in der Höhe an die Provider fließt oder ob der NSA eigene Kosten entstehen, die sich auf diese Höhe belaufen oder zumindest Teil dieser Summe sind.

PRISM ist wohl ständig aktiv, zeichnet Internetdaten auf und bedient sich dabei bei den oben genannten Providern. Die Sammlung dort wird jedoch immer um Daten erweitert, die aus den Internetknotenpunkten entnommen werden, also *upstream*-basiert sind, das bedeutet: »Collection of communications on fiber cables and infrastructure as data flows past. (FAIRVIEW, STORMBREW, BLARNEY, OAKSTAR)« (ebd.). Upstream-Daten vervollständigen also die Informationen, die durch PRISM gewonnen werden.

> *»Once a target has been approved, NSA uses two means to acquire electronic communications. First, it acquires such communications directly from U.S.-based ISPs*[19]. *This is known as PRISMcollection. Using PRISM, NSA currently collects against approximately selectors at any given time. Second, in addition to collection directly from ISPs, NSA collects telephone and electronic communications as they transit the Internet ›backbone‹ within the United States. This is known as ›upstream‹ collection.« (ebd.)*

Wie »Upstream«-Datensammlung im Einzelnen funktioniert, führt das folgende Kapitel aus.

### 3.2.2. UPSTREAM – Datentransit und dessen Auswertung

UPSTREAM nutzt die Zugänge zu transkontinentalen Unterseekabeln, die globale Datenströme enthalten. Das Programm zeichnet sich durch die »collection of communications on fiber optic cables and infrastructure as data flows past« (National Security Agency 2014b: FAA702 Operations and PRISM Collection Details) aus. Der Vorteil von UPSTREAM liegt für die NSA auf der Hand: »Worldwide sources« (ebd.) für Digital Network Intelligence und »Worldwide success« für Dialed Number Recognition (DNR), also Telefonkommunikationsmetadaten. Ebenso wie PRISM (das Feld DNR ist hier mit dem Hinweis »Coming soon« (ebd.) gekennzeichnet) bietet UPSTREAM »Real-Time Collection (Surveillance)« (ebd.). Anders als PRISM hat ein Analyst bei der Nutzung von UPSTREAM jedoch keinen Zugriff auf gespeicherte Daten, also keine Suchmöglichkeit (ebd.). UPSTREAM und PRISM werden wohl in Kombination miteinander angewendet. Die Zugänge zu den Glasfaserkabeln sind mit den Codewörtern FAIRVIEW, OAKSTAR, STORMBREW und BLARNEY gekennzeichnet (National Security Agency 2014b: FAA702 Operations and PRISM Collection Details). Sie fallen alle unter die Bezeichnung »Corporate Partner Access« (National Security Agency 2014a:

19 Internet Service Provider.

Special Source Operations), was Aufschluss darüber gibt, dass es sich wohl um eine Einrichtung handelt, die in privatwirtschaftlicher Hand ist.

Ein internes Dokument beschreibt BLARNEY als Quelle zur Erlangung von Digital Network Intelligence, Telefonmetadaten sowie Kommunikationsinhalten und weist *key targets* (ebd.) aus: »Diplomatic establishment, counterterrorism, Foreign Government, Economic« (ebd.). Der Zugang zu dieser Einrichtung besteht seit 1978. Das Briefing weist die CIA, das Außenministerium, die Vertretung der USA bei den Vereinten Nationen (USUN), das Weiße Haus, die DIA und das »National Counterterrorism Center« als Kunden aus, welche die NSA mit aus BLARNEY generierten Informationen versorgt. Im Zentrum der Aufmerksamkeit stehen Nonproliferation, Terrorismusbekämpfung, diplomatische, ökonomische und militärische Vorgänge sowie die politischen Intentionen anderer Staaten (ebd.). Die NSA-Analysten stellen in ihrer Präsentation ein *operational highlight* (ebd.) heraus: »BLARNEY Team assists S2c52 analysts in implementing XKEYSCORE fingerprints that yield access to U.N. Secretary General talking points prior to meeting with POTUS[20]« (ebd.). Auf das Programm XKEYSCORE gehen wir in Kapitel 5.3 genauer ein. Wie viele Zugangspunkte BLARNEY umfasst und wo diese liegen, ist nicht bekannt. Allerdings lässt sich aus den Dokumenten herauslesen, dass unterschiedliche Länder und Regionen wie Gabun, Uganda, Nigeria und Bosnien, aber auch ausländische Einrichtungen bei der UNO in New York sowie Botschaften in Washington D.C. auf der Aufklärungsliste stehen (vgl. National Security Agency 2010a: BLARNEY Team Provides Outstanding Support to Enable UN Security Council Collection). Diese konkrete Aufzählung bezieht sich auf die Vorbereitung der Sitzung im UNO-Sicherheitsrat im Mai 2010:

> *»With the UN vote on sanctions against Iran approaching and several countries riding the fence on making a decision, Ambassador Rice reached out to NSA requesting SIGINT on those countries so that she could develop a strategy. With the requirement that this be done rapidly and within our legal authorities, the BLARNEY team jumped in to work with organizations and partners both internal and external to NSA.« (ebd.)*

20 Die Abkürzung POTUS steht für den amerikanischen Präsidenten (President of the United States).

STORMBREW-Zugangspunkte, sieben an der Zahl, befinden sich an der West- und Ostküste der USA sowie an der Grenze zu Mexiko. Es handelt sich um einheimische Infrastruktur, genauer um »Cable Station/Switches/Routers« (ebd.).

FAIRVIEW bezeichnet hingegen nur eine Einrichtung. Es handelt sich um einen »key corporate partner with access to international cables, routers, and switches.« (ebd.). FAIRVIEW ist seit 1985 Partner der NSA und hat Zugang zu international verlaufenden Datenkabeln. »The partner operates in the U. S., but has access to information that transits the nation and through its corporate relationships provide unique accesses to other telecoms and ISPs. Aggressively involved in shaping traffic to run signals of interest past our monitors« (National Security Agency 2014d: Fairview Corporate Partner). Die NSA kann in ihrer Zusammenarbeit mit FAIRVIEW also nicht nur von dieser genuinen Beziehung, sondern sogar von den Unternehmensbeziehungen FAIRVIEWs zu anderen Organisationen profitieren. 2012 wurden innerhalb von 30 Tagen über sechs Milliarden Datensätze zur Internet- und Telefonkommunikation an die NSA geliefert (vgl. National Security Agency 2012d: Fairview Statistics).

OAKSTAR umfasst wieder mehrere Datenabfangeinrichtungen. Eine davon, ORANGECRUSH, hat ihren Sitz in Polen (ihr dortiger Codename ist »Buffalogreen«) und wird seit 2009 in Kooperation mit der polnischen Regierung betrieben (vgl. National Security Agency 2014e: Oakstar: International Cooperation). Auch das European Technical Center in Wiesbaden (mehr dazu in Punkt 5.4) ist Teil der Kooperation. ORANGECRUSH bietet neben Internetaktivitäten auch die Möglichkeit, Telefondaten auszuspähen. Abgedeckt werden »Afghan National Army, Middle East, limited African continent, and European communications.« (ebd.). Die Daten werden auch den übrigen Five-Eyes-Ländern zur Verfügung gestellt. Ebenso wie bei FAIRVIEW sind auch Daten die über *peering networks* (National Security Agency 2009d: Corporate Partner DNI Access Initiated at NSAW), also die Netzwerkinfrastruktur anderer Privatunternehmen, versendet werden, zugänglich. Die NSA kann diese Daten in ihr eigenes Datenzentrum leiten und dort auswerten. Das Datenzentrum wertet auch Informationen aus, die zu Zwecken der Cyber Network Operations genutzt werden können (vgl. National Security Agency 2010c: The NSA and GCHQ's Hacking Tactics). Die Datenverwertung für die reine DNI-

Sammlung, also für rein informative Zwecke, geschieht in Kooperation mit NSAT, was eine Abkürzung für FORNSAT sein könnte, Standorte, die entweder von der NSA oder ihren *second partners*, also den Five Eyes, betrieben werden. Diese befinden sich unter anderem im britischen Bude, im deutschen Bad Aibling, im japanischen Misawa, auf Zypern, in Neu Delhi und Nairobi (National Security Agency 2013f.: Primary FORNSAT Collection Operations). Dabei werden unter anderem Kommunikationsvorgänge in Brasilien und Kolumbien überwacht (vgl. National Security Agency 2009d: Corporate Partner DNI Access Initiated at NSAW).

Bei der Datenauswertung durch UPSTREAM verschwimmen die Grenzen zwischen gezielter Spionage mit der Möglichkeit, auf Inhalte zuzugreifen, und dem Schleppnetz-Prinzip, also anlassloser Speicherung von Metadatenkommunikation. Es kann einerseits davon ausgegangen werden, dass jeder Datenschnipsel, der durch Zufall in das Schleppnetz gerät, später auch zu gezielter Aufklärung eingesetzt werden kann. Andererseits gibt es auch Ziele, die strategisch so wertvoll sind, dass sie nicht durch Zufall durch ihre Teilnahme am internationalen Datenverkehr, sondern gezielt aufgeklärt werden.

## 3.3. Speicherprogramme mit Suchfunktion

Die einzelnen Quellen für Metadaten, die sowohl »Digital Network Intelligence« (DNI) als auch DNR betreffen, können in Systeme überführt werden, welche das gezielte Suchen nach Informationen zu Selektoren, also beispielsweise E-Mailadressen oder Telefonnummern, ermöglichen. Ein solches System ist XKEYSCORE. Außerdem fassen wir unter dem Begriff Speicherprogramme mit Suchfunktion auch Programme wie BOUNDLESS INFORMANT, die dem Analysten einen Überblick geben, welche Datenquelle wie viele Informationen liefert. Damit übt BOUNDLESS INFORMANT auch eine Kontrollfunktion über das Datenvolumen aus, zu dem die NSA Zugriff hat.

### 3.3.1. BOUNDLESS INFORMANT – Überblick über internationales Datamining

BOUNDLESS INFORMANT ist ein Programm, mithilfe dessen Metadaten eingeordnet und katalogisiert werden können. Durch diese Einordnung können verschiedene Fragen beantwortet werden: »How many sites do we have in the region? How many records are they producing? What type of collection and volume do we get out of site A? How do these types/volumes compare against site B? Against site C?« (National Security Agency 2013g: NSA Boundless Informant Powerpoint Slides). BOUNDLESS INFORMANT ist also in erster Linie ein Auswertungstool über die Kapazitäten der NSA-Datensammlung. Daher richtet sich das Tool an Führungspersonal und Personen, welche über die taktischen Möglichkeiten der NSA unterrichtet sein müssen. Im Zentrum der BOUNDLESS INFORMANT-Analyse steht also die Selbstdokumentation der NSA-Überwachung. In einer Kartenansicht lässt sich darstellen, wie viele Daten die NSA zu DNI und DNR innerhalb eines Monats gesammelt hat. Dies waren in einem nicht näher bestimmten 30-tägigen Zeitraum weltweit über 97 Milliarden Datensätze zur DNI und über 124 Milliarden Informationen zur DNR. Davon entfielen über zwei Milliarden DNI-Daten und über 21 Milliarden DNR-Daten auf Afghanistan, über 13 Milliarden DNI-Daten und über 13 Milliarden DNR-Daten auf Pakistan, über drei Milliarden DNI-Daten und über sieben Milliarden DNR-Daten auf Saudi Arabien, über drei Milliarden DNI-Daten sowie über sieben Milliarden DNR-Daten auf den Irak sowie über sechs Milliarden DNI-Daten und über sechs Milliarden DNR-Daten auf Indien (vgl. National Security Agency 2013h: Boundless Informant World Use Map). In Deutschland hat die NSA binnen 30 Tagen über 471 Milliarden Daten aufgezeichnet (vgl. National Security Agency 2013i: Informant Statistics on Germany). Über drei Milliarden Datensätze wurden augenscheinlich in den USA erhoben, davon über 97 Milliarden DNI-Daten und über 124 Milliarden DNR-Daten (vgl. National Security Agency 2013j: Boundless Informant Data Record). Es steht immer wieder zur Diskussion, ob die BOUNDLESS INFORMANT-Zahlen Aufschluss darüber geben, dass die Länder, zu denen Auflistungen bestehen, Ziele der USA waren, oder ob dort nur Informationen erhoben wurden, die beispielsweise andere Länder betreffen. Beides kann grundsätzlich zutreffen (vgl. National Security Agency 2012c: Boundless Informant Frequently Asked Questions).

### 3.3.2. XKEYSCORE – Filterung von Massendaten durch Suchkriterien

Die höchste mediale Wirkung aller NSA-Programme entfaltet das Programm XKEYSCORE. Das Programm ist ein Werkzeug zur Speicherung von DNI, aber auch von Telefonnummern, und kann Inhalte bis zu drei Tage speichern. Dadurch wird der Zugriff auf Kommunikationsdaten sowie auf Inhalte (dazu zählen E-Mailinhalte, Chatprotokolle und sogar ganze Skype-Sitzungen inklusive Videoinhalte) möglich. Metadaten können länger als 90 Tage gespeichert werden. XKEYSCORE kann so viele Verknüpfungen zwischen Daten und damit zwischen Menschen ziehen, dass komplexe Analysen möglich sind, welche die NSA als »Pattern of Life« (National Security Agency 2014 f.: Running Strategic Analytics Affecting Europe and Africa) bezeichnet. Das Programm erfasst auch verschlüsselte Kommunikation, die dann allerdings mit speziellen Kryptoanalyseverfahren ausgelesen werden muss, insofern die NSA hierzu Möglichkeiten hat. Beispielsweise ist es möglich, den Befehl »Show me all PGP[21] usage in Iran« (National Security Agency 2008b: XKEYSCORE Powerpoint) auszuführen. Das Auffinden von Verschlüsselung sorgt vermutlich auch für Verdachtsmomente und damit zum Herausfiltern von potenziell gefährlichen Personen, was den Targeting-Mechanismus (wie in Kapitel III 3.2.1 beschrieben) auslöst. Die in XKEYSCORE gesammelten Daten sind in Echtzeit verfügbar, werden jedoch auch abgespeichert. Die Analyse mit XKEYSCORE kann einerseits *shallow* (ebd.), also oberflächlich und rein relevanzbezogen funktionieren und ist wohl mit gewöhnlichem Stöbern in Datensätzen nach bestimmten Stichworten vergleichbar, was daran liegt, dass die Datenrate hoch ist: »Why do shallow? Can look at more data; XKEYSCORE can also be configured to go shallow if the rate is too high« (ebd.). Anderserseits kann der gesamte Berg an Daten natürlich auch spezifisch nach Selektoren durchsucht werden. Den Trainingsfolien aus dem Snowden-Fundus zufolge wird davon jedoch eher abgeraten:

> *»Why go deep? Strong Selection itself give us only a very limited capability; A large amount of time spent on the web is performing actions that are anonymous; We can use this traffic to detect anomalies which can lead us to intelligence by itself, or strong selectors for traditional tasking«. (ebd.)*

21 Pretty Good Privacy; ein Verschlüsselungsprogramm.

DNI wird neben der gezielten Überwachung also größtenteils weniger zur Aufklärung von Detailinformationen über einzelne Personen als vielmehr zur Aufzeichnung und Sichtbarmachung von Ungereimtheiten, Warnhinweisen und Tendenzen benötigt.

Die Daten, welche in XKEYSCORE dargestellt werden, fließen dem System aus vier Strömen zu, die als F6 Site 1, F6 Site 2, FORNSAT site und SSO site bezeichnet werden, wobei die Datenströme aus den ersten beiden Einrichtungen noch einmal in F6 HQS zusammenfließen, bevor sie an die XKEYSCORE-Webserver weitergeleitet werden. Da die hier als Quelle genutzte Powerpoint-Präsentation auf einer Folie von »Approximately 150 sites« (ebd.) spricht, kann davon ausgegangen werden, dass die Einrichtungen ihrerseits Sammelbecken für Datenströme aus anderen Datensammelsystemen und deren Weiterleitungen sind. Gespeichert und gebuffert werden diese Daten auf über 500 Servern der NSA, in derselben Präsentation ist an anderer Stelle auch von 700 Servern die Rede (ebd.).

XKEYSCORE ordnet Metadaten und hält die gesamte Bandbreite an Daten und Inhalten bereit, welche dann nur noch durchsucht und analysiert werden müssen. Das Ziel dieser Untersuchung ist es, verdächtige Personen oder Gruppen aufzuspüren, ohne dass vorher etwas über sie bekannt ist: »How do I find a cell of terrorists that has no connection to known strong-selectors?« (National Security Agency 2008b: XKEYSTORE Powerpoint). Die Personen oder Gruppen sollen durch verdächtiges Verhalten selbst auf sich aufmerksam machen: »Answer: Look for anomalous events; e. g. Someone whose language is out of place for the region they are in[22]; Someone who is using encryption; Someone searching the web for suspicious stuff« (ebd.). XKEYSCORE ist damit ein wichtiges Programm, um DNI zu erhalten, und gliedert sich dabei in einen größeren Rahmen anderer Aufklärungsprogramme ein, jedes mit seinem spezifischen Mehrwert für die NSA:

> *»DNI Discovery Options: Meta-data from a subset of tasked strong selectors -> Trafficthief; Content selected from dictionary tasked terms → Pinwale; ›User activity‹ meta-data with front end full take feeds and*

22 Unter dem Stichwort »Language tracking« (National Security Agency 2008b: XKEYSCORE Powerpoint) verweist die NSA darauf, dass es ein einzigartiges Feature bei XKEYSCORE ist, dass nach HTML-Sprache gesucht werden kann, um die Internetaktivität von Ausländern sichtbar zu machen.

*back-end selected feeds → MARINA; Unique data beyond user activity from front end full take feeds → XKEYSCORE« (National Security Agency 2014g: DNI Discovery Options)*

MARINA scheint ebenso wie PINWALE ein Datenspeicher zu sein, wobei MARINA Daten selbstständig ordnet. PINWALE scheint für die Speicherung von Online-Adressbüchern und (E-Mail-)Posteingängen geeignet zu sein (vgl. National Security Agency 2013d: Content Acquisition Optimization Powerpoint Slides).

XKEYSCORE wird von der NSA auch zu den Techniken gezählt, mit denen Informationen über soziale Medien, im NSA-Jargon »Online Social Networks« (OSN), möglich werden. Innerhalb von 30 Tagen wurden so 41 Milliarden Datensätze erhoben (vgl. What Intelligence Do OSN's Provide to the IC). NSA-Analysten können per XKEYSCORE auch herausfinden, welche Maschinen mit Verbindung zum Internet sich für einen Cyber-Angriff eignen. Ein möglicher Befehl, den ein Analyst in das Programm eingeben könnte, ist laut Trainingsfolie: »Show me all the exploitable machines in country X« (ebd.). Dadurch können Schwachstellen in Systemen gefunden werden, die später auch für aktive Angriffe gegen diese Netzwerke verwendet werden können. Dies geschieht wohl durch die Programmerweiterung XKEYSCORE DEEPDIVE und das Programm DRAGGABLEKITTEN, was gemeinsam mit dem GCHQ betrieben wird (vgl. National Security Agency 2014h: Menwith Hill Station Leverages XKEYSCORE For Quantum Against Yahoo and Hotmail).

## 3.4. Kryptoanalyse

Die Entschlüsselung von verschlüsselten Botschaften zählt seit jeher zum Handwerk der Geheimdienste. Mit der Weiterentwicklung der Kommunikationstechnik haben sich auch Kryptoanalyse-Verfahren weiterentwickelt. Als logische Konsequenz konzentriert sich die NSA nun auch auf die Entschlüsselung von Webserverdaten, da auch Kommunikation, die über verschlüsselte Webserverprotokolle abläuft, interessante Informationen für den Nachrichtendienst besitzen kann.

### 3.4.1. BULLRUN

Die Entschlüsselung von kodierter Kommunikation ist eine traditionelle Aufgabe der SIGINT. Neu ist, dass die NSA Webserver-Daten entschlüsselt. Das Programm BULLRUN ermöglicht die Entschlüsselung von »TLS/SSL, HTTPS, SSH, VPNs, VoIP, WEBMAIL, and other network communication technologies« (National Security Agency 2010b: Classification Guide: (U//FOUO) PROJECT BULLRUN/2–16, S. 3). Auch bei BULLRUN bestehen »cooperative relationships with specific industry partners« (National Security Agency 2010b: Classification Guide: (U//FOUO) PROJECT BULLRUN/2–16). In welchem Ausmaß die NSA Verschlüsselungstechnik knacken kann, ist nicht bekannt. Es ist jedoch davon auszugehen, dass diese gerade aufgezählten Technologien nicht fehlerfrei funktionieren und die NSA in der Lage ist, diese Fehler auszunutzen. Mit dieser Aufgabe sind drei Einrichtungen der NSA beschäftigt: das NSA/CSS Commercial Solutions Center (NCSC), das sich darum bemüht, die Kooperation von Partnern aus der Privatwirtschaft einzuholen, sowie die Einheit TAO, eine NSA-Einrichtung zur gezielten Ausnutzung von Schwächen in Computersystemen. Der Cryptanalysis and Exploitation Service (CES) kümmert sich um spezielle Lösungen, um die Schwächen in Verschlüsselungstechnologie noch besser ausnutzen zu können (National Security Agency 2010b: Classification Guide: (U//FOUO) PROJECT BULLRUN/2–16).

### 3.4.2. QUANTUM COMPUTING

QUANTUM COMPUTING unterscheidet sich von Computernetzwerkoperationen, welche unter das Stichwort QUANTUMTHEORY fallen (National Security Agency 2010c: »The NSA and GCHQ's Hacking Tactics«). QUANTUM COMPUTING bezeichnet Zukunftsforschung, die darauf angelegt ist, Entwicklungen in der Computertechnik und deren Vorteile sowie Gefahren für die USA frühzeitig vorauszusehen und schon jetzt darauf zu reagieren. Die NSA sieht im QUANTUM COMPUTING Bedrohungspotenzial durch großangelegte Computernetzwerkangriffe auf die USA, welche Auswirkungen auf die Authentizität und Verfügbarkeit von Daten haben können (vgl. National Security Agency 2011a: Quantum Computing).

## 3.5. QUANTUMTHEORY: Gezielte Operationen gegen Computernetzwerke

Das Programm QUANTUMTHEORY setzt sich aus verschiedenen Teilaspekten zusammen. Die einzelnen Bereiche lassen sich grob in Cyber Network Exploitations (CNE), Cyber Network Attacks (CNA) und Cyber Network Defense (CND) unterteilen. Die CNE-Möglichkeiten von QUANTUM zielen darauf ab, weitere Aktionen zu ermöglichen. So wird beispielsweise mit QUANTUMINSERT eine Netzwerksitzung einer Person gekapert und deren Sitzung auf einen Server der NSA-Einheit TAO umgeleitet. Ihr Netzwerk wird sodann für Angriffe mit FOXACID vorbereitet (siehe III 3.5.1). Der Einstieg in fremde Computernetzwerke ist der NSA beispielsweise dann möglich, wenn der Nutzer Yahoo, Hotmail oder Facebook nutzt. QUANTUMSKY und QUANTUMCOPPER sind CNA-Werkzeuge der NSA. Hierdurch kann der Netzwerkverkehr unterbrochen oder Uploads und Downloads manipuliert werden. Durch das Verteidigungswerkzeug QUANTUMSMACKDOWN kann verhindert werden, dass ein fremder Hacker Schadsoftware in das Netzwerk des Verteidigungsministeriums, für welches die NSA zuständig ist, einbringen kann (vgl. National Security Agency 2014i: There Is More Than One Way Quantum). Es kann davon ausgegangen werden, dass das System QUANTUMTHEORY in gewissen Teilen automatisiert funktioniert, wie beispielsweise bei der passiven Überwachung von Datenverkehr per TURMOIL. Per TURBINE hingegen findet »direct, high-level tasking« (National Security Agency 2014j: Technology Directorate Analysis of Converged Data) statt. Die QUANTUMTHEORY-Infrastruktur wird durch den FOXACID-Server ergänzt, der bei einer QUANTUM-Operation, beispielsweise QUANTUMINSERT, eingesetzt wird. Auf ihm lagert die Schadsoftware, die in Fremdsysteme eingebracht werden kann.

### 3.5.1. FOXACID: Gezielte Einbringung von Schadsoftware in ein Zielsystem

Eine typische QUANTUMTHEORY-Operation könnte so aussehen: Ein Ziel loggt sich in seinen Yahoo-Account ein. Dem Netzwerk des SSO fällt dies auf (es ist davon auszugehen, dass dies automatisiert passiert). Die Systeme der SSO ›kapern‹ den Datenverkehr zwischen dem Ziel und der Yahoo-Seite und lenken ihn auf den FOXACID-Server von TAO weiter. Dort angekommen, lenkt der FOXACID-Server den Datenverkehr wieder zurück an das Netzwerk des Zielobjekts, allerdings mit einer URL, also einer Webadresse, die zu FOXACID führt. Anschließend liefert sich das FOXACID-Paket einen Wettlauf mit dem Yahoo-Datenpaket. Auf dem Zielcomputer spielt sich dann Folgendes ab: Die durch das Ziel angefragte Yahoo-Seite wird geladen, während im Hintergrund jedoch die FOXACID-URL geladen wird und das Zielnetzwerk erneut zum FOXACID-Server leitet. Da sich das Zielnetzwerk nun auf dem FOXACID-Server eingeloggt hat, kann TAO das System weiter angreifen (vgl. National Security Agency 2008b: Tailored Access Operations).

Die Hackertätigkeit der NSA findet durch FOXACID weitestgehend automatisiert statt. Sobald die Algorithmen und Programme entwickelt sind und Systeme ineinandergreifen, bleiben dem Agenten an der Computertastatur oder Maus nur noch wenige Handgriffe. Es handelt sich also nicht mehr um eine Mensch-Maschine-Kommunikation, sondern um eine Maschine-Maschine-Kommunikation. Dieses Vorgehen ist vergleichbar mit dem Hochfrequenzhandel der Finanzindustrie, also einem schnellen computergesteuerten System, dessen Einzelheiten für den einzelnen Menschen nur noch schwer nachvollziehbar sind, da es auf komplizierten Algorithmen basiert (Patterson 2012).

### 3.5.2. GENIE: Überwachung von Infrastrukturen und geschützten Systemen

Eine ebenfalls zentrale Komponente im QUANTUMTHEORY-System ist GENIE. Es scheint sich um ein Programm zu handeln, das wiederum mehrere Schritte umfasst. Ziel ist es, an besonders geschützte Netzwerke heranzukommen, auch an solche, die keine Verbindung zum öffentlichen Internet haben.

> *»To maximize agility and minimize risk and cost, a targeted system is usually subverted remotely, via existing tools/implants and infrastructure. When remote access is not possible, field operations are undertaken – usually with the aid of other IC or DoD activities – to physically place hardware implants or software modifications into or near targeted systems, or, if absolutely necessary, to conduct shortrange collection.« (National Security Agency 2015: NSA Slideshow On Computer Network Operations (CNO) Legal Authorities)*

Gleichzeitig dient GENIE als Möglichkeit, etwaige feindliche Cyber-Operationen aufzudecken. Für das Programm waren 2013 193 Millionen USD eingeplant, Personalkosten nicht mit eingerechnet. GENIE-Hard- und Software kann in Computer, Server, Router, Mobilfunksysteme und in Infrastrukturen eingebracht werden (vgl. National Security Agency 2015: NSA Slideshow On Computer Network Operations (CNO) Legal Authorities).

### 3.5.3. QFIRE: Vorwärts gerichtete Verteidigung

QFIRE ist Teil der QUANTUMTHEORY-Struktur, jedoch darauf ausgerichtet, sich dynamisch in einem Umfeld von ständiger potenzieller Bedrohung des Netzwerkes der USA zu bewegen. Wenn die passiven Sensoren Netzwerkverkehr aufzeichnen und dabei auf bestimmte Selektoren reagieren, kann in einem zweiten Schritt ein »centralized command/control node« (National Security Agency 2011b: Forward-based Defense with QFIRE) automatisiert eingeschaltet werden, welcher Schadsoftware in das entdeckte System einbringen kann. Laut Präsentation aus dem Jahr 2011 ist das System noch in der Entwicklung (vgl. National Security Agency 2011b: Forward-based Defense with QFIRE). Ob es inzwischen eingesetzt wird, kann aufgrund fehlender Daten nicht nachvollzogen werden. Während die besondere Eigenschaft von QUANTUMTHEORY die Integration der Konzepte CNE, CND und CNA ist, liegt das Spezifische von QFIRE in der Verknüpfung mit einem Kontrollpunkt, der in Echtzeit und so nah wie möglich am Ziel das Fremdsystem infizieren kann. Es lässt sich dadurch ableiten, dass QFIRE einen Vorteil in der Network Centric Warfare, also der vernetzten Operationsführung mit ihren Teilbereichen der informationellen Täuschung und Verschleierung, bringen kann.

## 4. Formen der Telefonüberwachung

Die einzelnen Überwachungsprogramme der NSA voneinander zu trennen, fällt schwer. Prinzipiell kann festgehalten werden, dass möglichst viele unterschiedliche Datenströme abgefangen werden, um Vorgänge und Personen umfassend aufzuklären. Somit ist bei den einzelnen Überwachungsprogrammen die Telefonüberwachung nicht immer sauber von der Internetüberwachung zu trennen. Dies hängt allerdings auch damit zusammen, dass viele der mobilen Endgeräte, die potenziell überwacht werden können, sowohl eine Internet- als auch eine Telefoniefunktion haben und dass Online-Portale internetspezifische sowie telefonspezifische persönliche Daten von Nutzern abfragen. Nicht zuletzt verknüpfen die meisten Online-User ihre Dienste zusätzlich mit mehreren – auch mobilen – Endgeräten.

## 4.1. Telefonmetadatenüberwachung nach Section 215 des Patriot Acts

Nichtsdestotrotz folgt die Telefonmetadatenüberwachung anderen juristischen Maximen als die Internetmetadatenüberwachung, zumindest wenn einer der beiden Telekommunikationspartner sich innerhalb der USA aufhält. Unter »Section 215« des »US Patriot Acts« werden US-Metadaten dann relevant, wenn eine Bedrohung für das Territorium der USA vermutet wird. Die Überwachung der Kommunikation zwischen einem US-Amerikaner und einem Ausländer kann allerdings nicht derart gestaltet sein, dass vom Inländer aus nach Kommunikationen mit dem Ausländer gesucht wird. Ein solches Vorgehen würde *reverse targeting* bedeuten und ist nach dem 1. Zusatzartikel der Verfassung der USA verboten. Der Selektor, der das Interesse der NSA weckt, muss ein bereits identifiziertes ausländisches Ziel sein und beispielsweise im Verdacht stehen, Mitglied einer Terrororganisation zu sein. Dieser sogenannte *identifier* muss durch eine autorisierte Person freigegeben werden, bevor der Analyst Zugriff auf die Metadaten unter Section 215 hat. Ist der Identifier nicht freigegeben, verhindern technische Hürden, dass der Analyst Metadaten einsehen kann (vgl. National Security Agency 2013l: NSA Missions, Authorities, Oversight and Partnerships).

## 4.2. Konvergierte Überwachung: Kombinierte Internetmetadaten- und Telefoniemetadaten-Überwachung

Grund für die kombinierte Überwachung von Internetmetadaten, Internet-Inhalten sowie von Telefonmetadaten sind die veränderten Nutzungsgewohnheiten der Weltbevölkerung und die Möglichkeiten, die dadurch für die signalverarbeitenden Geheimdienste entstehen. Für die Europäer bedeutet dies, dass ihr Verhalten im Internet für die amerikanischen Nachrichtendienste potenziell unbegrenzt nachvollziehbar ist. Einerseits verschwimmen, wie bereits erwähnt, die Grenzen von Telekommunikation und Internetkommunikation, andererseits bauen viele Internettechnologien darauf, auch mobil genutzt zu werden. So entstehen viele neue Datenformate, wie etwa die Smartphone-Kommunikation, Voice over IP (also Internettelefonie) sowie GPRS, also der paketorientierte Funkdienst, bei dem die GSM[23]-Handynetze nicht nur Telefonie, sondern auch Daten übertragen. Gerade diese Entwicklung hat dazu geführt, dass es »no longer DNI/DNR« (National Security Agency 2010d: Social Convergence) gibt, also keine Trennung zwischen Telefonkommunikationsmetadaten auf der einen und Internetmetadaten auf der anderen Seite. Allerdings hat sich die Gesetzgebung bislang unzureichend mit diesen Datenmischformaten beschäftigt, weshalb neue Möglichkeiten der Informationsbeschaffung zunächst unter kein spezifisches Reglement fallen. Die Unsicherheit bezüglich dieser Daten führt eher dazu, dass Analysten sich nicht mit diesen sensiblen Problemen beschäftigen, sondern lediglich die technischen Vorzüge neuer Datenformate nutzen:

> *»An increasing amount of new data types are available to SIGINT agencies, some proving difficult to categorise as either content or communications data. The conference agreed to step back from trying to categorise the data and simply to focus on what is shareable in bulk« (National Security Agency 2008e: Metadata Policy Conference).*

Unter diese Form der Ausspähung fällt unter anderem auch die Auswertung von Bewegungsdaten durch das Programm CHALKFUN. »Chalkfun's Co-Travel computes the date, time, and network location of a mobile phone over a given time period, and then looks for other mobile phones that were seen in the same network locations around a one hour time window« (National Security Agency 2012e: Cotraveler Overview). Wenn zwei Selektoren im selben Zeitfenster am selben Ort gemessen wurden, korreliert ein Algorithmus selbstständig andere *events* in dieser Zeit, welche der Analyst vorgeben kann. Diese Methode wurde vor 2012 angewendet. Seitdem ist das Programm geändert worden und kann nun sogar einen größeren Zeitrahmen abdecken:

23 GSM ist die Abkürzung für Global System for Mobile Communications.

> *»The system will run one query (rather than separate queries) for all of the IMSIs, MSISNs, VLRs, and GCIDs that an analyst enters (as if the selectors and areas of interest were joined with an ›OR‹). The system currently runs separate queries for each, returning separate sets of results for each combination of selector and areas of interest. The cloud-based version will also enable the user to set the size of the time window that the analytic considers, rather than defaulting to one hour (as described above)«. (ebd.)*

CHALKFUN kann auch verwendet werden, um auszuschließen, dass es sich bei einer ins Visier geratenen Person um einen US-Bürger handelt, falls das im Kommunikationsnetz identifizierte Mobiltelefon beispielsweise innerhalb der USA keinen Roaming-Status anzeigt (vgl. National Security Agency 2013k: Chalkfun Foreigness). Auf der anderen Seite können etwaige Roaming-Informationen auf einen Ausländer hinweisen, der sich auf US-Territorium bewegt, und anzeigen, ob er sich zeitgleich mit anderen Ausländern im gleichen Gebiet aufhält. Ziel der CO-TRAVELER-Analyse (hinter Co-Travel verbirgt sich eher ein Prinzip denn ein genuines Programm) ist es ausdrücklich nicht, alle Bewegungsmuster zu erfassen und dabei alle Reisende, die zufällig dasselbe Muster aufweisen, unter Verdacht zu stellen. Es sei jedoch wichtig, keine Auffälligkeiten vorzeitig als nichtig abzutun, da sich darunter relevante Beziehungsmuster verbergen könnten (National Security Agency 2012e: Co-Traveler Overview).

## 4.3. MYSTIC: Aufzeichnung sämtlicher Telefongespräche

Die NSA zeichnet in mindestens einem Land sämtliche Telefongespräche auf. Dies geschah zumindest im Jahr 2011, wie ein internes Dokument belegt (vgl. National Security Agency 2014k: Tasking of SCAWALAG). Zum Durchsuchen der aufgezeichneten Gespräche dient ein Computerprogramm namens RETRO. Der Analyst kann bis zu 30 Tage zurückgehen und Gespräche mithören, welche zu dem Zeitpunkt ihrer Aufzeichnung noch nicht ins Interesse gerückt waren. Die mitgeschnittenen Gespräche können in die NUCLEON-Datenbank übertragen werden. Die Snowden-Dokumente lassen den Schluss zu, dass mindestens ein weiteres Land über MYSTIC überwacht werden soll oder sollte (vgl. National Security Agency 2014l: Adding A Country To Mystic Efforts mentioned). Hier folgt die

NSA wie bei der kurzfristigen Speicherung des Internetverkehrs der Logik, dass wie in einer Bibliothek massenhaft Daten auf Vorrat gehalten werden, die bei Auffälligkeiten oder Interesse durch den Analysten weitergehend betrachtet werden können.

# 5. Einordnung der bekannt gewordenen Programme und Methoden

Nachdem nun einige der Überwachungsprogramme, die seit 2013 bekannt geworden sind, detailliert beschrieben wurden, sollen diese in einen größeren Kontext eingeordnet werden. Aus den Schilderungen ergibt sich zweierlei: Erstens wird ersichtlich, dass die Privatsphäre europäischer Bürger durch diese Programme stark gefährdet ist. Zweitens wird deutlich, dass die amerikanischen Dienste durch ihre Spionagetechnik eine Datenverfügbarkeit erzielen, die von den europäischen Diensten – mit Ausnahme derer Großbritanniens – nicht erreicht werden kann und so die Attraktivität der Kooperation mit den US-Diensten stetig steigt. Für ein besseres Verständnis dieser Programme ist es zunächst zentral, die Entstehungsgeschichte vor allem des PRISM-Programms nachzuzeichnen, da es die größte Reichweite aufweist. Im Zentrum stehen soll außerdem die Weiterentwicklung von Technologien, wie sie für signalaufklärende Geheimdienste typisch sind. Zudem wird die Kooperation der NSA mit anderen amerikanischen Diensten sowie mit ausländischen Diensten hervorgehoben, über die durch die Dokumente von Edward Snowden einiges bekannt geworden ist.

## 5.1. Zeithistorische Entwicklung der Massenüberwachung

Das Hauptaugenmerk der NSA liegt schon seit ihrer Gründung im Jahr 1952 auf der Erhebung von SIGINT und COMINT. Doch die elektronische Massenüberwachung im großen Umfang, die mit dem PSP kurz nach 9/11 angestoßen wurde und mittlerweile ein riesiges Ausmaß erreicht hat, hat sich mit der Zeit immer mehr institutionalisiert.

Die programmatischen Grundlagen für das PSP liegen im Programm STELLAR WIND, welches William Binney, ehemaliger Director der NSA für COMINT, der später zum Whistleblower wurde, mit entwickelt hatte. Er begriff schon früh, dass die Techniken, die eigentlich für die Auslandsspionage entwickelt worden waren, zum Zweck der Terrorismusbekämpfung auch im Inland eingesetzt wurden, beziehungsweise dass Praktiken der Auslandsspionage auch Rückschlüsse über die Kommunikation amerikanischer Bürger erlaubte (vgl. Poitras 2012). Zu Beginn ging das NSA-Personal noch davon aus, dass das PSP nur zeitweise zur Anwendung kommen werde und dass die Operationen in naher Zukunft wieder eingestellt werden würden. »After it became evident that the Authority would be continuously renewed, management focused on designing processes and procedures for Program activity« (National Security Agency 2009a: Draft NSA IG Report, S. 9). Durch das PSP, durch das zunächst Kommunikation, die auf Terrorismus oder Afghanistan hinwies, 30 Tage lang überwacht werden sollte, wurde das »Metadata Analysis Center« (MAC) im »Signals Intelligence Directorate« (SID) eingerichtet. Durch das PSP wurden also konkrete organisatorische Weiterentwicklungen in Form von neuen Institutionen beziehungsweise Abteilungen geschaffen. Man kann attestieren, dass die zuständigen Personen davon ausgingen, ein Langzeitprojekt und kein Programm für kurzfristige Krisenzeiten zu implementieren. Das MAC förderte in seinen ersten sechs Jahren eine große Masse an Daten zutage.

> *»From the start of the Program [PSP] until January 2007, NSA issued 490 reports based on PSP-derived content information. Also (...) approximately 37,664 telephony and Internet selectors were tasked for PSP-authorized content collection during that time period. Only 8 percent were U. S. targets. The vast majority (92 percent), were foreign.« (National Security Agency 2009a: Draft NSA IG Report, S. 15)*

Daraus lässt sich ableiten, dass aussagekräftige Analysen nur entstehen konnten, wenn sowohl Telefonie- als auch Internetkommunikations-Metadaten erfasst werden konnten. Zudem wurde eine neue Sicherheitsabteilung unter dem Decknamen STARBURST etabliert. Dazu wurden 50 Computer-Server bestellt, um die Datenspeicherung und die Datenverarbeitung zu garantieren. PSP-Operationen wurden anfangs mit 25 Millionen USD finanziert. Ein erstes Briefing der Analysten, Programmierer und Mathematiker am 8. Oktober 2001 durch General Hayden enthielt Informationen darüber, dass die Autorisierung für PSP vom Präsidenten kam, zeitlich begrenzt sei und ein Frühwarnsystem vor Terroranschlägen sei. Darüber hinaus halte das NSA General Counsel die Operation für legal, man habe sich jedoch klar an die Autorisierung zu halten und »not one electron or photon more« (National Security Agency 2009a: Draft NSA IG Report, S. 10) zu sammeln. Außerdem solle die Autorisierung geheim gehalten werden. Die Analyse im Rahmen von PSP fand im NSA-Headquarter in Fort Meade innerhalb des SIGINT Directorates statt.

> *»Although the formal chain of command for SIGINT operations was through SID, in practice, the Director and Deputy Director of NSA/CSS managed the Program while keeping the SIGINT Director informed. Over time, the SIGINT Director became more involved, but the Director and Deputy Director always maintained direct operational control.« (National Security Agency 2009a: Draft NSA IG Report, S. 12)*

Das Programm wurde also mit absoluter Priorität und Brisanz behandelt. Bis 2007 änderten sich die Begrifflichkeiten und Interpretationen, das PSP betreffend, des Öfteren. Trotz der Konzentration der NSA auf ausländische Ziele konnten auch Verbindungsdaten und Inhalte innerhalb der USA gesammelt werden. Der Arbeitsbericht des Inspector General macht klar, dass »the wording of the first authorization could have been interpreted to allow domestic content collection where both communicants were located in the U. S. or were U. S. persons« (National Security Agency 2009a: Draft NSA IG Report, S. 8).

General Hayden habe laut dem Bericht jedoch klargestellt, dass die NSA ein Auslandsgeheimdienst sei und deshalb keine »domestic collection« unterstütze, sowie darüber hinaus »his personal standard was so high that there would be no problem getting a FISC order for domestic collection« (National Security Agency 2009a: Draft NSA IG Report, S. 8). Einerseits lässt sich daraus ablesen, dass FISC-Anordnungen zur Überwachung von US-Amerikanern möglicherweise schnell und ohne begründeten Verdacht ausgestellt werden können. Andererseits lässt die Anpassung der Autorisierung zur Überwachung den Verdacht zu, dass die jeweilige Autorisierung jeweils den Möglichkeiten der Technik angepasst wurde. Beides muss als wahrscheinlich angesehen werden.

Die Institutionalisierung der elektronischen Massenüberwachung wurde formal durch eine schrittweise juristische Legitimierung erreicht.

Bis 2006 musste zur Absicherung der gesetzlichen Vorgaben lediglich der oberste Richter des FISC unterrichtet werden. »It was not until parts of the PSP were publicly revealed in December 2005 that all members of the FISC were briefed on the Program« (National Security Agency 2009a: Draft NSA IG Report, S. 36).

2004 wurde Teilen des PSP vom Justizministerium gesetzliche Unvereinbarkeit attestiert. So sei die massenhafte Sammlung von Internet-Metadaten nicht legal. Dies führte jedoch nicht dazu, dass die NSA ihre Überwachungspraxis änderte, wie ein Auszug aus dem Bericht des Inspector General zeigt:

> *»In March 2004, OLC found three of the four types of collection authorized under the PSP to be legally supportable. However, it determined that, given the method of collection, bulk Internet metadata was prohibited by the terms of FISA and Title III. Consequently, the White House Counsel rather than the Attorney General signed the 11 March 2004 Authorization.« (National Security Agency 2009a: Draft NSA IG Report, S. 37)*

Dieser Vorgang macht deutlich, dass die Untermauerung durch die Justiz zur Fortführung des Programms genutzt wurde, eine Ablehnung in einigen Punkten für die NSA kein Hindernis darstellte, so dass sie ihre Praxis trotzdem weiter fortsetzen konnte. Die NSA hat ihre Kompetenzen also nicht aufgegeben, sondern Umwege gefunden, ihre Aktivitäten trotz der Versuche, ihr Begrenzungen aufzuerlegen, fortzuführen. Zudem entsteht durch das Vorgehen einer regelmäßigen Autorisierung durch das FISA-Gericht der Eindruck, die Überwachungsverfahren würden nicht in stetiger Häufigkeit geprüft, sondern es finde vielmehr eine Routine der Zustimmung statt und die Überwachungspraxis der NSA werde dadurch willentlich immer weiter institutionalisiert.

Auch eine besondere Auffassung des Begriffs *Verbindungsdaten* sorgte dafür, dass sich die Massenüberwachung elektronischer Daten institutionalisieren konnte:

> *»Until March 2004, NSA considered its collection of bulk Internet metadata under the PSP to be legal and appropriate. Specifically, NSA leadership, including OGC lawyers and the IG, interpreted the*

> *terms of the Authorization to allow NSA to obtain bulk Internet metadata for analysis because NSA did not actually ›acquire‹ communications until specific communications were selected. In other words, because the Authorization permitted NSA to conduct metadata analysis on selectors that met certain criteria, it implicitly authorized NSA to obtain the bulk data that was needed to conduct the metadata analysis.« (National Security Agency 2009a: Draft NSA IG Report, S. 38)*

Das Programm war also nie darauf angelegt, möglichst sensibel mit Daten umzugehen – zum Beispiel, indem die Gesamtmenge der Daten, die aufgezeichnet werden, zu begrenzen. Im Gegenteil, es war vielmehr von Anfang an darauf ausgelegt, möglichst viele Daten zusammenzutragen, ungeachtet der späteren Relevanz dieser Daten und ungeachtet der Tatsache, wie stark die Aufzeichnung dieser Daten die Privatsphäre von US-Amerikanern, aber gerade auch von Ausländern, verletzte (vgl. Poitras 2012).

Auch die im Folgenden geschilderten Ereignisse deuten darauf hin, dass die NSA ihre Organisationsinteressen über justizielle Einwände stellte und alles in Bewegung setzte, um die durch das PSP eingeführten Möglichkeiten fortführen und ausbauen zu können. Zudem kann man attestieren, dass die Justiz selbst mitarbeitete, um den Status quo aufrechtzuerhalten:

> *»On March 2004, General Hayden[24] had to decide wether NSA would execute the Authorization without the Attorney General's signature (IV-A/32–11). General Hayden described a conversation in which David Addington[25] asked, ›Will you do it (IV-A/32–11)?‹ At that time, General Hayden also said that he asked Daniel Levin, Counsel to the Attorney General, in March 2004 if he needed to stop anything he was doing. Mr. Levin said that he did not need to stop anything (IV-A/32–7 and IV-A/32a-7 & 8). After conferring with NSA operational and legal personnel, General Hayden stated that he decided to continue the PSP because 1) the members of Congress he briefed the previous day, 10 March, were supportive of continuing the Program, 2) he knew the value of the Program, and 3) NSA lawyers had determined the Pro-*

24 Michael Hayden war zu diesem Zeitpunkt Direktor der NSA.

25 Rechtlicher Berater des damaligen Vizepräsidenten Dick Cheney.

*gram was legal. Eight days later on 19 March 2004, the President rescinded the authority to collect bulk Internet metadata and gave NSA one week to stop collection and block access to previously collected bulk Internet metadata. NSA did so on March 2004. Too close to resulting collection gap, DoJ and NSA immediately began efforts to recreate this authority in what became the PR/TT order*[26]*.« (National Security Agency 2009a: Draft NSA IG Report, S. 38)*

Diese Textstelle unterstreicht den Willen der NSA, auf eine Autorisierung durch den Präsidenten hinzuwirken, selbst wenn dieser sie zuvor entzogen hatte. Im Fall des PSP wurde die Autorisierung durch den Präsidenten jedoch nicht mehr erreicht. »On 1 February 2007, the final Authorization was allowed to expire and was not renewed« (National Security Agency 2009a: Draft NSA IG Report, S. 39). Präsident Obama setzte die Massenüberwachung seines Vorgängers George W. Bush jedoch fort. Es ist also gewissermaßen nachvollziehbar, dass die Bemühungen von General Hayden und seinem Nachfolger Keith Alexander letztlich erfolgreich waren. Zudem wurden Teile des PSP, wie die Massenüberwachung von Telefon-Metadaten, auch nach dem Auslaufen der Autorisierung des Präsidenten fortgeführt, indem sie aus dem PSP ausgeklammert und fortan unter der *Business Records Order* (Clapper 2013a) weitergeführt wurden, die am 24. Mai 2006 vom FISC genehmigt wurde. Zudem wurden die Befugnisse eher noch ausgeweitet, da auch inneramerikanische Gespräche nun in den Fokus geraten konnten:

*»The order essentially gave the NSA the same authority to collect bulk telephony metadata from business reords that it had under the PSP. And, unlike the PRTT, there was no break in collection at transition. The order did, however, limit the number of people that could access the data and required more stringent oversight by and reporting to DOJ. The FISC continues to renew the Business Records Order every 90 days or so.« (National Security Agency 2009a: Draft NSA IG Report, S. 40)*

26 Ausgeschrieben: Pen Register/Trap & Trace, FBI-Verordnung, Ermächtigung zur Aufklärung hinsichtlich Terrororganisationen, wurde 2008 durch Business Records FISA ersetzt.

Dadurch ist zwar eine Routine zur Überprüfung von Notwendigkeit und rechtlicher Zulässigkeit der elektronischen Massenüberwachung gegeben, allerdings führt deren häufige Anwendung zumindest potenziell auch zu einer Art Automatisierung der Überprüfung. Es kann in Frage gestellt werden, ob diese anhand harter Kriterien durchgeführt wird oder eher einem prinzipiellen Durchwinken der Instrumente und Programme dient. Denn die Intelligence Community verfolgt klare Interessen: »Reauthorization is the top legislative priority« (National Security Agency 2012 f.: Letter to HPSCI Chairman Rogers and Ranking Member Ruppersberger). Zudem stellt sich ganz allgemein die Frage nach der organisatorischen Vertretbarkeit der Abschaffung von einmal geschaffenen und teuer entwickelten Prozessen. Die Kosten fielen ja bereits an, nun soll der Nutzen realisiert werden.

> *»It is best inefficient and worst unworkable for agencies to develop new technologies and procedures and train employees, only to have a statuary framework subject to wholesale revision. This is particularly true at a time of limited resources« (ebd., S. 8).*

Genauso wie Wirtschaftsunternehmen braucht die Intelligence Community eine gewisse Planungssicherheit. »It is essential that these authorities remain in place without interruption – and without the threat of interruption – so that those who have been entrusted with their use can continue to protect our nation from its enemies« (ebd.). Es zeigt sich also eine Auffassung, die rein auf Organisationsinteressen basiert und deren Analyse deutlich belegt, dass die rechtlichen Kontrollinstanzen als Teil der Intelligence Community angesehen werden müssen, mithin eine Kontrolle, die über der Intelligence Community angesiedelt ist, nur politisch, nicht aber durch *unabhängige* Justiz erfolgt.

Wie ein online zugänglich gewordenes Dokument zeigt, wird die Überwachung durch PRISM und ähnlichen Programmen derzeit durch die Erweiterung des FISA-Gesetzes, FAA 702, ermöglicht. Das Schriftstück, das auf den 23.09.2010 datiert ist, ist als nicht klassifiziert gekennzeichnet. FAA 702 erlaubt den Geheimdiensten die Erhebung von Informationen über Nicht-Amerikaner unter Zuhilfenahme von »Electronic Communication Service Provider« (National Security Agency 2008e: Memorandum Opinion) – also E-Mail, Social-Media- und Cloud-Dienste –

und attestiert: »Collections occur in U.S« (ebd.) sowie »A siginificant purpose of the acquisiton must be to obtain foreign intelligence information« (ebd.). *Foreign Intelligence Information* ist ein Begriff, der sehr weit ausgelegt werden kann: So fallen darunter Hinweise auf Geldwäsche, Terrorismus sowie Massenvernichtungswaffen und beinhalten auch »information with respect to a foreign-based political organization or foreign territory that relates to, and if concerning a United States person is necessary to the conduct of the foreign affairs of the United States.« (ebd.). Damit ist der *siginificant purpose*, also der eindeutige Zweck der Überwachung, praktisch immer gegeben (Directorate-General for Internal Policies 2013, S. 19). Was der EU-Bericht hier als politische Spionage bezeichnet, fällt seit jeher in den Aufgabenbereich der NSA. So behandelt sie als »Information Requirements: (…), Counter Proliferation, Counter Terrorism, Diplomatic, Economic, Military, Political/Intention of Nations« (National Security Agency 2014a: Special Source Operations).

Obwohl die Überwachungspraxis der NSA zwischenzeitlich durch das FISC eingeschränkt wurde, arbeitete die NSA 18 Monate lang Vorschläge für das Gericht aus, die das FISC davon überzeugen sollten, Definitionen in ihren Bestimmungen zu ändern und die Überwachungspraxis wieder in altem Umfang zu ermöglichen:

> *»DoJ decided to pursue a FISC order for content collection wherein the traditional FISA definition of a ›facility‹ as a specific telephone number or E-Mail address was changed to encompass the gateway or cable head that foreign targets use for communications. (…) The FISC ultimately accepted the theory for foreign selectors but rejected it for domestic selectors. Consequently, on 10 January 2007, the FISC signed to separate orders: the Foreign Content Order and the Domestic Content Order.« (National Security Agency 2009e: Working Draft)*

Dadurch wurde die Überwachung der Kommunikation durch die NSA vorübergehend eingeschränkt, bevor institutionelle Änderungen zu einer Fortführung der Massenüberwachung führten, da die »Foreign Content Order« des FISC die SIGINT-Aufklärung negativ beeinflusst hatte.

> *»Most notably, the number of foreign selectors on collection dropped by 73 percent, from 11,000 selectors under PSP to 3,000 under the order.*

*In addition, the administrative workload for NSA analysts to put critical foreign selectors on collection was so burdensome that the order became operationally sustainable. The order was eventually superseded by Congress' FISA modernization. It was temporarily replaced by the Protect America Act in August 2007 and then permanently replaced by the FISA Amendments Act in July 2008.« (National Security Agency 2009a: Draft NSA IG Report, S. 42)*

Die Section 702 des FAA wird weiterhin ausgeführt, während die Telefonüberwachung nach Absatz 215 des Patriot Acts durch den USA Freedom[27] Act im Juni 2015 eingeschränkt wurde.

Schon bei der Durchführung des PSP müsste den Verantwortlichen klar gewesen sein, dass das Vorgehen bei Bekanntwerden zu Kritik führen könnte: »The targeting of communication links with one end in the United States was more aggressive use of E. O. 12 333[28] authority than that exercised by former Directors. General Hayden was operating in a unique environment in which it was a widely held belief that additional terrorist attacks on U. S. soil were imminent. General Hayden said this was a ›tactical decision‹« (National Security Agency 2009a: Draft NSA IG Report, S. 3). Doch durch die Typisierung von Metadaten als »not constitutionally protected« (National Security Agency 2009a: Draft NSA IG Report, S. 13) war bereits der Weg eingeschlagen worden, der bis heute beschritten wird. Die taktische Entscheidung, die Sammlung von Metadaten im größtmöglichen Umfang durchzuführen, wurde durch die Reautorisierung des Programms institutionalisiert.

Bereits zu Beginn des PSP und bis heute wird zudem die Terrorgefahr als starkes Argument für die zusätzliche Überwachung allen Debatten und Diskussionen als wichtigstes Faktum vorangestellt. Das Internet sei der bevorzugte Kommunikationskanal der Terroristen. Sie nutzten vor allem webbasierte Services, die anonymisiert und kostenlos seien, also die Services, auf welche die meisten Internetnutzer weltweit ebenso zugriffen (National Security Agency 2009a: Draft NSA IG Report, S. 28). Prägend für den Verlauf der Überwachungspraxis der NSA ist auch, dass die Terror-

27 Die Abkürzung FREEDOM steht für Uniting and Strengthening America by Fulfilling Rights and Ending Eavesdropping, Dragnet-collection and Online Monitoring.

28 Die von US-Präsident Ronald Reagan 1981 unterzeichnete Executive Order (E.O.) 12333 regelt die Aufgaben der NSA und auch die rechtlichen Schranken ihrer Aktivitäten.

gefahr so hochstilisiert wurde, dass bestehende formale Strukturen für die Ermittlung und Überwachung von Verdächtigen als nicht mehr ausreichend und der FISA-Prozess als an seine Grenzen stoßend dargestellt wurden:

> *»NSA determined that even using emergency FISA court orders would not provide the speed and flexibility needed to counter the terrorist threat. First, although the emergency authorization provision permitted 72 hours of surveillance without obtaining a court order, it did not – as many believed – allow the Government to undertake surveillance immediately. Rather, the Attorney General had to ensure that emergency surveillance would ultimately be acceptable to the FISC.« (National Security Agency 2009a: Draft NSA IG Report, S. 5)*

Während die elektronische Überwachung der NSA nach dem 11. September 2001 noch auf die Aufklärung von Zielen, die mit Afghanistan und Irak in Verbindung traten, bezogen war, vergrößerte sich das Spektrum mit den Jahren danach zunehmend. So gerieten neben Terroristen zunehmend auch Hacker in den Fokus der NSA (vgl. National Security Agency 2014g: Overview Briefing). Außerdem wurde den Verantwortlichen bei der Weiterentwicklung von Programmen offenkundig klar, welche Vorteile die moderne Massenkommunikation für die geheimdienstliche Aufklärungsarbeit ermöglichte. Aus der Überwachung von Kommunikation in und mit Irak und Afghanistan entwickelte sich die Strategie des *contact chaining*:

> *»Over the time, new tools and new processes, such as automated chaining alerting, were created to improve analysts' efficiency. To obtain the most complete results, analysts used data collected under PSP and non-PSP authorities. Typically, they analyzed networks with two degrees of separation (two hops)[29] from the target. (…) In addition, an automated chaining alert process was created to alert analysts of new potentially reportable selectors. Previously approved selectors were compared to incoming MAINWAY[30] data authorized by the PSP, E. O. 12333, or the*

29 Mittlerweile analysiert und speichert die NSA Informationen, die bis zu drei *hops* vom *selector* entfernt sind.

30 Mainway ist, ebenso wie Nucleon, Pinwale und Marina ein Datenspeicherserver der NSA.

> *FISC. Alerts of direct contacts with approved selectors were reported to NSA analysts for further analysis and potential reporting to FBI and CIA.« (National Security Agency 2009a: Draft NSA IG Report, S. 14)*

Programme wie PRISM könnten also als technologische Weiterentwicklung und mandatierte Fortentwicklung der PSP-Prozesse bezeichnet werden.

Obwohl in der Argumentation der NSA vorrangig die Sorge vor weiteren terroristischen Anschlägen genannt wird, gibt sie auch zu, dass das Sammeln und Speichern von Metadaten nicht nur zur Verhütung von Terroranschlägen vorangetrieben wird: »Only a very small fraction of the metadata acquired under the program is ever reviewed because the vast majority of it will never be responsive to a terrorism-related query« (Office of the Director of National Intelligence 2013). Diese Aussage unterstreicht die Annahme, dass die große Masse an Daten zunächst aufgezeichnet und gespeichert wird, weil es technisch möglich ist, und nicht, weil sie unmittelbar Nutzen stiftet. Erst wenn der *tasking process* startet, sucht die NSA in ihrem Schleppnetz nach dem wertvollsten Fisch, der bei besonderer Relevanz mit europäischen Verbündeten geteilt werden kann.

In der Zeit von der Implementierung des PSP bis 2007 wurde die Überwachung durch die NSA nicht öffentlich, sie wurde jedoch auch nicht gänzlich geheim gehalten. »By January 2007, nearly 3,000 people had been briefed on the PSP, including members of Congress and the FISC« (National Security Agency 2009a: Draft NSA IG Report, S. 21). Datenschutzrechtliche Bedenken, falls es sie überhaupt jemals im großen Umfang gegeben hat, wurden schrittweise ausgeräumt. Sie führten lediglich dazu, dass Begrifflichkeiten geändert wurden, was zunächst Einschränkungen bedeuten sollte, schließlich jedoch nur zur Legitimierung der NSA-Aktivitäten durch fortschreitende Institutionalisierung führte: »The Patriot Act was amended in 2006 to include the relevance standard, with the intention of limiting the collection of data, but it appears to have been interpreted as a justification for massive data collection« (Directorate-General for Internal Policies 2013, S. 17).

Barack Obama hat, wie bereits betont, die Prozesse und Programme, die unter seinem Vorgänger George W. Bush eingeführt wurden, fortführen lassen: »The United States Government has mature capabilities and effective processes for cyber collection. Therefore, this directive affirms and does not intend to alter existing procedures, guidelines, or authorities for cyber collection« (Obama 2012, S. 4). Es kann vermutet werden, dass die aus Angst vor weiteren Terroranschlägen entstandenen Programme aufgrund ihrer Effektivität ungefähr ab 2004 dazu genutzt wurden, um eine gewisse Dominanz in der Sammlung von Daten gegenüber anderen Geheimdiensten zu erreichen beziehungsweise beizubehalten. Die US-Regierung sieht die Rechtfertigung dafür darin, dass »the United States has unique responsibilites, when it comes to intelligence collection«, wie Präsident Obama in seiner Rede zur NSA-Affäre vom 17. Januar 2014 deutlich machte. »We will not apologize simply because our services may be more effective« (Obama 2014).

## 5.2. Distinguierte Weiterentwicklung der nachrichtendienstlichen Fähigkeiten

Die Entwicklung der Fähigkeiten der NSA hängt in einem nicht unerheblichen Sinne mit der generellen Weiterentwicklung der Informationstechnologie zusammen (siehe auch Kapitel IV, 3). Unter Section 702 des »Foreign Intelligence Surveillance Acts« können Internetmetadaten und Inhalte ausgespäht werden, wenn Ausländer »utilize U. S. communications service providers. The United States is a principal hub in the world's telecommunications system and FISA is designed to allow the U. S. Government to acquire foreign intelligence (…) The collection under FAA 702 is the most significant tool in the NSA collection arsenal for detection, identification, and disruption of terrorist threats to the U. S. and around the world« (National Security Agency 2013l: NSA Missions, Authorities, Oversight and Partnerships). Die Autorisierung zur Erhebung dieser Informationen wird vom DNI und dem Justizministerium zunächst für ein Jahr erteilt. Die Ausspähung geschieht mithilfe der eingeforderten Unterstützung der Telekommunikationsbetreiber. Die Überwachung der NSA baut also maßgeblich darauf auf, dass sich die Kommunikationsmittel, genauso wie die Kommunikationsforen der globalisierten Welt, weiterentwickeln und ein wesentlicher Grundstein dafür in den USA gelegt wurde und wird. Es ist nicht absehbar, dass sich globale Kommunikation und die damit verbundenen Technologien und Infrastrukturen in einer Weise ändern, die die europäischen Fähigkeiten in diesen Bereichen erhöhen und die europäische Stellung stärken. Die europäische Rolle im skizzierten Ausbau des 5G-Netzes und die Bedeutung des chinesischen Telekommunikationsunternehmens Huawei sind hierfür nur ein Beleg von vielen.

Gleichzeitig profitiert die NSA nicht nur von der Internetinfrastruktur, welche durch Privatunternehmen aufgebaut wurde, sondern baut auch eigene Netzwerkfähigkeiten auf. Die NSA hat durch QUANTUM-THEORY eine globale Überwachungsstruktur aufgebaut, die als *Schattennetz* bezeichnet werden kann. Federführend ist die Abteilung »TAO«. Anders als beispielsweise weltumspannende Überwachungsnetze wie ECHELON ist QUANTUM in der Lage, automatisiert zu handeln. Denn einmal in Systeme eingebrachte Schadsoftware kann sich mithilfe von eigens eingebauten Sicherheitslücken potenziell immer wieder nachladen. Um Rechner infiltrieren zu können, müssen die NSA-Computer aber erst einmal auf den Zielrechner anspringen. Daraufhin entwickelt sich QUANTUM nicht nur als Instrument der passiven Überwachung, sondern kann auch aktiv für Angriffe genutzt werden.

Das Spionagegerät der NSA, ob extern oder physisch eingebaut, wird ständig weiterentwickelt. Der Produktkatalog der Abteilung »ANT«, einer Art Spionagetechnik-Entwicklungsabteilung der NSA, offenbart deren vielseitige Abhörmöglichkeiten. So kann die NSA mit den Programmen IRONCHEF, DEITYBOUNCE und GODSURGE in Server eindringen, mit JETPLOW CISCO sowie mit FEEDTHROUGH und GOURMET-THROUGH und SOUFLETTHROUGH Juniper-Firewalls überwinden und Hintertüren wie HALLUXWATER für einen späteren erneuten Zugriff installieren. Auch SOUFLETTHROUGH hat »an advanced persistent back-door capability« (National Security Agency 2007b: SOUFFLETROUGH ANT Product Data). Die Hintertür legt, wie bei JETPLOW, einen »exfiltration path« (ebd.) in die NSA-Abteilung Remote Operations Center (ROC). Die Abteilung »ANT« hackt Router, also interne Netzverbindungen, die beispielsweise in einem Unternehmen bestehen, aber auch Internet-Traffic weiterleiten und verarbeiten, mithilfe von *back doors* wie HEADWATER, welche speziell für Huawei-Router entwickelt wurden. Die Ausbeutung von Huawei-Routern wird von NSA und CIA im Rahmen des Projekts TURBOPANDA gemeinsam vorangetrieben. Ein Grund für das besondere Interesse an Huawei könnte sein, dass es sich dabei um eine chinesische Firma handelt. Das Unternehmen befindet sich hinter dem US-Unternehmen Cisco auf Platz zwei der weltweiten Router-Hersteller. Juniper-Router liegen auf Platz drei der Verkaufsliste. Sie können mit SIERRAMONTANA und STUCCOMONTANA infiltriert werden (ebd.). Die NSA zeigt dadurch eine große Bandbreite an Nachrichtentechnik und nachrichtendienstlichen Fähigkeiten, welche sie potenziell wohl auch anderen Diensten im In- und Ausland anbieten kann. Verwunderlich wäre dies nicht, übergab die NSA dem BND und dem BfV doch XKEYSCORE.

Virtuelle Angriffsprogramme der NSA wie FOXACID, GENIE und TURBINE stehen nicht nur wegen ihrer rechtlichen und moralischen Fragwürdigkeit in der Kritik, sondern sind auch deshalb problematisch, weil sie die Grenzen zwischen Sicherheit und Unsicherheit verschwimmen lassen: Es hält sich zudem bereits seit längerem das Gerücht, verurteilten Cyber-Kriminellen würden seitens der Geheimdienste lukrative Verträge angeboten, um ihre Hackerfähigkeiten für Einheiten wie TAO oder ANT zu nutzen. Bekannt ist, dass die NSA auf Hackerkongressen auf die Suche nach Talenten geht. Die NSA ist also stetig daran interessiert, ihre Fähigkeiten auszubauen und dafür auch geeignetes Personal zu finden. Eine besondere Herausforderung stellt für den Geheimdienst nicht nur die Metadatensammlung im großen Stil dar, sondern auch das Brechen von Codes und Verschlüsselungen sowie das Knacken besonders wertvoller Ziele. Um an diese *harten Ziele* heranzukommen, greift die NSA in die Lieferkette von Hardware(-komponenten) ein, um dort heimlich *back doors* einzubauen, durch welche sie immer wieder von außen in das Netzwerk eingreifen kann.

> *»Such operations involving supply-chain interdiction are some of the most productive operations in TAO, because they pre-position access points into hard target networks around the world. (…) In one crecent case, after several months a beacon implantanted through supply-chain interdiction called back to the NSA covert infrastructure. This call back provided us access to further exploit the device and survey the network.« (National Security Agency 2010e: Stealthy Techniques can crack some of SIGINT's Hardest Targets)*

In einer Fragerunde des *Guardian* kritisierte Edward Snowden die »Hackerpraktiken« (Sawall 2013, 18. Juni) der NSA. Denn wenn die Operationen der NSA zu Fehlern führten, könnten kritische Systeme zum Absturz gebracht werden. Die Cyber-Aktivitäten der USA könnten also, zumindest potenziell, auch die IT-Sicherheit im eigenen Land untergraben.

## 5.3. Kooperation mit anderen US-Geheimdiensten

Die Kooperation mit anderen Diensten der amerikanischen Intelligence Community ist danach zu gliedern, ob gemeinsame Operationen und gemeinsame Abteilungen existieren oder ob die Kooperation eher einen informellen Charakter hat. Eine enge organisatorische Verflechtung lässt sich zwischen NSA und FBI erkennen. So unterstützt die NSA das FBI bei CO-TRAVELER-Analysen. Auf der anderen Seite unterstützte das FBI die NSA dabei, Microsoft Skydrive Data, »as part of PRISM's standard Stored Communications collection package for a tasked FISA Amendments Act Section 702 (FAA702) selector« (National Security Agency 2013m: PRISM Microsoft Skydrive Collection) zu erhalten und handelte dies wohl mit dem Unternehmen Microsoft selbst aus. Auch bei der Facebook-Aufklärung zogen FBI und NSA an einem Strang, indem sie darauf hinwirkten, die notwendige FISA-Autorisierung für die Ausspähung dort befindlicher Metadaten ausländischer Staatsbürger zu erlangen. Weitere strategische Partnerschaften bestehen zu DIA, DEA, zum Secret Service, zum DHS und seinen Einheiten sowie zu Tailored Access Operations. Die CIA kann von den NSA-Techniken profitieren, da sie durch SIGINT gewonnene Ziele/Zielpersonen für HUMINT-Aktivitäten nutzen kann (vgl. National Security Agency 2010g: CIA Colleagues Enthusiastically Welcome NSA Training).

Ebenfalls zu beobachten ist eine institutionelle Stärkung der Kooperation zwischen den Diensten. Mit ICREACH wurden die Empfehlungen der 9/11 Commission aufgenommen und relevante Daten innerhalb der Intelligence Community schneller und in größerem Umfang ausgetauscht. Dabei werden vor allem die Punkte »Situational Awareness, Collection Management, Target Development«(National Security Agency 2007a: Sharing Communications Metadata Across The U.S. Intelligence Community) durch *sharing*-Initiativen gestärkt.

## 5.4. Kooperation mit ausländischen Geheimdiensten

Einen höheren Wirkungsgrad erreichen die Spionagetätigkeiten der NSA auch durch eine gezielte Kooperation mit befreundeten Geheimdiensten anderer Länder. Besonders eng sind die Beziehungen der NSA zu ihren sogenannten *second partners*. Mit diesen Partnern, die, wie bereits erwähnt, gemeinsam auch unter dem Codenamen *Five Eyes* firmieren, führt die NSA nicht nur Satellitenüberwachung (FORNSAT) durch, sondern ergänzt die jeweiligen Fähigkeiten der anderen auch in der Internetaufklärung.

Der GCHQ liefert der NSA beispielsweise Erkenntnisse über eine potenzielle Terrorismusgefährdung in Europa, klärt aber auch Afrika mit auf: »GCHQ is critical for mission« (National Security Agency 2014f.: Running Strategic Analytics Affecting Europe and Africa). Außerdem hat die NSA vollen Zugang zu TEMPORA, dem Internet-Buffer des britischen Geheimdienstes, welches den gesamten, für den GCHQ zugänglichen Internetverkehr drei Tage vorhält, sodass in dieser Zeit nach Inhalten und Metadaten gesucht werden kann. Die NSA darf jedoch Daten von britischen Bürgern nicht ohne vorheriges Einverständnis einem *tasking process* unterziehen (vgl. National Security Agency 2012g: Report On The NSA's Access To Tempora). Der GCHQ ist außerdem bei QUANTUMTHEORY ein starker Partner der USA (vgl. National Security Agency 201c: The NSA and GCHQ's Hacking Tactics).

Gemeinsam mit dem kanadischen Communications Security Establishment Canada (CSEC) hat die NSA um die 20 Länder im Visier.

> *»NSA shares technological developments, cryptological capabilities, software and resources for state-of-the-art collection, processing, and analytic efforts, and IA capabilities. The intelligence exchange with CSEC covers worldwide national and transnational targets. No Consolidated Cryptologic Program (CCP) money is allocated to CSEC, but NSA at times pays R & D and technology costs on shared projects with CSEC.« (National Security Agency 2013n: NSA CSEC Partnership)*

Die enge Zusammenarbeit kommt vor allem dadurch zustande, dass der CSEC der NSA Gegenwerte, ganz im Sinne des quid-pro-quo-Prinzips, bieten kann: »CSEC offers resources for advanced collection, processing and analysis, and has opened covert sites at the request of NSA. CSEC shares with NSA their unique geographic access to areas unavailable to the

U. S.« (ebd.) Der CSEC scheint außerdem Hilfe bei der Ausspähung von Smartphones mit Android-Betriebssystem zu liefern. An dieser Operation ist auch der GCHQ beteiligt (vgl. National Security Agency 2010 f.: Leaky Phone Apps). Wie die Snowden-Dokumente belegen, war der CSEC außerdem an den Ausspähungen gegen das brasilianische Energieministerium beteiligt (vgl. CSEC targets Brazilian Ministry of Mines and Energy).

Die Five-Eyes-Staaten unterhalten jedoch nicht nur Kontakt untereinander, sondern arbeiten innerhalb der SIGINT Seniors Europe (SSEUR) auch mit den Drittpartnerstaaten Belgien, Dänemark, Frankreich, Deutschland, Italien, Niederlande, Norwegen, Spanien und Schweden eng zusammen. So fand beispielsweise nachweislich ein gemeinsames Training zur Entwicklung von SIGINT statt (vgl. National Security Agency 2014m: Joint SIGINT Activity Annual Report for 2007). Involviert war das Foreign Affairs Directorate (FAD), eine NSA-Abteilung, die bilaterale Upstream-Aufklärung durchführt. Wie Edward Snowden in einem Interview mit dem *Spiegel* berichtete, soll auch hierin eine besonders enge Zusammenarbeit zwischen NSA und BND bestehen. Außerdem soll das FAD damit beschäftigt sein, in Wiesbaden ein Consolidated Intelligence Center aufzubauen, an dem sowohl die NSA als auch der BND Anteil haben soll (Snowden-Interview im *Spiegel*, 2013, 7. Juli).

Die NSA und der BND unterhalten besonders enge Kontakte im Rahmen der Joint SIGINT Activity (JSA). 2007 führten sie gemeinsam eine Satellitenabhöraktion durch. Während die JSA eine gemeinsame Einheit, zusammengesetzt aus NSA- und BND-Mitarbeitern bezeichnet, ist die Special US Liaison Activity Germany (SUSLAG)[31] ein Verbindungsbüro der Amerikaner in Deutschland. Sowohl SUSLAG als auch JSA sind in der Mangfall-Kaserne in Bad Aibling beheimatet. Die JSA unterstützt den BND im Bereich *cyber collection*: »Following DIRNSA's dictum that making our foreign partners more capable also makes NSA more capable, NSA personnel assigned to JSA are teaching their BND counterparts new tools and techniques in advanced signals and protocol analysis and DNI exploitation.« (vgl. National Security Agency 2005a: One-Year Anniversary for SUSLAG). Die gemeinsame Zusammenarbeit im JSA konzentriert

31 SUSLAG ist die traditionelle Dachorganisation für die SIGINT-Zusammenarbeit der USA und Deutschland. Die Administration der JSA wird ebenfalls im SUSLAG geleistet (vgl. National Security Agency 2005b: Classification Guide Number (10–03)).

sich auf die Satelliten- und Telefonaufklärung für Afghanistan (ebd.). Die Aktivitäten schließen ausdrücklich die Aufklärung deutscher oder europäischer Kommunikation aus und dürfen sich nicht auf wirtschaftliche Aspekte ausdehnen (vgl. National Security Sgency 2014n: JSA Restrictions). Wie der Skandal um die sogenannte *Späh-Liste* vermuten lässt, wurden hier im Laufe der Zeit Veränderungen vorgenommen oder Ausnahmen gemacht. In die Kritik geriet unter anderem das gemeinsame Aufklärungsprojekt EIKONAL, das Internetmetadaten an einem Netzknotenpunkt in Frankfurt ins Visier nahm. Dadurch, dass der BND mangels eigener Ausstattung NSA-Systeme nutzen musste, konnte nicht in allen Fällen sichergestellt werden, dass innerdeutsche Kommunikation den Augen der Amerikaner verwehrt blieb (Deutscher Bundestag 2017, S. 1512).

Der BND interessiert sich wohl vor allem für die technischen Entwicklungen der NSA im Bereich Internetspionage: »The BND appeared especially interested in the TURMOIL approach of scanning and making judgements at the packet level prior to any sessionizing« (vgl. National Security Agency 2006: German, NSA SIGINTers Share DNI Processing Knowledge). Der BND war zudem hinsichtlich der Terrorismusabwehr in engem Gespräch mit dem European Technical Center (ETC) der NSA in Wiesbaden (vgl. National Security Agency 2013o: Visit Précis). Das ETC dient als Trainingszentrum für multilaterale SIGINT-Trainings. 2010 trafen sich dort 26 »Studenten« aus SSEUR-Nationen zu einem dreitägigen Kurs (vgl. National Security Agency 2014m: Joint SIGINT Activity Annual Report for 2007).

Des Weiteren unterhält die NSA eine Kooperation mit Dänemark, welche wohl auf dem dänischen Zugeständnis fußt, den Amerikanern Zugang zu den Kommunikationsdaten zu erlauben, die an dänischen Glasfaserkabeln verfügbar sind (vgl. DIR 2013, DENUSA). Auch Algerien, Österreich, Kroatien, die Tschechische Republik, Äthiopien, Finnland, Griechenland, Ungarn, Indien, Israel, Italien, Japan, Jordanien, Korea, Mazedonien, Pakistan, Polen, Rumänien, Saudi-Arabien, Singapur, Taiwan, Thailand, Tunesien, die Türkei und die Vereinigten Arabischen Emirate sind Drittpartner der NSA (vgl. National security Agency 2014o: Approved SIGINT Partners). Für die Drittpartner und damit auch für die europäischen Regierungen ergibt sich somit einerseits ein hohes Potenzial für die Verhütung terroristischer Angriffe oder sonstiger Kriminalitätsdelikte durch Kooperation mit der NSA. Gleichzeitig geraten durch die Programme aber auch ihre Bürger ins Visier der amerikanischen Geheimdienste. Dieses Spannungsfeld scheint zunächst nicht auflösbar und wird sich noch steigern, da die NSA ihre Programme stets nach den aktuellen und zukünftigen technischen Entwicklungen ausrichtet.

## 5.5. Kooperation mit der Privatwirtschaft

Für die Aufklärung von Internet- und Telefonkommunikation greift die NSA auf ihre Partnerschaft mit der Privatwirtschaft zurück. Wie in der bisherigen Darstellung der NSA-Affäre deutlich wurde, ist die Zusammenarbeit breit gestreut und umfasst die Telekommunikations- und Netzwerk-Service Provider, Betreiber von Netzwerkinfrastruktur, Hardware-Hersteller, Hersteller von Computerbetriebssystemen und Applications Software, Programmierer von Sicherheitssoftware und Sicherheitshardware sowie Systemintegratoren. Namentlich genannt werden EDS, AT & T, H-P, Qwest, Motorola, CISCO, Qualcom, Oracle, IBM, Intel, Microsoft, Verizon (vgl. National Security Agency 2014p: NSA Strategic Partnerships). Wiederum wird das Spannungsfeld europäischer Regierungen und Gesellschaften deutlich: Die durch diese Kooperationen gewonnenen Erkenntnisse der USA können einerseits beispielsweise auch in Europa Terroranschläge zu verhindern helfen. Andererseits werden Daten europäischer Nutzer unmittelbar für die amerikanischen Nachrichtendienste zugänglich und in intransparenter Weise nutzbar.

# IV. Die Rolle der Geheimdienste in der Sicherheitsstrategie der USA

Die Geheimdienste nehmen in der Sicherheitsstrategie der USA eine zentrale Rolle ein. Mit den Anschlägen des 11. September 2001 veränderten sich die amerikanische Wahrnehmung der nationalen Sicherheit und das Selbstverständnis über die eigene Rolle in der Welt buchstäblich innerhalb von Sekunden. Der von der Regierung Bush ausgerufene globale Krieg gegen den Terrorismus muss als »Deutungsrahmen« (Rudolf 2007, S. 13) mindestens für die unmittelbare Reaktion und die strategische Doktrin der Regierung Bush betrachtet werden. In vielerlei Hinsicht ging er auch in die Präsidentschaft Barack Obamas über und wirkt auch in der Regierungszeit von Donald Trump weiter fort. Die Kompetenzausweitung der Geheimdienste, ihre immensen Budgetzuwächse und die Strategie der größtmöglichen Datenakkumulation sind direkte Folgen jener Anschläge, aber auch Teil eines breiteren strategischen Ansatzes der amerikanischen Außen- und Sicherheitspolitik. Die in der NSA-Affäre bekannt gewordenen Programme und Tätigkeiten sind Belege für eine eigendynamische Entwicklung, die über die unmittelbare Reaktion der USA hinausreicht.

In der öffentlichen Debatte und in den Leitlinien auf nahezu allen prominenten Feldern der amerikanischen Politik wurde das Primat der Sicherheit zum übergeordneten Leitsatz. Dabei wurde der Sicherheitsbegriff durch die Regierung Bush noch um die Maßgabe der Prävention erweitert. Das Verständnis von Sicherheit wandelte sich vom Schutz nationaler Interessen zur offensiven Prävention in der Identifizierung und Beseitigung drohender Gefahren. Zentrale Bedingung dafür war eine erhebliche Kompetenzverschiebung zugunsten der Exekutive innerhalb des amerikanischen Regierungssystems (Baker 2013). Dabei wurden Mitspracherechte und Aufsichtspflichten des Kongresses zugunsten der starken Stellung des Präsidenten und der Exekutive verschoben und »unter dem Vorzeichen der nationalen Bedrohungswahrnehmung die effektive Regierungsgewalt, insbesondere die des Präsidenten, erheblich erweitert« (vgl. Braml 2011, S. 19–29). Dies war und ist Teil eines seit Jahrzehnten anhaltenden Trends in der Gestaltung amerikanischer Außenpolitik, in dem eine Verschiebung zentraler außenpolitischer Kompetenzen von der Legislative zur Exekutive zu beobachten ist. Dies hat der Kongress nicht nur zugelassen, sondern durch eigenes Handeln erheblich befördert. Gemäß der amerikanischen Verfassung liegen die außenpolitische Kompetenzen beim Präsidenten, beim Kongress oder beiden gemeinsam. In der Praxis jedoch bestimmen die Präsidenten die amerikanische Außenpolitik. Dies betrifft den Abschluss von Abkommen (»Exekutivvereinbarungen« statt völkerrechtlich wirksamer Verträge, wie beispielsweise im Falle des Atomabkommens mit dem Iran), den Verzicht auf verfassungsgemäße Befugnisse in der Gestaltung von Handelsverträgen seitens des Kongresses (»Fast Track«-Verfahren, beispielsweise in der Gestaltung des NAFTA-Abkommens 1994) und vor allem die Kriegsvollmachten und die Entsendung amerikanischer Truppen (»War Powers Resolution« von 1973 und »Authorization for Use of Military Force« von 2001). Insbesondere der letztgenannte Bereich ist es, der in erheblicher Weise von den Erkenntnissen und Leistungen der Intelligence Community abhängt, die insbesondere in der Bekämpfung des internationalen Terrorismus eine herausragende Bedeutung innehat und deren diesbezügliche Erkenntnisse von großem Wert für europäische Partner sind.

## 1. Die Sicherheitsstrategie nach 9/11

Mit den Anschlägen vom 11. September 2001 veränderte sich zwar weder die grundlegende Struktur des internationalen Systems noch stellten sie die fundamentalen Elemente der amerikanischen Außenpolitik auf den Kopf. Trotzdem definierten sie die außenpolitischen Prioritäten der Regierung Bush auf radikale Weise neu: »The impact of 9/11 on America is certainly hard to overstate« (Kennedy-Pipe 2008, S. 406). Insbesondere der Krieg gegen den Terrorismus und die im Folgenden skizzierte sicherheitspolitische Grundlinie weisen auf einen strategischen Kern, der nach den Anschlägen zum Leitsatz wurde: »(...) the right of the USA to eliminate any challenge (real or perceived) to US global hegemony or indeed US security« (Kennedy-Pipe 2008, S. 407).

Mit der sog. *Authorization for Use of Military Force (AUMF)* erteilte der Kongress der amerikanischen Regierung am 14. September 2001, drei Tage nach 9/11, die zeitlich und räumlich unbegrenzte Autorisierung zum Einsatz militärischer Gewalt für die Bekämpfung des internationalen Terrorismus. In einer Rede vor dem Kongress am 20. September 2001 bezeichnete Bush die terroristischen Angriffe als »act of war against our country« (Bush 2001) und forderte die Auslieferung der al-Qaida-Führung, die er als mutmaßliche Täter identifizierte, durch das in Afghanistan herrschende Regime der Taliban. Unabhängig von einem möglichen Angriff auf Afghanistan betonte er: »Our war on terror begins with al Qaeda, but it does not end there« (Bush 2001). Er definierte damit die Ausgangslage für einen zeitlich und geographisch unbegrenzten Kampf gegen terroristische Gruppen und jeden Staat, der Terroristen Zuflucht gewährte (ebd.).

Der im Oktober 2001 begonnene Afghanistaneinsatz entsprach dieser Aussage. Über diese unmittelbare Reaktion hinaus wurden eine neue Bedrohungswahrnehmung und der Grundgedanke der präventiven Sicherheitspolitik in der Neuformulierung der strategischen Ausrichtung der amerikanischen Außen- und Sicherheitspolitik am deutlichsten sichtbar und für die europäischen Staaten in der gemeinsamen Zusammenarbeit relevant. In seiner Rede zur Lage der Nation 2002 betonte Bush den amerikanischen Willen zur präventiven Intervention und hob zudem explizit die Verbindung zwischen den USA feindlich gesinnten Staaten und terroristischen Gruppen hervor, deren Bedrohung ein solches Vorgehen erfordere. Präsident Bush verband die Wahrnehmung einer diffusen Bedrohung aus terroristischen Gruppen und verfeindeten Staaten mit der klaren Ankündigung, dass seine Regierung eine derart wahrgenommene Bedrohung beseitigen werde, bevor den USA durch unterlassenes Handeln erneut Schaden zugefügt werde. Dabei war auch der Anwendungsradius einer derartigen Sicherheitsstrategie räumlich und zeitlich unbegrenzt. Der 2003 begonnene, präventiv geführte Irakkrieg belegte Bushs Willen zur praktischen Umsetzung dieser Aussage ebenso wie deren Folgen für die Europäer, die zwar einerseits Terrorismus auf ihrem Boden verhindern, andererseits aber nicht jede sicherheitspolitische Schlussfolgerung der amerikanischen Regierung in eigenes politisches Handelns überführen wollten. Die Uneinigkeit der europäischen Staaten in der Unterstützung des Irakkriegs zeigte dieses Dilemma deutlich.

Die Nationale Sicherheitsstrategie, die die Regierung Bush 2002 wenige Monate nach den Anschlägen vorlegte, führte den präventivorientierten Sicherheitsbegriff grundlegend in die nationale Strategie und damit die Option des präventiven Angriffs in das Instrumentarium der amerikanischen Außenpolitik ein. Ausgehend von der Vorgeschichte des 11. September 2001 war die Regierung nicht mehr gewillt, die Herausbildung terroristischer Netzwerke hinzunehmen, die eine potenzielle oder unmittelbare Bedrohung darzustellen vermochten. Aus der neuartigen Bedrohung durch den internationalen Terrorismus und insbesondere durch das mögliche Szenario eines terroristischen Angriffs mit Massenvernichtungswaffen folgerte sie, auch präventiv, also bevor die Gefahr konkret drohte, handeln zu wollen (White House 2002, S. 15).

Im Kern lassen sich drei zentrale Elemente der amerikanischen Sicherheitsstrategie nach 9/11 festhalten, die sowohl in den Amtszeiten Bushs und Obamas leitend waren als auch bis in die Trump-Präsidentschaft hineinwirken:

1. Das absolute Primat von Sicherheitserwägungen in der strategischen Ausrichtung der amerikanischen Außenpolitik.
2. Ein bedrohungsantizipierendes und damit präventiv-orientiertes Verständnis von Sicherheit.
3. Eng verbunden mit den beiden zuerst genannten Punkten, ermöglichte eine erhebliche Kompetenzverschiebung zugunsten der Exekutive innerhalb wichtiger Politikbereiche die möglichst große Auflösung bestehender Trennlinien zwischen sicherheitsrelevanter Innen- und Außenpolitik.

Auch wenn Präsident Trump mit der Maßgabe des »America First« einem weitverbreiteten gesellschaftlichen Misstrauen gegenüber ausländischen Militärinterventionen Ausdruck verliehen hat, so besteht die 2001 verabschiedete »*Authorization for Use of Military Force*« weiter fort. Bislang sind Versuche ihrer Reform allesamt gescheitert. Sie kommt einem sicherheitspolitischen Blankoscheck für den Präsidenten, die Sicherheitsbehörden und Geheimdienste sowie für den Einsatz amerikanischer Truppen in einem zeitlich und räumlich nicht eingegrenzten »Kampf gegen den Terrorismus« gleich. Allein zwischen 2011 und 2016 war sie die Grundlage für amerikanische Militäraktionen in 14 Ländern, die sicherheitspolitische Dominanz der Exekutive, umfangreiche außenpolitische Befugnisse von Sicherheitsbehörden und Geheimdiensten sowie den weltweiten Einsatz von Kampfdrohnen. Wenn Präsident Trump auch erhebliche Vorbehalte gegen großangelegte Kampfeinsätze der USA erkennen lässt, so kann auch er die AUMF in seinem Sinne nutzen und wie seine Vorgänger Militärschläge und Auslandseinsätze amerikanischer Soldaten genehmigen. Dies war beispielsweise im April 2017 der Fall, als er nach einem Giftwaffeneinsatz in Syrien den Einsatz von 60 Tomahawk-Marschflugkörpern gegen den syrischen Luftwaffenstützpunkt Schairat befahl. Auch die gezielte Tötung des iranischen Generals Soleimani wurde im Januar 2020 unter anderem so gerechtfertigt.

Sowohl der Leitsatz der Sicherheit und die Maßgabe der Prävention als auch der Machtzuwachs der Exekutive drückten sich nach 9/11 nicht nur außenpolitisch und strategisch aus. Auch innenpolitisch kam das Sicherheitsprimat vor allem in zwei weitreichenden institutionellen und legislativen Reaktionen zum Ausdruck, die »mit Blick auf die amerikanische Verfassungstradition (eine) undenkbare Unterordnung liberaler Grundrechte unter sicherheitspolitische Ziele« (Fey 2011, S. 36) hervorbrachten: *Erstens*, der Gründung des Department of Homeland Security und, *zweitens*, dem 2001 verabschiedeten Patriot Act.

Bei der Gründung des DHS wurden zahlreiche Sicherheitsbehörden mit dem Ziel institutionell zentralisiert, die Fehler, die im Vorfeld von 9/11 gemacht worden waren, für die Zukunft auszuschließen und künftige Anschläge frühzeitig zu verhindern (Büsching 2011, S. 83 f.). Der »Patriot Act« von 2001 war dabei das Herzstück der Gesetzgebung zur inneren Sicherheit. Durch umfassende Kompetenzerweiterungen zugunsten der Sicherheits- und Justizbehörden zielte er vor allem auf eine erleichterte Strafverfolgung innerhalb der USA ab. Er erleichterte beispielsweise die inländische Telefon- und Internetüberwachung, verschärfte Einreisekontrollen und räumte den Justizbehörden das Recht zur Festsetzung ausländischer Terrorverdächtiger ohne Gerichtsverfahren ein (ebd.). Die somit eingeleitete Verschärfung der Justizpolitik kam in den folgenden

Jahren auch im »Detainee Treatment Act« (2005), aber auch vor allem im »Intelligence Reform And Terrorism Prevention Act« (2004), der im folgenden Kapitel näher dargestellt wird, zum Ausdruck. Auch an dieser Stelle zeigten die Maßgaben der antizipierenden Bedrohungswahrnehmung und des präventiven Handelns, ganz besonders in Bezug auf die Befugnisse der Geheimdienste, bereits die politische Richtung auf, die sich bis zum heutigen Tage fortgesetzt hat.

## 2. Die strategische Rolle der Geheimdienste

Die Auslandsaktivitäten der amerikanischen Dienste werden, wie bereits dargelegt, maßgeblich durch »Section 702« des FISA angeleitet und durch den FISC juristisch gestützt. Die Geheimdienste waren seit jeher ein wesentlicher Bestandteil der amerikanischen Sicherheitsstrategie. Dies gilt nicht nur im Hinblick auf ihre innenpolitischen Befugnisse, sondern vor allem für die Außen- und Sicherheitspolitik, wo ihre Erkenntnisse auch für andere Staaten relevant werden. In seiner Rede zur Lage der Nation 2002 kündigte Präsident Bush an, in seinem Haushaltsentwurf vier strategische Schwerpunkte zur Verbesserung der nationalen Sicherheit zu setzen: Bioterrorismus, Notfallversorgung, Flughafen- und Grenzkontrollen sowie verbesserte nachrichtendienstliche Arbeit, in deren Rahmen vor allem die Sammlung und das Teilen von Informationen verbessert werden solle (Bush 2002). Ebenfalls 2002 unterzeichnete Bush eine geheime Anordnung, die der NSA erlaubte, auf die Telefondaten und die E-Mails amerikanischer Bürger und Ausländer innerhalb der USA zuzugreifen sowie Telefongespräche abzuhören, sofern die jeweiligen Personen von Regierungsbehörden verdächtigt wurden, mit Angehörigen von al-Qaida oder anderen Terrororganisationen in Kontakt zu stehen (Eggen 2005). Bereits im Oktober 2001 hatte der Kongress im Rahmen des Patriot Acts einen ersten legislativen Schritt in diese Richtung unternommen, indem er »Schranken für die Überwachung von US-Bürgern ebenso wie die Barrieren für den Informationstausch zwischen Polizei und Geheimdiensten reduzierte und die Dienste (insbesondere das FBI) zum Austausch von Informationen verpflichtete« (Daun 2011b, S. 662). Die im Rahmen der NSA-Affäre bekannt gewordenen Metadatenspeicherung war direkt durch Section 215 des Patriot Act legitimiert. Bis zum Februar 2002 bewilligte der Kongress insgesamt 2,8 Mrd. USD zusätzlich für die Stärkung der Geheimdienste (ebd.).

Als Ausgangspunkt für diese ersten finanziellen Zusatzzuwendungen, aber auch weitere Reformen der Intelligence Community kann die Bestandsaufnahme der 9/11-Commission gelten, die den amerikanischen Geheimdiensten eine erhebliche Mitschuld an den Anschlägen vom 11. September 2001 zuwies. Dabei machte die Kommission vor allem eine mangelnde innere Verzahnung der Dienste und eine unzureichende Informationsweitergabe zwischen Inlands- und Auslandsdiensten als Hauptursachen für die Anschläge aus (Kean et al. 2004, S. 263).

Die 9/11-Commission machte zugleich eine Reihe von Reformvorschlägen, um einen solchen blinden Fleck auf dem Radar der amerikanischen Sicherheitsbemühungen in Zukunft um jeden Preis zu verhindern. Als Konsequenz wurde die sicherheitspolitische Trennung in innen- und außenpolitische Dimensionen weitgehend aufgehoben und dem skizzierten Leitsatz eines präventionsorientierten Sicherheitsdenkens unterworfen. In der Nationalen Sicherheitsstrategie von 2002 wurden die Geheimdienste daher explizit als zentrales Instrument im Kampf gegen den Terrorismus hervorgehoben (White House 2002, S. 30).

Den Geheimdiensten wurde somit eine wesentliche Rolle für die praktische Ausgestaltung und Umsetzung der strategischen Grundlinien zugewiesen. Ihre außen- und sicherheitspolitische Hauptaufgabe ist dabei, wie im bereits skizzierten Intelligence Cycle deutlich wird, durch ihre Arbeit Informationen zu generieren und zu analysieren, sodass diese unterstützend in politische Entscheidungsprozesse und die Formulierung politischer Vorgaben einfließen können. Dies gilt besonders für die Antizipierung internationaler Entwicklungen, die für die amerikanische Sicherheitspolitik relevant sind: »The purpose of intelligence is to provide policy makers with enough warning to allow them to act in the face of a challenge to national security« (Hastedt 2009, S. 255). Indirekt kommt ihnen daher auch eine bedeutende Rolle für die europäische Sicherheit zu, da die Zusammenarbeit mit europäischen Sicherheitsbehörden eng ist und sich Erkenntnisse der amerikanischen Dienste auch in europäischer Politik und gesellschaftlicher Bedrohungswahrnehmung in Europa niederschlagen können.

Die Sicherheitsstrategie seit 9/11 weist der amerikanischen Intelligence Community einen zentralen Platz zu. Die Bestandsaufnahme der 9/11-Commission wurde in der »National Security Strategy« durch eine strategische Definition der künftigen Rolle der Geheimdienste ergänzt. Dabei deckt sich die der Intelligence Community zugewiesene Rolle gleichermaßen mit dem präventiv-orientierten Sicherheitsbegriff, der zum strategischen Grundgedanken der gesamten amerikanischen Außen- und Sicherheitspolitik wurde, und der als notwendig wahrgenommenen Aufhebung der Trennung von Innen- und Außenpolitik. Seit 2001 hat sich das Budget der amerikanischen Dienste nahezu verdoppelt. 2012 lag es inflationsbereinigt bei 56,07 Mrd. USD, der Haushaltentwurf für 2013 sah 53,6 Mrd. USD vor (Erwin/Belasco 2013, S. 2). Die Enthüllungen Edward Snowdens ab 2013 hatten keinen nennenswerten Effekt auf diese Entwicklung: Im Gegenteil, wie bereits beschrieben bewilligte der Kongress der Intelligence Community 2017 ein Budget von mehr als 70 Mrd. USD (DeVine 2018). Die 2017 veröffentlichte nationale Sicherheitsstrategie der Regierung Trump lässt vermuten, dass sich dieser Trend fortsetzen wird, da sie weltweit wachsende politische, wirtschaftliche und militärische Konkurrenz konstatiert, in der der Verfügbarkeit von Informationen eine entscheidende Rolle zukommt (National Security Strategy 2, 3.).

Im Zuge einer Ursachen- und Hintergrundanalyse nach den Anschlägen vom 11. September 2001 wurden insbesondere die Geheimdienste einer eingehenden Prüfung unterzogen, die im Ergebnis zu massiven Erhöhungen im Haushalt der Dienste, einer strukturellen Reform und erheblichen operativen Kompetenzzuwächsen führte. Neben der Frage, wie die Vorschläge der 9/11-Commission umgesetzt werden sollten, wurden öffentlich auch die Fehleinschätzungen der Geheimdienste über die irakischen Massenvernichtungswaffen heftig debattiert und als Beleg für die Fehlerhaftigkeit der geheimdienstlichen Arbeit angeführt (Priest/Linzer 2004). 2004 wurde mit dem »Intelligence Reform And Terrorism Prevention Act« die umfangreichste Geheimdienstreform seit mehreren Jahrzehnten verabschiedet. Dabei wurden drei Schwerpunkte gesetzt:

1. »Die Stärkung der Inlandsaufklärung«, wozu auch die Gründung des Department of Homeland Security gehörte.
2. »Die Ausweitung von Humint und Covert Action« sowie

3. »Die Schaffung neuer Institutionen (…), um den Informationsfluss über die Behördengrenzen hinweg sicherzustellen« (Daun 2011b, S. 662).

Die Ausweitung verdeckter Aktionen und die Informationsgewinnung durch menschliche Kontakte wurden direkt in die präventionsorientierte Sicherheitsstrategie eingebettet, insbesondere was die Auslandsarbeit der Geheimdienste angeht. Dabei sollte »eine aggressive Humint-Strategie, nach der die CIA sich auf den gesamten Globus ausdehnen, risikofreudiger und weniger abhängig von den Partnerdiensten werden sollte« (ebd., S. 663), die Grundlage für weltweite Lagebewertungen und die operative Ausgestaltung der amerikanischen Sicherheitspolitik liefern. Im dritten Schritt der Reform sollten die Zusammenarbeit der Dienste und der interne Informationsaustausch vor allem durch die Schaffung des Amts eines DNI verbessert werden, der als Bindeglied zwischen der Intelligence Community und dem Präsidenten fungieren sollte (vgl. Kapitel II, 2.1).

Diese Reform war in ihrer Entstehung nicht nur im Präsidentschaftswahlkampf 2004 politisch umstritten, sondern war überdies auch durch widerstreitende Interessen verschiedener Ministerien, des Kongresses und des Weißen Hauses gekennzeichnet (Kolkman 2005, S. 3–9). Bereits im August 2004 – vor der Verabschiedung des IRTPA – wertete Präsident Bush mit Exekutivverordnungen zudem das Amt des CIA-Direktors unter anderem durch erhöhten Einfluss über den Haushalt aller Geheimdienste auf und machte so die sicherheitspolitisch exponierte Stellung der CIA deutlich (Eggen 2004). Insgesamt ist es fraglich, ob die Dienste seit der Reform in der Praxis die verstärkte Zusammenarbeit in angestrebtem Maße vollzogen haben, denn »auch mit der Einführung des DNI blieb die Struktur der (Intelligence) Community von Dezentralisierung und Konkurrenz bestimmt« (Daun 2011b, S. 664). Neben erhöhten finanziellen Mitteln und der institutionell-strukturellen Seite der Reformen waren es aber vor allem exekutive politische Entscheidungen, die die bis heute anhaltende Ausweitung der Kompetenzen und Befugnisse der Geheimdienste zur Folge hatten.

Dies wird vor allem an solchen Geheimdienstaktivitäten deutlich, die in Zusammenhang mit dem Krieg gegen den Terrorismus bekannt wurden. Durch die Militärverordnung *»Detention, Treatment, and Trial of Certain*

*Non-Citizens in the War Against Terrorism«* hatte Bush schon 2001 die Grundlage dafür geschaffen, dass nicht nur die amerikanische Armee, sondern vor allem auch die CIA befugt sei, »Ausländer festzunehmen und, ohne sie einem Zivilgericht vorzuführen, praktisch auf unbegrenzte Zeit in speziellen Einrichtungen – wie Bagram Air Base oder Guantanamo – zu inhaftieren« (Bock 2011, S. 890). Im Rahmen dieser sogenannten Detention-Praxis wurden gefangengenommene Kämpfer ganz bewusst nicht als Kriegsgefangene deklariert, um durch die Genfer Konvention bestehende Einschränkungen in ihrer Behandlung zu umgehen. Stattdessen hatte Bush in seiner Verordnung bereits deutlich gemacht, dass ein unter Terrorismusverdacht stehender Gefangener »eben nicht Träger unveräußerlicher Rechte ist und daher auch kein Recht auf humane Behandlung und Schutz vor Misshandlung oder Folter genießt« (ebd.). Die Strategie des Pentagon und der CIA – als dem in diesem Bereich der amerikanischen Sicherheitsstrategie federführenden Geheimdienst – folgte dabei einer Einteilung der Gefangenen in verschiedene quasi-juristische Stufen, die zugleich ihre Behandlung und die eingesetzten Verhörtechniken zum Gewinn sicherheitsrelevanter Informationen bestimmten (Ayres 2005, S. 33–53).

Die CIA operierte dabei nicht nur in Afghanistan (Bagram) und dem Irak (Abu Ghraib), sondern in Kooperation mit amerikanischen Verbündeten auch in Geheimgefängnissen in vielen anderen Staaten der Welt, sogenannten *Black Sites*, die u.a. in Osteuropa der Gefangenschaft und dem Verhör von Gefangenen dienten. Bekannt wurde dies bereits 2004 (Jehl/Johnston 2004; Hersh 2004), Präsident Bush gab ihre Existenz offiziell aber erst 2006 zu. Dabei betonte er die Federführung der CIA in der Unterhaltung und Durchführung dieses Programms und rechtfertigte es mit dem unmittelbaren Nutzen durch die Verhinderung von Terroranschlägen: »Questioning the detainees in this program has given us information that has saved innocent lives by helping us stop new attacks – here in the United States and across the world« (Bush 2006).[32] Dabei operierte die CIA – ähnlich wie die NSA im Falle der Datenakkumulation (vgl. Kapitel III) – mit privaten Firmen zusammen. Diese konnten als externe

32 Ein 2014 veröffentlichter Bericht des Senats über das CIA-Programm zur Gefangennahme und dem Verhör von Terrorverdächtigen kam zu dem Schluss, dass diese Aussage unzutreffend war, da Bushs Rede zahlreiche fehlerhafte Darstellungen des Programms und seiner Effektivität beinhaltete. Vgl. dazu Senate Select Comittee on Intelligence 2014.

Akteure beispielsweise bei Verhören in Abu Ghraib Aufgaben übernehmen (d. h. auch Folter), die die CIA unter amerikanischem Gesetz nicht ausüben durfte und die somit an andere ausgelagert wurden (Bennet 2009, S. 1 f.).

Die Kooperation zwischen den amerikanischen Geheimdiensten und privaten Unternehmen dauert, insbesondere was die Auswertung gesammelter Daten angeht, weiter fort. Auch was die strategische Grundorientierung der USA und die sicherheitspolitische Rolle der Geheimdienste betrifft, besteht ungeachtet der Regierungswechsel von 2009 und 2017 ein hohes Maß an Kontinuität. Auch die Regierung Obama betonte in ihrer »National Security Strategy 2010« die Rolle der Geheimdienste für die Gewährleistung der nationalen Sicherheit und den Kampf gegen die Bedrohungen Amerikas: »Our intelligence capabilities must continuously evolve to identify and characterize conventional and asymmetric threats and provide timely insight« (White House 2010, S. 14).

In der nationalen Sicherheitsstrategie von 2010 vollzog die Regierung Obama zwar eine Abkehr von der Bush-Doktrin und dem ihr zugrundeliegenden, umfassenden präventionsorientierten Sicherheitsverständnis. Genau wie die Regierung Bush betonte allerdings auch die Regierung Obama die Notwendigkeit, (asymmetrische) Bedrohungen durch die Arbeit der Dienste frühzeitig zu erkennen, um so rasch wie möglich Maßnahmen zur Wahrung der nationalen Sicherheit ergreifen zu können (White House 2010, S. 15 f.).

Dies ist auch nach der Beendigung des Irakkriegs und der Verringerung der Zahl amerikanischer Truppen in Afghanistan nicht allein eine strategische Grundorientierung, sondern bleibt praktischer Bestandteil der amerikanischen Außen- und Sicherheitspolitik. Kurz vor Bekanntwerden der NSA-Programme bezeichnete Präsident Obama 2013 die Informationsbeschaffung der amerikanischen Geheimdienste und das Teilen nachrichtendienstlicher Erkenntnisse mit amerikanischen Verbündeten in einer Grundsatzrede als ungebrochen relevant und essentiell für die Sicherheitspolitik der USA, aber auch die Terrorismusbekämpfung in Europa:

> *»Much of our best counterterrorism cooperation results in the gathering and sharing of intelligence, the arrest and prosecution of terrorists. And that's how a Somali terrorist apprehended off the coast of Yemen is now*

> *in a prison in New York. That's how we worked with European allies to disrupt plots from Denmark to Germany to the United Kingdom. That's how intelligence collected with Saudi Arabia helped us stop a cargo plane from being blown up over the Atlantic. These partnerships work.« (Obama 2013)*

Seine Argumentation für Legitimität und den sicherheitsrelevanten Nutzen glich dabei der Begründung der CIA-Geheimgefängnisse durch Präsident Bush, der diese unter anderem mit verhinderten Anschlägen in Dschibuti, Pakistan und Großbritannien verteidigt hatte (Bush 2006). Auch wenn die Präventionsorientierung der Regierung Bush während der Präsidentschaft Obamas nicht mehr in umfangreichem Maße anleitend für die Außen- und Sicherheitspolitik der USA war, so wird an der Politik Obamas deutlich, dass sie als Maßgabe für die Geheimdienste dennoch implizit fortbestand.

Die Arbeit der amerikanischen Geheimdienste bildet die Grundlage für die Erfassung sicherheitsrelevanter Informationen, aber auch für die aktive Ausgestaltung sicherheitspolitisch relevanter Handlungen. In der Reichweite der globalen Sicherheitsinteressen der USA grenzte sich Obama von der Vorgängerregierung Bush ab, indem er das Konzept eines globalen Kriegs gegen den Terrorismus ablehnte. In einem wesentlichen Punkt bekräftigte er allerdings einen der Eckpfeiler der US-Strategie nach 9/11, indem er betonte: »Under domestic law, and international law, the United States is at war with al Qaeda, the Taliban, and their associated forces. We are at war with an organization that right now would kill as many Americans as they could if we did not stop them first« (Obama 2013). Dies ist ein Beleg für die strategisch und praktisch fortbestehende Gültigkeit des präventionsorientierten Sicherheitsverständnisses, das die amerikanische Sicherheitsstrategie auch unter Obama weiter anleitete. Dabei wurde im Hinblick auf die Regierung Bush ein wichtiger Aspekt in der praktischen Ausgestaltung dieser Strategie verändert. Anstatt das wahrgenommene Sicherheitsinteresse – wie im Falle des Irakkriegs geschehen – anhand großangelegter Militäreinsätze zu verfolgen, die mit dem Einsatz von Bodentruppen und konventionellen Militärfähigkeiten einhergehen, führten die USA seit dem Amtsantritt Obamas – zwischen Januar 2009 und Januar 2015 – insgesamt 456 gezielte Angriffe mittels ferngesteuerter

Drohnen durch, vor allem in Pakistan, Jemen und Somalia (Byman 2013, S. 32; Serle 2015). Einer als asymmetrisch und diffus wahrgenommenen Bedrohung begegneten die USA nunmehr ebenfalls asymmetrisch und mit einem möglichst geringen Einsatz eigener Ressourcen. Die grundlegende Sicherheitsstrategie blieb dabei jedoch gleich, lediglich das taktische Vorgehen änderte sich. Obama rechtfertigte auch dies mit der Bedrohung durch den Terrorismus und verteidigte den Einsatz von Drohnen, indem er betonte. »To do nothing in the face of terrorist networks would invite far more civilian casualties« (Obama 2013). In der Argumentationskette des Präsidenten lässt sich eine direkte Linie zur sicherheitspolitischen Bestandsaufnahme nach dem 11. September 2001 und zur Sicherheitsstrategie 2002 ziehen. Ähnlich argumentierte 2020 auch Obamas Amtsnachfolger Trump, als er die gezielte Tötung eines ranghohen iranischen Generals im Irak mit einer bevorstehenden Bedrohung für amerikanische Menschenleben rechtfertigte (Cohen/Alkhshali/Khadder/Dewan 2020).

Die Verbindung zwischen der amerikanischen Bedrohungswahrnehmung und der daraus folgenden Notwendigkeit geheimdienstlicher Aktivitäten zur möglichst umfangreichen Informationsbeschaffung – sowie für den Einsatz ferngesteuerter Drohnen als einem der Hauptinstrumente amerikanischer Sicherheitspolitik gegenüber asymmetrischen Bedrohungen – griff Präsident Obama auch in seiner Grundsatzrede zur Geheimdienstüberprüfung im Januar 2014 auf. In aller Deutlichkeit verteidigte er dabei die Arbeitspraxis der Dienste mit Verweis auf die durch 9/11 zu Tage getretene Sicherheitslage:

> *»(…) emerging threats from terrorist groups, and the proliferation of weapons of mass destruction placed new and in some ways more complicated demands on our intelligence agencies. Globalization and the Internet made these threats more acute, as technology erased borders and empowered individuals to project great violence, as well as great good. Moreover, these new threats raised new legal and new policy questions.« (Obama 2014)*

Die Intelligence Community ist als Frühwarnsystem der nationalen Sicherheit elementarer Teil der amerikanischen Sicherheitsstrategie und wird sich im Fokus ihrer Arbeit auch weiterhin an die jeweilige internationale Sicherheitslage und die erforderlichen technologischen Fähigkeiten anpassen. Die im Rahmen der NSA-Affäre bekannt gewordenen Programme der amerikanischen Geheimdienste sind allerdings nicht bloß als eine mit der technologischen Entwicklung korrespondierende Fortführung dieses strategischen Ansatzes zu verstehen. Sie ermöglichen den USA über den unmittelbar sicherheitsrelevanten Nutzen hinaus vielmehr auch das Erreichen eines weiteren strategischen Ziels: dauerhafte globale Informationsüberlegenheit.

## 3. Die sicherheitsstrategische Aufgabe der NSA: Globale Informationsdominanz durch Technologieüberlegenheit

Leitend für die Auslandsaufklärung der amerikanischen Intelligence Community ist neben dem FISA vor allem die 1981 vom damaligen Präsidenten Ronald Reagan unterzeichnete Exekutivverordnung 12 333. In dieser Verordnung werden die Dienste unter anderem autorisiert, bei ihrer Auslandsüberwachung geheimdienstlich relevante Daten zu sammeln und diese gemäß den Interessen der Vereinigten Staaten auszuwerten. Die NSA darf auf dieser Basis auch amerikanische Bürger überwachen, sofern der Zugriff auf diese Daten außerhalb der USA erfolgt (Tye 2014). Ungeachtet dieser operativen Befugnisse der amerikanischen Geheimdienste wurde das Ausmaß der durch die Snowden-Enthüllungen öffentlich gemachten Überwachungs- und Spionageaktivitäten der NSA erst durch erhebliche, maßgeblich von amerikanischen Unternehmen vorangetriebene technologische Innovationen, vor allem im digitalen Bereich, möglich. Dabei haben sich durch die Globalisierung menschlicher Interaktionen, erhebliche Fortschritte in Kommunikations- und Transportsystemen und verschwindende Grenzen in internationalem Kapitalfluss, Güter- und Dienstleistungsverkehr neue Möglichkeiten für die Nutzung moderner Informationstechnologien ergeben: »Globalization and the information revolution are closely linked. Indeed, advances in IT are one of the principal enablers of globalization. Conversely, globalization is shaping the world in which the information revolution is playing out« (Hundley et al. 2003, S. 4). Es liegt in der Existenzgrundlage und den elementaren Aufgaben von Geheimdiensten begründet, von derartigen Entwicklungen profitieren und sie für den eigenen Nutzen einsetzen zu wollen.

Die umfassenden Tätigkeiten der NSA wurden maßgeblich durch das Aufkommen von *Big Data* ermöglicht und begünstigt. Dieser Begriff umfasst die schiere Menge an Informationen, die auf der Welt existieren, die aber vor allem in digitaler Form gespeichert und verfügbar sind – mehr als 98 % aller weltweit verfügbaren Informationen sind digitalisiert und gespeichert (Cukier/Mayer-Schoenberger 2013, S. 29). Für die Nutzbarkeit dieser Informationen sind aber vor allem die Fähigkeiten zur Analyse dieser Daten in unendlich vielen verschiedenen Formen entscheidend: »Big data is also characterized by the ability to render into data many aspects of the world that have never been quantified before; call it ›datafication‹« (Cukier/Mayer-Schoenberger 2013, S. 29). Die aus dieser *Datafication* erwachsenden Bedrohungsperzeptionen und Handlungsmöglichkeiten bilden mittlerweile einen zentralen Aspekt der geheimdienstlichen Arbeit, wie sie im Falle der NSA-Affäre öffentlich geworden ist. Die Sammlung und Auswertung von Informationen, zwei der vier Kernelemente des Intelligence Cycles, wurden durch den Prozess der Datafication einem fundamentalen Wandel unterzogen: »With big data (…) researchers can (…) collect and analyze massive amounts quantities of information (…), looking for patterns that might help future occurrences. (Big Data) marks a transformation in how society processes information« (Cukier/Mayer-Schoenberger 2013, S. 29).

Die bekannt gewordenen Programme, die den amerikanischen Geheimdiensten die massenhafte Abschöpfung, Speicherung und Auswertung von Datenmassen erlauben (vgl. Kapitel III), ermöglichen den USA auf Basis der Datafication eine globale Dominanz über vorhandene Informationen und deren Auswertung. Die Basis für diese Fähigkeiten wurde nach dem 11. September 2001 durch die enormen Budgetzuwächse für die Weiterentwicklung ohnehin innovativer Technologien politisch angeleitet und finanziell ermöglicht.

Entscheidend für die geheimdienstliche Relevanz ist aber nicht nur das Ausmaß der verfügbaren Informationen und deren digitale Speicherung, sondern auch die Datafication und damit Wertzuweisung von Ereignissen, Interaktionen und Prozessen, denen bislang keine vergleichbar messbaren Werte zugewiesen worden waren: »Datafication is a far broader activity: taking all aspects of life and turning them into data« (Cukier/Mayer-Schoenberger 2013, S. 35). Dies gilt sowohl für die Messung von Bewegungsdaten als auch für den weltweiten Zahlungsverkehr, für die menschliche Kommunikation und viele weitere Dimensionen, die im Zuge technologischer Revolutionen global messbar und somit erfass- und analysierbar geworden sind. Europa verfügt in all diesen genannten Bereichen in Gänze über deutlich geringere Fähigkeiten und ist daher auf absehbare Zeit von denen der USA abhängig.

Alle bekannten Programme zur Überwachung, Abschöpfung, Speicherung und Auswertung von Daten dienen dem strategischen Ziel der NSA, eine möglichst vollständige globale Datensammlung zu besitzen, die einen Informationsgewinn zum frühestmöglichen Zeitpunkt und im größtmöglichen Umfang ermöglicht. Um die vorhandenen Möglichkeiten der Datenerfassung zum Zweck dieses strategischen Ziels zu erreichen, arbeitet die NSA auch mit externen Akteuren wie privaten Unternehmen zusammen. Diese Kooperationen dienen nicht nur dem Zugriff auf deren Firmendaten, wie im Falle von Facebook oder Google, sondern auch der Auslagerung anderer Aufgaben wie im Falle von Booz Allen Hamilton oder der Computer Science Corporation (CSC).

Insgesamt trägt diese Strategie der NSA, *erstens*, dem präventivorientierten Sicherheitsprimat der amerikanischen Gesamtstrategie Rechnung. In einer als solcher wahrgenommenen »era of diffuse threats and technological revolution« (Obama 2014) ist die ebenfalls diffuse und damit allumfassende Strategie von Informationsbeschaffung auf Basis technologischer Machtmittel eine mögliche politische Konsequenz, um über Informationsüberlegenheit Handlungsüberlegenheit herzustellen. Zudem eröffnet es den USA aber ungeachtet unmittelbar sicherheitsrelevanter Vorgänge, *zweitens*, den Blick auf globale Informationen, die in dieser umfassenden Zusammenstellung vermutlich einzigartig ist. Die USA gewinnen auf Basis ihrer technologischen Überlegenheit die Hoheit über gleichermaßen sicherheitsrelevante und vorgeblich irrelevante Daten, Vorgänge und Trends und damit letztlich eine globale Informationsdominanz.

Alle Informationen werden erfasst und für einen späteren Nutzen gespeichert. Das Problem, aus der schieren Masse akkumulierter Daten über Filtermechanismen gezielte Auswertung zu betreiben, um – siehe Intelligence Cycle – mit den dadurch gewonnenen Ergebnissen weiterführende politische Entscheidungen herbeizuführen, mag bestehen. Allerdings ist diese Frage gegenüber den bereits gewonnenen Fähigkeiten (auch relativ zur maschinellen Datenauswertung) zweitrangig. Zugleich besteht auch im Bereich der Datensammlung eine erhebliche Verschränkung innen- und außenpolitischer Fähigkeiten und Kompetenzen. Es ist daher bei der Betrachtung der NSA-Affäre und ihrer politischen Folgen eindeutig festzuhalten: Die NSA und andere amerikanische Geheimdienste haben in ihren Programmen kein Eigenleben außerhalb politisch gesetzter Rahmenbedingungen geführt, sondern sie handelten auf eindeutige und belegbare politische Initiative im Rahmen einer klaren sicherheitspolitischen Strategie und in einer eindeutig festgelegten strategischen Rolle.

Der Untersuchungsbericht zur NSA-Affäre, der Präsident Obama im Dezember 2013 von einer Expertengruppe vorgelegt wurde, unterstreicht dies und führt abermals die veränderte Bedrohungswahrnehmung nach 9/11 ins Feld (Clarke et al. 2013, S. 73). Angesichts der Anschläge, die maßgeblich durch die Nutzung neuer Technologien und die Globalisierung menschlicher Interaktion möglich waren, intensivierte die Regierung ihre Überwachungsfähigkeiten.

In ihrer Summe dokumentieren die Sicherheitsdoktrin nach 9/11, die Kompetenzverschiebung zugunsten der Exekutive und die Stärkung der Geheimdienste innerhalb der Exekutive, die technologische Revolution von Big Data und der sicherheitspolitische Bedeutungszugewinn global verfügbarer Informationen ein strategisches Ziel der USA, das sich im Kern als *globale Informationsdominanz durch Technologieüberlegenheit* bezeichnen lässt. Diesem Ziel dienen innerhalb der USA beispielsweise die im »Patriot Act« gesenkten Schranken der Inlandsüberwachung. Außerhalb der USA bestehen keinerlei Schranken für den Tätigkeitsradius der amerikanischen Geheimdienste. Die Aufgabe der CIA, im Kampf gegen den Terrorismus durch Verhöre und gezielt eingesetzte Agenten menschliche Informationen zu gewinnen (HUMINT), dient dem Ziel des allumfassenden Informationsgewinns im Sinne eines präventiv-orientierten Sicherheitsbegriffs ebenso wie die globale Kommunikationsüberwachung der NSA (SIGINT). Dies wird, wie aus dem Clarke-Bericht hervorgeht, auch in Zukunft so bleiben: »The national security of the United States depends on the continued capacity of NSA and other agencies to collect essential information« (Clarke et al. 2013, S. 75).

Auch in Zukunft werden die USA sich also die technologischen Fähigkeiten aneignen wollen, die als notwendig erachtet werden, um Bedrohungen ihrer Sicherheit frühzeitig erkennen und beseitigen zu können. In seiner Rede zur Reform der Geheimdienste kündigte daher auch Präsident Obama, von kosmetischen Änderungen abgesehen, die Fortführung der Geheimdiensttätigkeiten zur Wahrung der nationalen Sicherheit an:

> *»The challenges posed by threats like terrorism and proliferation and cyber-attacks are not going away any time soon. (...) We cannot prevent terrorist attacks or cyber threats without some capability to penetrate digital communications« (Obama 2014).*

Die Abschöpfung globaler Datenströme wird zu diesem Zweck fortbestehen und wo möglich ausgebaut, zumal die konkreten Sicherheitserfordernisse, mit denen Obama dies begründete, so breit wie möglich definiert bleiben:

> *»In terms of our bulk collection of signals intelligence, U.S. intelligence agencies will only use such data to meet specific security requirements: Counter-Intelligence, counterterrorism, counter-proliferation, cybersecurity, force protection for our troops and our allies, and combating transnational crime (...) Our intelligence agencies will continue to gather information about the intentions of governments.« (Obama 2014)*

Bei der Beibehaltung ihrer Geheimdienstprogramme argumentieren die USA somit im Sinne einer sicherheitsanlassbezogenen Nutzung der abgeschöpften Daten. Trotz der Einschränkungen, die der Freedom Act von 2015 für die Speicherung von Telefonverbindungsdaten innerhalb der USA mit sich gebracht hat, wird sich an der sicherheitsstrategischen Aufgabe der NSA und den im Rahmen der NSA-Affäre bekannt gewordenen Programmen also auch in Zukunft in keiner wesentlichen Weise etwas ändern. Änderungen werden allenfalls die zur Verfolgung der Ziele genutzten Technologien und Instrumente der Geheimdienstarbeit betreffen, nicht aber ihren sicherheitsstrategischen Auftrag, der unverändert legitimiert fortbesteht. In der National Security Strategy von 2015 wurde die Bedeutung der Geheimdienste weniger offensiv kommuniziert, ihre Bedeutung für die Aufrechterhaltung amerikanischer Vormacht jedoch bekräftigt: »we will grow our investment in crucial capabilities like cyber; space; and intelligence, surveillance, and reconnaissance.« (White House 2015, S. 8). Allerdings wurde diese Ankündigung um eine Einbettung in die seit den

Snowden-Enthüllungen geführte Debatte um den Schutz von Privatsphäre und persönlichen Daten ergänzt (White House 2015, S. 20).

Mit Blick auf die Reden Obamas und die tatsächlichen durch den Freedom Act geschaffenen legislativen Maßnahmen dürfen diese Hinweise aber in ihrer Substanz stark bezweifelt und als verbale Zugeständnisse an die öffentliche Debatte und internationalen Partner bewertet werden. Der Freedom Act beschränkte zwar erstmals seit 2001 die Befugnisse der Geheimdienste im Inneren der USA, aber er änderte nichts an der Auslandsüberwachung der USA. Diese besteht, legitimiert durch Abschnitt 702 des »Foreign Intelligence Surveillance Acts« und der »Exekutivverordnung 12 333« weiter fort. Auch die nationale Sicherheitsstrategie der Regierung Trump lässt Kontinuität in der Priorisierung der Geheimdienste erkennen. Verbunden mit der Bekräftigung, die geheimdienstliche Zusammenarbeit zu stärken und auch weiterhin alle notwendigen Ressourcen zur Wahrung weltweiter amerikanischer Überlegenheit bereitzustellen, heißt es dort:

> *»The United States will respond to the growing political, economic, and military competitions we face around the world. The contest over information accelerates these political, economic, and military competitions. (…) Data, like energy, will shape U.S. economic prosperity and our future strategic position in the world. The ability to harness the power of data is fundamental to the continuing growth of America's economy, prevailing against hostile ideologies, and building and deploying the most effective military in the world.« (National Security Strategy 2017, 2, 3)*

Während der Präsidentschaft Donald Trumps prägten zwei weitere Entwicklungen die Aufgaben der amerikanischen Dienste. Erstens die festgestellte Einmischung russischer Akteure in die Präsidentschaftswahl 2016, die zwar wenig Interesse an der Spitze des Weißen Hauses ausgelöst hat, aber den gesamten Apparat über Jahre unter Stress setzte und die Bedeutung des Schutzes von digitalen Verfahren (hier Wahlen) und der Überwachung von Sozialen Medien in das Zentrum öffentlicher Aufmerksamkeit katapultierte. Parallel hatte Präsident Trump eine nationale Cyberstrategie verfügt (National Cyber Strategy 2018), die auf das Ziel der Informationsdominanz der USA ausgerichtet ist. Zweitens die Einrichtung einer weiteren eigenständigen Säule der Streitkräfte, der Weltraumstreitkräfte. Der Weltraum wird dabei als eigener Raum für mögliche militärische Auseinandersetzungen betrachtet. Satelliten und ihrer Bedeutung zur Informationsgewinnung und -übertragung kommt dabei eine kaum zu überschätzende Bedeutung zu.

Zusammenfassend lässt sich festhalten: Die amerikanische Intelligence Community besitzt eine zentrale Stellung in der amerikanischen Sicherheitsstrategie. Dabei besitzt sie *zum Ersten* eine Dienstleisterfunktion in der Antizipation von Sicherheitsgefahren und bildet damit eine entscheidende Säule, ohne die der Präventionsleitsatz der amerikanischen Sicherheitspolitik nicht möglich wäre. *Zum Zweiten* ermöglicht die technologische Revolution von Big Data in Kombination mit der finanziellen Ausstattung und den operativen Befugnissen der amerikanischen Geheimdienste den USA globale Informationsdominanz auf Basis von Technologieüberlegenheit. Diese auf Grundlage öffentlich zugänglicher Informationen anzunehmende Dominanz ermöglicht den USA die Bildung von Informationsressourcen, die auch zu späteren Zeitpunkten nutzbar gemacht werden können. Im Wissen um diese Informationsdominanz liegt ein wesentliches Motiv für das fortgesetzte europäische Interesse an enger nachrichtendienstlicher Zusammenarbeit mit den USA. Die Geheimdienste bilden somit ein wesentliches Fundament für die amerikanische Wahrnehmung der Welt, die Aufrechterhaltung des amerikanischen Weltmachtanspruchs im 21. Jahrhundert und auch in Europa für die Kenntnis sicherheitspolitischer Herausforderungen und die Formulierung politischer Antworten.

# V. Transatlantische Asymmetrie

An der Börse ist Insiderhandel verboten, weil offensichtlich ist, welchen Vorteil diejenigen haben, die früher und akkurater wissen, was in Zukunft geschieht. Denn wer mit welchen Zielen, Mitteln und Intentionen handelt und wer möglicherweise nur blufft, dieses Wissen ist Gold wert. Unterschiede im Grad der Informiertheit schlagen direkt auf die Möglichkeiten durch, erfolgreich handeln zu können. Das geht Regierungen nicht anders, die über Fähigkeiten und Intentionen anderer Regierungen, über mögliche Sicherheitsbedrohungen oder Gefahren für die wirtschaftliche Entwicklung informiert sein wollen. Gerade in Krisen ist sicheres Wissen rar. Entscheidungen müssen häufig in Unsicherheit über die Lage und auf der Basis von bruchstückhaftem Wissen getroffen werden. Das birgt Risiken, falsche Entscheidungen zu treffen, insbesondere dann, wenn viel auf dem Spiel steht: die Sicherheit des Staates, die Freiheit der demokratischen Verfahren, der Wohlstand einer Gesellschaft oder vitale Gefahren für die Lebensfähigkeit einer Gesellschaft. Regierungen möchten deshalb gerne wissen, was andere Regierungen wirklich vorhaben, welche Bedrohungen von gefährlichen Gruppen ausgehen und welcher Wettbewerb von Unternehmen anderer Staaten zu erwarten ist. Auch deswegen unterhalten sie Geheimdienste – deren Aufgaben freilich darüber hinausreichen – und stehen im Wettbewerb, wer besser, schneller und akkurater informiert ist.

Die amerikanischen Dienste sind hier sehr breit und tief aufgestellt. Breit, weil sie, auf überparteilichen politischen Willen gestützt, im Rahmen klarer strategischer Vorgaben mit 16 finanziell bestens ausgestatteten Geheimdiensten eine enorme Bandbreite an nachrichtendienstlichen Fähigkeiten besitzen, die auf unterschiedlichsten Gebieten enorm leistungsfähig sind. Tief, weil sie in allen Bereichen der Intelligence über hochspezialisiertes Wissen, eine enorme Personalausstattung, technologischen Vorsprung und über finanzielle Mittel verfügen, die sie in die Lage versetzen, die amerikanische Weltmachtstellung durch globale Informationsdominanz zu untermauern und zu ermöglichen. Sie verfügen über eine ganze Reihe an Instrumenten, weltweit die gewünschten Informationen zu erlangen und Datensätze unterschiedlichster Herkunft zusammenzufügen, um politische Entscheidungsträger in weitreichenden Fragen nationaler Sicherheit zu unterstützen. Auf welchem technologischen Niveau und mit welchen Folgen für jeden Einzelnen dies geschieht, hat insbesondere die NSA-Affäre deutlich gezeigt. Die amerikanischen Geheimdienste sind als Frühwarnsystem der nationalen Sicherheit elementarer Teil der amerikanischen Sicherheitsstrategie und ermöglichen durch die Generierung von Intelligence die globale Ausgestaltung des amerikanischen Weltmachtanspruchs.

Die europäischen Dienste hingegen bleiben hinter den Anforderungen, die sie erfüllen müssten, um auf Augenhöhe zu agieren, weit zurück. Denn für sich allein ist heute kein EU-Mitgliedsstaat mehr in der Lage, die vielfältigen nachrichtendienstlichen Aufgaben zu erfüllen, die Regierungen gerne ihren Diensten übertragen würden. Dazu fehlen ihnen die Ressourcen, Geld, Technik und Personal. Die größeren Dienste in der EU können dabei noch einiges leisten; die kleineren hingegen sind häufig schon mit sehr spezifischen Aufgaben – z. B. der Überwachung von radikalisierten Personen (»Gefährdern«) – überfordert. Auch die innereuropäische Zusammenarbeit vermag es auf absehbare Zeit nicht, zu den Fähigkeiten der USA aufzuschließen, und kommt über die verabredete Koordination nationaler Fähigkeiten vielfach nicht hinaus. Die Nachrichten- und Geheimdienste sind zwar qua Auftrag auf Zusammenarbeit angewiesen, weil sie ja Vorgänge erkunden sollen, die in der internationalen Politik und einer nahezu entgrenzten Welt der Informationen nicht durch einen Staat alleine erfasst werden können. Aber dies ist eben eine Zusammenarbeit, die an den Grenzen der eigenen Souveränität und Kompetenz ihr Ende findet. So liegt die Verantwortung für die nationale Sicherheit der EU-Mitgliedsstaaten allein bei ihren nationalen Regierungen. In Art. 4 (2) des EUV heißt es schlicht: »Insbesondere die nationale Sicherheit fällt weiterhin in die alleinige Verantwortung der Mitgliedsstaaten.« Ob allein deshalb die Idee eines gemeinsamen europäischen Geheimdienstes »abwegig« ist (Bossong 2018, S. 1), kann man diskutieren. Sie ist es jedenfalls, unserer Einschätzung nach, aus vielen anderen Gründen für die absehbare Zeit. Das aber hebt die eingangs beschriebenen Foren des Informationsaustauschs und der Koordinierung nochmals besonders hervor. Mehr kann die EU auf diesem Gebiet eben nicht erreichen, mehr hat sie den anderen Diensten, auch den amerikanischen, nicht zu bieten.

Da auf dem Gebiet der europäischen Sicherheitspolitik insgesamt eher von sich verstetigender Koordination denn von echter Integration gesprochen werden kann, sind die europäischen Regierungen darauf angewiesen, das, was sie an Intelligence-Gewinnung selbst nicht leisten können, anderswo zu erlangen. Nun gibt es zwar keine »befreundeten« Geheimdienste und deren »Zusammenarbeit« ist immer besonders prekär. Aber wenn schon von Vertrauen oder gar Freundschaft in diesem Gewerbe keine Rede sein kann, so gibt es doch einen unterschiedlichen Grad an Nähe. Die Distanz der europäischen Dienste zu denen Russlands, Chinas oder Irans ist größer als zu denen der USA, weil letztere mit jahrzehntelanger Kooperation, teilweise gemeinsamen Interessen, größerer Annäherung bei der Bewältigung von Aufgaben und institutionalisierten Bündnisbeziehungen unterlegt sind. Das heißt aber nicht, wie ein Blick in die Geschichte erweist, dass untereinander blindes Vertrauen herrschen würde. Es handelt sich vielmehr um eine Art Kooperation der Stachelschweine, nur dass diese unterschiedlich groß sind, unterschiedlich viele Stacheln haben und sich entsprechend wehtun können. Und – um im Bild zu bleiben: Anders als Stachelschweine sind Geheimdienste nicht monogam, sondern teilen ihr Wissen, wenn auch streng nach eigener Interessenlage und nie voraussetzungslos, mit anderen Diensten.

In vielen einzelnen Fällen ist die Zusammenarbeit zwischen USA und Europa erfolgreich und für die Sicherheit in Europa von konkreter und unmittelbarer Bedeutung. So ist bekannt, dass es Hinweise der amerikanischen Dienste NSA und CIA waren, die die Kommunikation zwischen Deutschland und Pakistan erfassten und auswerteten, wodurch 2007 die islamistische Sauerland-Gruppe aufgedeckt wurde. Wegen der amerikanischen Hinweise konnte so ein besonders schwerer terroristischer Anschlag in Deutschland verhindert werden. Die deutschen Behörden waren bis dahin »völlig ahnungslos« gewesen (Banse/Müller 2010). Aber die Amerikaner gaben nicht nur Informationen weiter, sondern führten die Operation mit aus. Denn sie wollten unbedingt verhindern, dass ein erneuter Anschlag wiederum amerikanische Ziele – die seitens der Terroristen ins Visier genommen worden waren – trifft. »In Berlin arbeitete gar eine gemeinsame Arbeitsgruppe deutscher Behörden und der CIA an dem Fall.« (Kaiser/Rosenbach/Stark 2007, S. 21) Die Zusammenarbeit, so der amerikanische Heimatschutzminister Chertoff, sei so »eng wie nie« gewesen (ebd.). Das hatte aber vor allem auch damit zu tun, dass die Terrorabwehr seitens der USA auf höchster politischer Ebene Priorität besaß und die US-Regierung das größte Interesse daran hatte, dass in Deutschland keine amerikanischen Soldaten angegriffen wurden. Die Terroristen hatten sich bereits ausgemalt, wie sie mit ihren Anschlägen über 100 Menschen töten könnten. Es sollte ein besonders heftiger Angriff auf die USA werden. Die amerikanischen Dienste handelten also nicht allein zum Vorteil der deutschen Behörden, sondern zugleich ganz und gar im eigenen Interesse. Und sie gaben die Aktion nicht aus der Hand, sondern setzten ihre eigenen Fähigkeiten ein, um eigene außen- und sicherheitspolitische Ziele zu erreichen.

Wie schon in der NSA-Affäre für jedermann sichtbar wurde, zeigt auch dieses Beispiel: Das Verhältnis der europäischen Dienste zu den Diensten der USA ist sehr asymmetrisch. In den Worten des ehemaligen Präsidenten des BND, Gerhard Schindler: »Wir sind abhängig von der NSA und nicht umgekehrt.« (Bewarder 2017) Dies lässt sich auch für die sicherheitspolitischen Fähigkeiten insgesamt sagen. Und daraus ergeben sich dann auch die Grundregeln der Zusammenarbeit zwischen den europäischen und amerikanischen Geheimdiensten, ja die Grundregeln der transatlantischen Sicherheitszusammenarbeit insgesamt: Wer über mehr Informationen verfügt, kann selbst bestimmen, ob und an wen er sie weitergibt – und was er dafür im Gegenzug erwarten oder einfordern darf. Wer selbst hingegen nur über geringe Informationen verfügt, ist auf fremde Informationen angewiesen, um ein vollständiges Lagebild zu erhalten, und ist dadurch in seiner Handlungsfähigkeit doppelt eingeschränkt: weil er die Informationen selbst dringend zur Beantwortung konkreter Fragen benötigt; und weil er durch die asymmetrische Abhängigkeit auch im Einsatz eigener Mittel eingeschränkt ist, da er für den Informationsgewinn an anderer Stelle Zugeständnisse machen muss, die die eigene Handlungsautonomie wiederum verringern.

Unabhängig von den Fragen des Datenschutzes oder der informationellen Selbstbestimmung: Der Zwiespalt der europäischen Regierungen besteht darin, einerseits auf die Zusammenarbeit mit den amerikanischen Geheimdiensten angewiesen zu sein, andererseits aber kein Gegengewicht und keine Kontrolle über deren Macht zu besitzen, sodass die sicherheitspolitische Abhängigkeit von den USA letztlich durch einen fortwährenden Verlust eigener Hoheitsgewalt und eine dauerhafte Einschränkung eigener autonomer Handlungsmacht immer wieder hervorgerufen wird.

All dies stellt schon für sich genommen eine besondere Herausforderung für die Europäer dar. Eine geradezu tragische Dramatik erhält der Mangel an eigenen europäischen Fähigkeiten aber durch die sich verschiebenden Grundachsen der internationalen Politik, dem Aufstreben neuer Machtzentren und sich weltweit rasant entwickelnder ökonomischer und technologischer Konkurrenz. Die innereuropäische Schwäche potenziert sich zusätzlich dadurch, dass Europa – anders als noch im Ost-West-Konflikt – auch nicht mehr das Zentrum des internationalen Geschehens ist. Es liegt vielmehr an dessen Rand, denn die Großmächte des 21. Jahrhunderts stehen sich im Pazifik, Zentralasien und im Mittleren Osten gegenüber und kümmern sich im Wettstreit um geopolitische, ökonomische und technologische Vorherrschaft wenig um die Werte und Interessen Europas. Die EU steht im wahren Wortsinn dabei häufig abseits. Ihr Wort hat kein Gewicht, ihre Interessen zählen wenig. Sie verfügt noch nicht einmal über die Fähigkeiten, eigenständige Aufklärungsarbeit zu leisten.

So bleiben die EU-Staaten, denen es weder gelingt, allein umfassende Intelligence zu produzieren, noch dies gemeinsam zu tun, auf andere Dienste angewiesen. Dies sind vor allem die amerikanischen Geheimdienste, zu denen die intensivsten Beziehungen bestehen. Diese aber sind ein Instrument der amerikanischen Außen- und Sicherheitspolitik, und ihre primäre strategische Aufgabe liegt nicht in der Unterstützung europäischer Verbündeter, sondern in der Bewahrung des amerikanischen Weltmachtanspruchs. Solange dies so bleibt, können europäische Regierungen zwar behaupten, das Schicksal in die eigenen Hände nehmen zu wollen, sie können es aber nicht wirklich. Die europäischen Regierungen werden dies in jeder internationalen Krise zu spüren bekommen, zugleich aber alles dafür tun, dass ihre Abhängigkeit nicht allzu stark in die

Öffentlichkeit tritt. Die Öffentlichkeit in den europäischen Demokratien aber sollte sich bewusst sein: Der europäische Handlungsspielraum ist angesichts der asymmetrisch verteilten Fähigkeiten extrem begrenzt. Was Europa wissen darf, bleibt in Wirklichkeit außerhalb seines eigenen Gestaltungsvermögens.

# Literatur


Abrahamian, E. (2013). *The Coup. 1953. The CIA, And the Roots of Modern U. S.-Iranian Relations.* New York: The New Press.

Ackerman, S. (2013, 30. Okt.). NSA director hints at scaling back some surveillance of foreign leaders. The Guardian. http://www.theguardian.com/world/2013/oct/30/nsa-director-surveillance-foreign-leaders. Zugegriffen: 7. Dez. 2013.

Ackerman, S. (2014, 13. Aug.). Snowden: NSA accidentally caused Syria's internet blackout in 2012. The Guardian. http://www.theguardian.com/world/2014/aug/13/snowden-nsa-syria-internet-outage-civil-war?CMP=fb_us. Zugegriffen: 20. Aug. 2014.

Appelbaum, J., Stark, H., Rosenbach, M., Schindler, J. (2013, 23. Okt.). Kanzler-Handy im US-Visier? Merkel beschwert sich bei Obama. Der Spiegel. http://www.spiegel.de/politik/deutschland/nsa-merkel-beschwert-sich-bei-obama-a-929636.html. Zugegriffen: 3. Dez. 2013.

Appelbaum, J., Gibson, A., Grothoff, C., Müller-Maguhn, A., Poitras, L., Sontheimer, M., Stücker, C. (2014, 29. Dez.). Snowden-Dokumente: Was die NSA knacken kann – und was nicht. Der Spiegel. http://www.spiegel.de/netzwelt/netzpolitik/snowden-dokument-so-unterminiert-die-nsa-die-sicherheit-des-internets-a-1010588.html. Zugegriffen: 3. Feb. 2015.

Appelbaum, J., Gibson, A., Guarnieri, C., Müller-Maguhn, A., Poitras, L., Rosenbach, M., Ryge, L., Schmundt, H., Sontheimer, M. (2015, 18. Jan.). Neue Snowden-Dokumente: Die NSA rüstet zum Cyber-Feldzug. Der Spiegel. http://www.spiegel.de/netzwelt/netzpolitik/snowden-dokumente-wie-die-nsa-digitale-kriege-vorbereitet-a-1013521.html. Zugegriffen: 19. Jan. 2015.

Ayres, T. E. (2005). Six Floors' of Detainee Operations in the Post-9/11 World. *Parameters, The US Army War College Quarterly*, 35 (3), 33–53.

Baars, C., Goetz, J. (2015, 23. Juni). NSA spähte Frankreichs Staatsspitze aus. tagesschau.de. http://www.tagesschau.de/inland/nsa-ueberwachungsziel-frankreich-101.html. Zugegriffen: 20. Aug. 2015.

Bahners, P. (2013, 16. Dez.). Wer weiß, ob die Deutschen nicht Obama abhören? Frankfurter Allgemeine Zeitung. http://www.Frankfurter Allgemeine Zeitung/aktuell/nsa-chef-alexander-bei-60-minutes-wer-weiss-ob-die-deutschen-nicht-obama-abhoeren-12713086.html. Zugegriffen: 18. Dez. 2013.

Baker, P. (2013). *Days of Fire. Bush and Cheney in the White House*. New York: Anchor Books.

Ball, J. (2013a, 20. Nov.). US and UK struck secret deal to allow NSA to ›unmask‹ Britons' personal data. The Guardian. http://www.theguardian.com/world/2013/nov/20/us-uk-secret-deal-surveillance-personal-data. Zugegriffen: 29. Nov. 2013.

Ball, J. (2013b, 25. Okt.). NSA monitored calls of 35 world leaders after US official handed over contacts. The Guardian. http://www.theguardian.com/world/2013/oct/24/nsa-surveillance-world-leaders-calls. Zugegriffen: 3. Dez. 2013.

Banse, D., Müller, U. (2010, 4. März). Der Nachrichtendienst war völlig ahnungslos, Berliner Morgenpost. https://www.morgenpost.de/printarchiv/seite3/article104034755/Der-Nachrichtendienst-war-voellig-ahnungslos.html. Zugegriffen: 9. Aug. 2019.

Barnes, J. (2019, 18. März). Trump Administration proposes $86 billion spy budget to take on Russia and China. The New York Times. https://www.nytimes.com/2019/03/18/us/politics/donald-trump-cia-spies.html. Zugegriffen: 13. August 2019.

Baumgärtner, M., Gude, H., Rosenbach, M., Schindler, J. (2015a, 23. Apr.). Überwachung: Neue Spionageaffäre erschüttert BND. Der Spiegel. http://www.spiegel.de/politik/deutschland/ueberwachung-neue-spionageaffaere-erschuettert-bnd-a-1030191.html. Zugegriffen: 10. Mai 2015.

Baumgärtner, M., Schindler, J. (2015b, 15. Okt.). Geheimdienste: BND spionierte europäische und US-Ziele aus. Der Spiegel. http://www.spiegel.de/politik/deutschland/bnd-spionierte-usa-und-andere-partnerlaender-aus-a-1057851.html. Zugegriffen: 3. Nov. 2015.

Baumgärtner, M., Knobbe, M. (2015c, 30. Okt.). Geheimdienstaffäre: Sonderermittler spricht von klarem Vertragsbruch der NSA. Der Spiegel. http://www.spiegel.de/politik/deutschland/nsa-selektorenliste-kurt-graulich-spricht-von-klarem-vertragsbruch-a-1060280.html. Zugegriffen: 2. Nov. 2015.

BBC (2013, 8. Juni). Barack Obama defends US surveillance tactics. http://www.bbc.com/news/world-us-canada-22820711. Zugegriffen: 8. Nov. 2013.

BBC (2014, 11. Feb.). Obama and Hollande say trust restored after NSA spying. http://www.bbc.com/news/world-us-canada-26140744. Zugegriffen: 15. Feb. 2014.

Bearden, M., Risen, J. (2003). *The Main Enemy. The Inside Story of the CIA's Final Showdown with the KGB*. New York: Random House.

Bennet, J. R. (2009, 23. Apr.). CIA Contractors get the Boot. http://www.isn.ethz.ch/Digital-Library/Articles/Detail/?id=99263. Zürich: ISN, Center for Security Studies, ETH Zürich. Zugegriffen: 4. Mai 2016.

Bewarder, M. (2017, 29. Mai). Geheimdienste: Der Anti-Terror-Kampf ist ohne Amerikaner verloren. Die Welt. https://www.welt.de/politik/deutschland/article165052452/Der-Anti-Terror-Kampf-ist-ohne-Amerikaner-verloren.html. Zugegriffen: 7. Mai 2019.

Biermann, K. (2015a, 30. Jan.). BND speichert 220 Millionen Telefondaten – jeden Tag. Zeit Online. http://www.zeit.de/digital/datenschutz/2015–01/bnd-nsa-metadaten-ueberwachung. Zugegriffen: 20. Feb. 2015.

Biermann, K. (2015b, 12. Mai). BND liefert NSA 1,3 Milliarden Metadaten – jeden Monat. Zeit Online. http://www.zeit.de/politik/deutschland/2015–05/bnd-nsa-milliarden-metadaten. Zugegriffen: 26. Juni 2015.

Biermann, K. (2015c, 19. Mai). Selbst der BND weiß nicht, was NSA-Selektoren suchen. Zeit Online. http://www.zeit.de/digital/datenschutz/2015–05/bnd-affaere-selektoren-nsa-liste. Zugegriffen: 18. Aug. 2015.

Biermann, K. (2015d, 24. Sep.). BND löschte trotz Verbots NSA-Selektorenlisten. Zeit Online. http://www.zeit.de/digital/2015–09/bnd-trotz-loeschverbots-sind-nsa-selektoren-geloescht-worden. Zugegriffen: 10. Okt. 2015.

Biermann, K. (2015e, 15. Okt.). Eine Telefonnummer reicht, um Menschen zu töten. Zeit Online. http://www.zeit.de/politik/2015–10/nsa-affaere-untersuchungsausschuss-metadaten-brandon-bryant-aussage. Zugegriffen: 20. Okt. 2015.

Biermann, K., Musharbash, Y. (2015a, 2. Juli). BND-Akten zeigen die Sorglosigkeit deutscher Diplomaten. Zeit Online. http://www.zeit.de/digital/datenschutz/2015–07/bnd-botschaften-wanzen-ueberwachung. Zugegriffen: 19. Aug. 2015.

Biermann, K., Musharbash, Y. (2015b, 26. Aug.). Suche NSA-Spionagesoftware, biete deutsche Daten. Zeit Online. http://www.zeit.de/digital/datenschutz/2015–08/XKEYSCORE-nsa-verfassungsschutz. Zugegriffen: 3. Sep. 2015.

Bock, A. M. (2011). 9/11, Terrorismus und die Legalisierung der Folter. In T. Jäger (Hrsg.), *Die Welt nach 9/11. Auswirkungen des Terrorismus auf Staatenwelt und Gesellschaft* (S. 882–901). Wiesbaden: VS Verlag für Sozialwissenschaften.

Bossong, R. (2018). Die nachrichtendienstlichen Schnittstellen der EU-Sicherheitspolitik. Stiftung Wissenschaft und Politik. https://www.swp-berlin.org/publikation/die-nachrichtendienstlichen-schnittstellen-der-eu-sicherheitspolitik/. Zugegriffen: 14. Aug. 2019.

Braml, J. (2011). Checks and Imbalances – Machtverschiebungen im institutionellen Gefüge der USA. In T. Jäger (Hrsg.), *Die Welt nach 9/11. Auswirkungen des Terrorismus auf Staatenwelt und Gesellschaft* (S. 17–37). Wiesbaden: VS Verlag für Sozialwissenschaften.

Brinkmann, B., Obermaier, F. (2013, 14. Nov). Amerikas geheimer Krieg in Deutschland. Süddeutsche Zeitung. http://www.sueddeutsche.de/politik/stuetzpunkt-bundesrepublik-amerikas-geheimer-krieg-in-deutschland-1.1818850. Zugegriffen: 13. Dez. 2013.

Bush, G. W. (2001, 20. Sep.). Address to a Joint Session of Congress Following the 9/11 Attacks 2001. Washington Post. http://www.washingtonpost.com/wp-srv/nation/specials/attacked/transcripts/bushaddress_092001.html. Zugegriffen: 27. Jan. 2014.

Bush, G. W. (2002, 29 Jan.). State of the Union Address. http://millercenter.org/president/speeches/detail/4540. Zugegriffen: 15. Jan. 2014.

Bush, G. W. (2006, 6. Sep.). President Discusses Creation of Military Commissions to Try Suspected Terrorists. http://georgewbush-whitehouse.archives.gov/news/releases/2006/09/20060906–3.html. Zugegriffen: 26. Jan. 2014.

Büsching, S. (2011). Innere Sicherheit in den USA nach 9/11. In T. Jäger (Hrsg.), *Die Welt nach 9/11. Auswirkungen des Terrorismus auf Staatenwelt und Gesellschaft* (S. 80–92). Wiesbaden: VS Verlag für Sozialwissenschaften.

Byman, D. (2013). Why Drones work. The Case for Washington's Weapons of Choice. *Foreign Affairs*, 92 (4), 32–43.

Byrne, M. (2014). *Iran-Contra. Reagan's Scandal and the Unchecked Abuse of Presidential Power*. Lawrence, Kansas: University Press of Kansas.

CIA (2014, 10. Juli). Spotlight on CIA's Centers. https://www.cia.gov/news-information/featured-story-archive/2014-featured-story-archive/spotlight-on-cias-centers.html. Zugegriffen: 4. Okt. 2017.

CIA (2015, 30. Sep.). Who We Are. Overview of CIA's Organization. https://www.cia.gov/about-cia/todays-cia/who-we-are. Zugegriffen: 4. Okt. 2017.

Clapper, J. R. (2013a, 6. Juni). DNI Statement on Recent Unauthorized Disclosures of Classified Information. http://www.fas.org/sgp/news/2013/06/dni-unauth.pdf. Zugegriffen: 4. Mai 2016.

Clarke, R. A., Morell, M. J., Stone, G. S., Sunstein, C. R., Swire, P. (2013, 12. Dez.). Liberty and Security in a Changing World. Report and Recommendations of The President's Review Group on Intelligence and Communications Technologies. https://www.whitehouse.gov/sites/default/files/docs/2013–12–12_rg_final_report.pdf. Zugegriffen: 4. Mai 2016.

Cohen, Z., Alkhshali, H., Khadder, K., Dewand, A. (2020). US drone strike ordered by Trump kills top Iranian commander in Baghdad. https://edition.cnn.com/2020/01/02/middleeast/baghdad-airport-rockets/index.html. Zugegriffen: 5. Jan 2020.

Cukier, K., Mayer-Schoenberger, V. (2013). The Rise of Big Data. How it's changing the Way we think about the world. *Foreign Affairs*, 92 (3), 28–40.

Daugherty Miles, A. (2016, 26. Feb.). Intelligence Spending: In Brief. Congressional Research Service. http://www.fas.org/sgp/crs/intel/R44381.pdf. Zugegriffen: 25. Mai 2016.

Daun, A. (2011a). *Auge um Auge? Intelligence-Kooperation in den deutsch-amerikanischen Beziehungen*. Wiesbaden: VS Verlag für Sozialwissenschaften.

Daun, A. (2011b). Die Nachrichtendienste 10 Jahre nach 9/11. In T. Jäger (Hrsg.), *Die Welt nach 9/11. Auswirkungen des Terrorismus auf Staatenwelt und Gesellschaft* (S. 655–685). Wiesbaden: VS Verlag für Sozialwissenschaften.

Denkler, T. (2014, 14. März). Ströbele will Snowden und die Kanzlerin in U-Ausschuss einladen. Süddeutsche Zeitung. http://www.sueddeutsche.de/politik/nsa-affaere-stroebele-will-snowden-und-die-kanzlerin-in-u-ausschuss-einladen-1.1912313. Zugegriffen: 14. März 2014.

Denkler, T. (2015, 4. Nov.). Zweifel an der Unabhängigkeit. Süddeutsche Zeitung. http://www.sueddeutsche.de/politik/nsa-zweifel-an-der-unabhaengigkeit-1.2722406. Zugegriffen: 5. Nov. 2015.

Deutscher Bundestag (2017). Drucksache 18/12850 vom 23.6.2017. Beschlussempfehlung und Bericht des 1. Untersuchungsausschusses gemäß Artikel 44 des Grundgesetzes. https://dip21.bundestag.de/dip21/btd/18/128/1812850.pdf. Zugegriffen: 29. Juli 2019.

Deutscher Bundestag (2013). Drucksache 17/13197. Antwort der Bundesregierung auf die Kleine Anfrage der Abgeordneten Andrej Hunko, Annette Groth, Ulla Jelpke, weiterer Abgeordneter und der Fraktion DIE LINKE. Europäische Zusammenarbeit in der Police Working Group on Terrorism. http://dip21.bundestag.de/dip21/btd/17/134/1713440.pdf. Zugegriffen: 12. Sept. 2006.

DeVine, M. (2019, 10. Mai 2019). The Director of National Intelligence, Congressional Research Service. https://fas.org/sgp/crs/intel/IF10470.pdf. Zugegriffen: 12. Aug. 2019.

DeVine, M. (2018, 18. Jun. 2018). Intelligence Community Spending: Trends and Issues, Congressional Research Service. https://fas.org/sgp/crs/intel/R44381.pdf. Zugegriffen: 12. Aug. 2019.

Diersch, V. (2017): »Die Dienste«. In T. Jäger (Hrsg.), *Die Außenpolitik der USA. Eine Einführung*, S. 65–84. Wiesbaden: VS Verlag für Sozialwissenschaften.

DIR (2013, 4. März). Opening Remarks Guidance for DP1 2013, DENUSA 6–8 June). https://www.aclu.org/sites/default/files/field_document/DIR%20Opening%20Remarks%20Guidance%20for%20DP1.pdf. Zugegriffen: 17. Okt. 2016.

Directorate-General for Internal Policies. (2013).The US surveillance programmes and their impact on EU citizens' fundamental rights. http://www.europarl.europa.eu/meetdocs/2009_2014/documents/libe/dv/briefingnote_/briefingnote_en.pdf. Zugegriffen: 18. Mai 2016.

Drogin, B. (2007). *Curveball. Spies, Lies, And The Man Behind Them: The Real Reason America Went To War In Iraq.* New York: Ebury Press.

Eggen, D. (2004, 28. Sep.). Bush Gives CIA Director more Power. The Washington Post. http://www.washingtonpost.com/wp-dyn/articles/A39822–2004Aug27.html. Zugegriffen: 20. Feb. 2014.

Eggen, D. (2005, 16. Dez.). Bush Authorized Domestic Spying. The Washington Post. http://www.washingtonpost.com/wp-dyn/content/article/2005/12/16/AR2005121600021.html. Zugegriffen: 3. Nov. 2014.

Erwin, M. C., Belasco, A. (2013). *Intelligence Spending and Appropriations: Issues for Congress.* Washington, D. C.: Congressional Research Service.

Europäischer Rat (2019). Die Erklärung von Sibiu vom 9.5.2019. https://www.consilium.europa.eu/de/press/press-releases/2019/05/09/the-sibiu-declaration/. Zugegriffen: 29. Juli 2019.

Europäischer Rat (2017). Verordnung 2017/1939. https://eur-lex.europa.eu/legal-content/DE/TXT/HTML/?uri=CELEX:32017R1939&from=DE. Zugegriffen: 6. Mai 2019.

External Action Service (2018, 27. Jun.). Implementing the Global Strategy. EU delivers on Security and Defense. https://eeas.europa.eu/topics/eu-global-strategy/47517/implementing-global-strategy-eu-delivers-security-and-defence_en. Zugegriffen: 14. Aug. 2019.

Farrell, H., Newman, A. (2015). The Transatlantic Data War. Europe fights back against the NSA. *Foreign Affairs*, 95 (1), 124–133.

Federation of American Scientists. (o. J.). Intelligence Budget Data. https://fas.org/irp/budget/. Zugegriffen: 4. Okt. 2017.

Fey, M. (2011). Trauma 9/11 und die normative Ordnung der amerikanischen Sicherheitspolitik. In T. Jäger (Hrsg.), *Die Welt nach 9/11. Auswirkungen des Terrorismus auf Staatenwelt und Gesellschaft* (S. 32–52). Wiesbaden: VS Verlag für Sozialwissenschaften.

Fine, G. A., Heddell, G. S., Lewis, P. A., Ellard, G., Mazer, R. A. (2009, 10. Juli). Unclassified Report on the President's Surveillance Programm. https://www.fas.org/irp/eprint/psp.pdf. Zugegriffen: 22. März 2014.

Frankfurter Allgemeine Zeitung. (2013, 9. Nov.). Der Kongress wird der NSA die Flügel stutzen. F. A. Z. Gespräch mit Jim Sensenbrenner. http://www.Frankfurter Allgemeine Zeitung/aktuell/politik/ausland/amerika/f-a-z-gespraech-zur-spaehaffaere-der-kongress-wird-der-nsa-die-fluegel-stutzen-126 54 693.html. Zugegriffen: 8. Dez. 2013.

Frankfurter Allgemeine Zeitung. (2014a, 27. März). Amazon kennt bald alle Geheimnisse des Pentagons. http://www.FrankfurterAllgemeineZeitung/aktuell/wirtschaft/unternehmen/hochsicherheitsfreigabe-amazon-im-pentagon-12866537.html. Zugegriffen: 1. Apr. 2014.

Frankfurter Allgemeine Zeitung. (2014b, 4. Juli). Amerikanischer Botschafter ins Auswärtige Amt gebeten. http://www.FrankfurterAllgemeineZeitung/aktuell/politik/us-botschafter-ins-auswaertige-amt-gebeten-13028495.html. Zugegriffen: 14. Juli 2014.

Frankfurter Allgemeine Zeitung. (2014c, 9. Juli). Spitzelverdacht im Verteidigungsministerium: Regierung Merkel spricht von einem ›sehr ernsten Vorgang‹. http://www.FrankfurterAllgemeineZeitung/aktuell/politik/inland/spitzelverdacht-im-verteidigungsministerium-regierung-merkel-spricht-von-einem-sehr-ernsten-vorgang-13036011.html. Zugegriffen: 14. Juli 2014.

Frankfurter Allgemeine Zeitung. (2014d, 10. Juli). Amerika schweigt zum Streit über CIA-Mitarbeiter. http://www.FrankfurterAllgemeineZeitung/aktuell/politik/ausland/amerika/spionageaffaere-amerika-schweigt-zum-streit-ueber-cia-mitarbeiter-13039281.html. Zugegriffen: 14. Juli 2014.

Frankfurter Allgemeine Zeitung. (2014e, 24. Nov.). Trojaner »Regin«: Haben Geheimdienste ein neues »Stuxnet« erschaffen? http://www.FrankfurterAllgemeineZeitung/aktuell/wirtschaft/netzwirtschaft/symantec-entdeckt-trojaner-regin-software-spaehte-russland-und-saudi-arabien-aus-13283210.html. Zugegriffen: 30. Jan. 2015.

Frankfurter Allgemeine Zeitung. (2015a, 31. Aug.). Wikileaks: Es gab keine Pläne, Snowden heimlich auszufliegen. http://www.FrankfurterAllgemeineZeitung/aktuell/politik/ausland/wikileaks-dementiert-angebliche-plaene-snowden-aus-moskau-ausfliegen-zu-lassen-13778997.html. Zugegriffen: 2. Sep. 2015.

Frankfurter Allgemeine Zeitung. (2015b, 5. Mai). Geheimpapier der Regierung bestätigt NSA-Spionage. http://www.FrankfurterAllgemeineZeitung/aktuell/politik/inland/bericht-bundesregierung-bestaetigt-nsa-spionage-mindestens-bis-2013–13575007.html. Zugegriffen: 6. Mai 2015.

Froomkin, D. (2015, 5. Mai). The Computers are Listening: How the NSA Converts Spoken Words Into Searchable Text. The Intercept. https://theintercept.com/2015/05/05/nsa-speech-recognition-snowden-searchable-text/. Zugegriffen: 10. Dez. 2015.

Fuchs, C., Goetz, J., Obermaier, F. (2013, 13. Sep.). Verfassungsschutz beliefert NSA. Süddeutsche Zeitung. http://www.sueddeutsche.de/politik/spionage-in-deutschland-verfassungsschutz-beliefert-nsa-1.1770672. Zugegriffen: 9. Sep. 2013.

Fung, B. (2013, 31. Aug.). The NSA hacks other countries by buying millions of dollars' worth of computer vulnerabilities. The Washington Post. https://www.washingtonpost.com/news/the-switch/wp/2013/08/31/the-nsa-hacks-other-countries-by-buying-millions-of-dollars-worth-of-computer-vulnerabilities/. Zugegriffen: 22. Dez. 2014.

Gallagher, R., Greenwald, G. (2014, 12. März). How the NSA Plans to Infect ›Millions‹ of Computers with Malware.The Intercept. https://firstlook.org/theintercept/article/2014/03/12/nsa-plans-infect-millions-computers-malware/. Zugegriffen: 13. März 2014.

Gallagher, R. (2014a, 19. Juni). How Secret Partners Expand NSA's Surveillance Dragnet.The Intercept. https://theintercept.com/2014/06/18/nsa-surveillance-secret-cable-partners-revealed-rampart-a/. Zugegriffen: 22. Juni 2014.

Gallagher, R. (2014b, 25. Aug.). The Surveillance Engine: How the NSA built its own secret Google. The Intercept. https://theintercept.com/2014/08/25/icreach-nsa-cia-secret-google-crisscross-proton/. Zugegriffen: 1. Sep. 2014.

Gallagher, R. (2014c, 4. Dez.). Operation Auroragold: How the NSA Hacks Cellphone Networks Worldwide. The Intercept. https://theintercept.com/2014/12/04/nsa-auroragold-hack-cellphones/. Zugegriffen: 3. Jan. 2015.

Gareis, S., Hauser, G., Kernic, F. (2013). (Hrsg.). *The European Union – A Global Actor?* Opladen u. a.: Babara Budrich Publishers.

Gasiorowski, M. J., Byrne, M. (Hrsg.). (2004). *Mohammad Mosaddeq and the 1953 Coup in Iran, Syracuse.* New York: Syracuse University Press.

Gawehns, F., Thimm, J. (2015, Juni). Ein bisschen Freiheit. Was die Verabschiedung des Freedom Act durch den US-Kongress bedeutet. Stiftung Wissenschaft und Politik. http://www.swp-berlin.org/fileadmin/contents/products/aktuell/2015A56_gws_tmm.pdf. Zugegriffen: 15. Aug. 2015.

Gebauer, M., Schindler, J. (2014, 8. Aug.). Spionage: Regierung verlangt Aufdeckung aller Agenten in Deutschland. Der Spiegel. http://www.spiegel.de/politik/deutschland/spionage-bundesregierung-aufdeckung-aller-agenten-in-deutschland-a-985199.html. Zugegriffen: 13. Aug. 2014.

Gellman, B., Soltani, A. (2013, 4. Dez.). NSA tracking cellphone locations worldwide, Snowden documents show. The Washington Post. http://www.washingtonpost.com/world/national-security/nsa-tracking-cellphone-locations-worldwide-snowden-documents-show/2013/12/04/5492873a-5cf2–11e3-bc56-c6ca94801fac_story.html. Zugegriffen: 4. Dez. 2013.

Gellman, B., Soltani, A. (2014, 18. März). NSA surveillance program reaches ›into the past‹ to retrieve, replay phone calls. The Washington Post. http://www.washingtonpost.com/world/national-security/nsa-surveillance-program-reaches-into-the-past-to-retrieve-replay-phone-calls/2014/03/18/226d2646-ade9–11e3-a49e-76adc9210f19_story.html. Zugegriffen: 19. März 2014.

Goetz, J., Hager, N., Obermaier, F. (2013, 5. Nov.). Insel der Spione. Süddeutsche Zeitung, http://www.sueddeutsche.de/politik/geheimdienstbasis-zypern-insel-der-spione-1.1810573. Zugegriffen 11. Dez. 2013.

Goetz, J., Leyendecker, H., Mascolo, G. (2015, 1. Juli). US-Spähangriff auf die Bundesregierung. Süddeutsche Zeitung. http://www.sueddeutsche.de/politik/sz-exklusiv-us-spaehangriff-auf-die-bundesregierung-1.2546343. Zugegriffen: 19. Juli 2015.

Government Communications Headquarter. (2010). Why Tarmac? https://www.aclu.org/foia-document/why-tarmac. Zugegriffen: 12. Juli 2016.

Government Documents Department Boston Public Library (1976). Foreign and military intelligence. https://ia800200.us.archive.org/21/items/finalreportofsel01unit/finalreportofsel01unit.pdf. Zugegriffen: 21. Sep. 2016.

Greenwald, G. (2013, 31. Juli). XKEYSCORE: NSA tool collects 'nearly everything a user does on the internet. The Guardian. http://www.theguardian.com/world/2013/jul/31/nsa-top-secret-program-online-data. Zugegriffen: 4. Dez. 2013.

Greenwald, G., Gallagher, R. (2014, 18. Feb.). Snowden Documents Reveal Covert Surveillance and Pressure Tactics Aimed at WikiLeaks and Its Supporters. The Intercept. https://firstlook.org/theintercept/article/2014/02/18/snowden-docs-reveal-covert-surveillance-and-pressure-tactics-aimed-at-wikileaks-and-its-supporters/. Zugegriffen: 22. Feb. 2014.

Handelsblatt (2017, 28. Mai). Wir Europäer müssen unser Schicksal wirklich in die eigene Hand nehmen. Handelsblatt Online. https://www.handelsblatt.com/politik/deutschland/angela-merkel-wir-europaeer-muessen-unser-schicksal-in-unsere-eigene-hand-nehmen/19861340.html?ticket=ST-1831398-Md2ttMVHX9FdpW0d1ZOc-ap1. Zugegriffen: 29. Juli 2019.

Hano, J., Reichart, T., Slansky, H., Theveßen, E. (2013, 11. Sep.). World Wide War. ZDF. eigenes Transkript.

Hastedt, G. P. (2009). *American Foreign Policy. Past, Present, Future.* New Jersey: Upper Saddle River, Prentice Hall.

Hayden, M. (2014, 7. Apr.). The Johns Hopkins Foreign Affairs Symposium Presents: The Price of Privacy: Re-Evaluating the NSA. YouTube. https://www.youtube.com/watch?v=kV2HDM86XgI. Zugegriffen: 3. Dez. 2015.

Hersh, S. (2004, 24. Mai). They Grey Zone. How a secret Pentagon program came into Abu Ghraib. The New Yorker. http://www.newyorker.com/archive/2004/05/24/040 524fa_fact. Zugegriffen: 19. Feb. 2014.

Hundley, R. O., Anderson, R. H., Bikson, T. K., Neu, C. R. (2003). *The Global Course of the Information Revolution. Recurring Themes and Regional Variations*. Santa Monica, CA: RAND.

Holpuch, A. (2014, 13. März). Mark Zuckerberg: US government surveillance is a threat to the internet. The Guardian. http://www.theguardian.com/technology/2014/mar/13/mark-zuckerberg-facebook-us-government-surveillance. Zugegriffen: 14. März 2014.

Höse, A. (2008). Selling America: Die Public Diplomacy der USA vor dem Irakkrieg 2003. In T. Jäger, H. Viehrig (Hrsg.), *Die amerikanische Regierung gegen die Weltöffentlichkeit? Theoretische und empirische Analysen der Public Diplomacy zum Irakkrieg* (S. 79–108). Wiesbaden: Springer VS.

Jäger, T. (2019). *Das Ende des amerikanischen Zeitalters. Deutschland und die neue Weltordnung*, Zürich; Orell Füssli Verlag.

Jäger, T. (2015). (Hrsg.). *Handbuch Sicherheitsgefahren*, Wiebaden: Springer VS.

Jäger, T., Viehrig, H. (2008). (Hrsg.). *Die amerikanische Regierung gegen die Weltöffentlichkeit? Theoretische und empirische Analysen der Public Diplomacy zum Irakkrieg* (S. 79–108). Wiesbaden: VS Verlag für Sozialwissenschaften.

Jäger, T., Daun A. (2009). (Hrsg.). *Geheimdienste in Europa. Transformation, Kooperation und Kontrolle.* Wiesbaden: Springer VS.

Jäger, T., Daun, A. (2005). Die Koordination der Nachrichtendienste im Ländervergleich: USA, Großbritannien, Frankreich, Deutschland, Schweden, Australien und Kanada. In H. Borchert (Hrsg.*), Verstehen, dass sich die Welt verändert hat: Neue Risiken, neue Anforderungen und die Transformation der Nachrichtendienste* (S. 57–77). Baden-Baden: Nomos.

Jäger, T., Höse, A. (2005). (Hrsg.). *Die Sicherheitsstrategien Europas und der USA. Transatlantische Entwürfe für eine Weltordnungspolitik*. Baden-Baden: Nomos.

Jehl, D., Johnston, D. (2004, 29. Aug.). C. I. A. Expands its Inquiry into Interrogation Tactics. The New York Times. http://www.nytimes.com/2004/08/29/politics/29abuse.html Zugegriffen: 19. Feb. 2014.

Johnson, L. K. (2001). *Preface to a Theory of Strategic Intelligence.* San Francisco: Paper presented at the Annual Meeting of the American Political Science Association.

Johnson, L. K. (2002). *Bomben, Wanzen und Intrigen. Amerikas Geheimdienste.* Düsseldorf: Patmos.

Joyner, D. (2006). *Non-Proliferation Export Controls: Origins, Challenges, and Proposals for Strengthening.* Hampshire; Burlington: Ashgate Publishing Ltd.

Kaiser, F.-M. (2008, 10. Sep.). CRS Report for Congress. GAO: Government Accountability Office and General Accounting Office. https://www.fas.org/sgp/crs/misc/RL30349.pdf. Zugegriffen: 17. Okt. 2016.

Kaiser, S., Rosenblatt, M., Stark, H. (2007). Operation Alberich. Der Spiegel, Ausgabe 37, S. 20–26.

Kean, T. H., Hamiltion, L. H., Ben-Veniste, R., Kerrey, B., Fielding, F. F., Lehman, J. F., Gorelick, J. S., Roemer, T. J., Gorton, S., Thompson, J. R. (2004). The 9/11 Commission Report. http://www.9–11commission.gov/report/911Report.pdf. Zugegriffen: 3. Feb. 2014.

Kennedy-Pipe, C. (2008). American foreign policy after 9/11. In M. Cox, D. Stokes (Hrsg.), *US Foreign Policy* (S. 401–419). Oxford: Oxford University Press.

Knowlton, B. (2014, 30. März). Feinstein gives tentative nod to data curbs. http://www.nytimes.com/2014/03/31/us/feinstein-gives-tentative-nod-to-data-curbs.html?partner=rss&emc=rss&_r=0. Zugegriffen: 1. Apr. 2014.

Krishnan, A. (2012). *Gezielte Tötung: Die Zukunft des Krieges.* Berlin: Matthes & Seitz Berlin Verlag.

Kolkman, M. (2005, 2. Aug.). Die Reform der amerikanischen Geheimdienste. Vorläufige Bilanz und Perspektive. Diskussionspapier der Forschungsgruppe Amerika. Stiftung Wissenschaft und Politik. http://www.swp-berlin.org/fileadmin/contents/products/arbeitspapiere/DiskussPKnnGeheimdienste_ks.pdf. Zugegriffen: 9. Jan. 2014.

Krieger, W. (2014). *Geschichte der Geheimdienste. Von den Pharaonen bis zur NSA.* München: C. H. Beck, 3. Auflage.

Kühl, E. (2014, 15. Apr.). FBI sammelt Millionen Fotos von Unverdächtigen. Zeit Online. http://www.zeit.de/digital/datenschutz/2014–04/fbi-gesichtserkennung-datenbank. Zugegriffen: 5. Mai 2014.

Ladurner, Ulrich (2019, 30. Sep.). Sie sollen Europas Platz in der Welt behaupten. Zeit online. https://www.zeit.de/politik/2019–09/ursula-von-der-leyen-eu-kommission-parlament. Zugegriffen: 13. Dez. 2019.

Lewis, P., Ackerman, S. (2013, 29. Okt.). NSA: Dianne Feinstein breaks ranks to oppose US spying on allies. The Guardian. http://www.theguardian.com/world/2013/oct/28/nsa-surveillance-dianne-feinstein-opposed-allies. Zugegriffen: 14. Nov. 2013.

Leyendecker, H., Krach, W. (2010, 17. Mai). BND half Amerikanern im Irak-Krieg. Süddeutsche Zeitung Online. https://www.sueddeutsche.de/politik/geheime-kooperation-bnd-half-amerikanern-im-irak-krieg-1.783196. Zugegriffen: 30. Juli 2019.

Liedtke, S. (2019). *Die Ölversorgungssicherheitspolitik der USA und der VR China. Eine theoriegeleitete Analyse angebotsorientierter Energieaußenpolitik.* Wiesbaden: Springer VS.

Lippert, B., von Ondarza, N., Perthes, V. (2019). (Hrsg.). *Strategische Autonomie Europas. Akteure, Handlungsfelder, Zielkonflikte.* Stiftung Wissenschaft und Politik. https://www.swp-berlin.org/fileadmin/contents/products/studien/2019S02_lpt_orz_prt.pdf. Zugegriffen: 14. Aug. 2019

Lowenthal, M. M. (2003). *Intelligence. From Secrets to Policy.* 2.Aufl. Washington D. C.: CQPress.

Maass, P., Poitras, L. (2014, 11. Okt.). Core Secrets: NSA Saboteurs in China and Germany. https://theintercept.com/2014/10/10/core-secrets/. The Intercept. Zugegriffen: 9. Okt. 2015.

MacAskill, E., Borger, J. (2013, 30. Juni). New NSA leaks show how US is bugging its European allies. The Guardian. http://www.theguardian.com/world/2013/jun/30/nsa-leaks-us-bugging-european-allies. Zugegriffen: 26. Okt. 2013.

Mascolo, G. (2015, 29. Apr.). BND half NSA beim Ausspähen von Frankreich und EU-Kommission. Süddeutsche Zeitung. http://www.sueddeutsche.de/politik/geheimdienst-affaere-bnd-half-nsa-beim-ausspaehen-von-frankreich-und-eu-kommission-1.2458574. Zugegriffen: 10. Okt. 2015.

Mascolo, G., Baars, C. (2016, 8. Jan.). BND spioniert wieder mit der NSA. tagesschau.de. http://www.tagesschau.de/inland/bnd-nsa-113.html. Zugegriffen: 25. Jan. 2016.

Mazzetti, M. (2014, 4. März). C. I. A. Employees Face New Inquiry Amid Clashes on Detention Program. The New York Times. http://www.nytimes.com/2014/03/05/us/ new-inquiry-into-cia-employees-amid-clashes-over-interrogation-program.html?hp & _r=0. Zugegriffen: 5. März 2014.

Meiritz, A. (2015, 18. Juni). Innenminister als Zeuge im NSA-Ausschuss: De Maizière verteidigt sich mit Groll und großen Worten. Der Spiegel. http://www.spiegel.de/politik/deutschland/spaehaffaere-de-maiziere-sieht-schuld-hundert-prozent-beim-bnd-a-1039595.html. Zugegriffen: 22. Juli 2015.

Miller, N. (1989). *Spying for America. The Hidden History of U. S. Intelligence.* New York: Paragon House.

Miller, G., Tate, J., Gellman, B. (2013, 17. Okt.). Documents reveal NSA's extensive involvement in targeted killing program. The Washington Post. http://www.washingtonpost.com/ world/ national-security/ documents-reveal-nsas-extensive-involvement-in-targeted-killing-program/2013/10/16/297 75 278–3674–11e3–8a0e-4e2cf80 831fc_story.html. Zugegriffen: 21. Okt. 2013.

Mogherini, F. (2016). Shared Vision, Common Action: A Stronger Europe. A Global Strategy for the European Union's Foreign and Security Policy. https://eeas.europa.eu/sites/eeas/files/eugs_review_web_0.pdf. Zugegriffen: 3. Aug. 2019.

Nakashima, E., Peterson, A. (2015, 8. Okt.). Obama administration opts not to force firms to decrypt data – for now. The Washington Post. https://www.washingtonpost.com/world/national-security/obama-administration-opts-not-to-force-firms-to-decrypt-data--for-now/2015/10/08/1d6a6012–6dca-11e5-aa5b-f78a98956699_story.html. Zugegriffen: 11. Okt. 2015.

National Cyber Strategy of the United States (2018). https://www.whitehouse.gov/wp-content/uploads/2018/09/National-Cyber-Strategy.pdf. Zugegriffen: 16. Aug. 2019.

National Intelligence Council (2012). Global Trends 2030: Alternative Worlds. https://globaltrends2030.files.wordpress.com/2012/11/global-trends-2030-november2012.pdf. Zugegriffen: 21. Sep. 2016

National Security Agency. Central Security Service. (2005a, 10. Juni). One-Year Anniversary for SUSLAG. https://www.aclu.org/foia-document/one-year-anniversary-suslag. Zugegriffen: 18. Mai 2016.

National Security Agency. Central Security Service (2005b, 16. Feb.). Guide Number (10–03). https://www.eff.org/files/2014/06/23/guidelines_for_the_classification_of_suslag_details_and_the_nsa-bnd_cooperation.pdf. Zugegriffen: 13. Okt, 2016.

National Security Agency. Central Security Service. (2006, 22. Mai). German, NSA SIGINTers Share DNI Processing Knowledge. https://www.aclu.org/foia-document/german-nsa-siginters-share-dni-processing-knowledge. Zugegriffen: 18. Mai 2016.

National Security Agency. Central Security Service. (2007a, 15. Mai). Sharing Communications Metadata Across The U. S. Intelligence Community. https://www.aclu.org/foia-document/sharing-communications-metadata-across-us-intelligence-community. Zugegriffen: 18. Mai 2016.

National Security Agency, Central Security Service (2007b, 14. Juli). SOUFFLETROUGH ANTANT Product Data. https://www.aclu.org/sites/default/files/field_document/nsas_spy_catalogue_0.pdf. Zugegriffen: 13. Okt. 2016.

National Security Agency. Central Security Service. (2008a, 20. Juni). ANTANT Product Data. https://www.eff.org/files/2014/01/06/20131230-appelbaum-nsa_ant_catalog.pdf. Zugegriffen: 17. Mai 2016.

National Security Agency. Central Security Service. (2008b, 25. Feb.). NSA XKEYSCORE Powerpoint. https://www.aclu.org/nsa-XKEYSCORE-powerpoint. Zugegriffen: 17. Mai 2016.

National Security Agency. Central Security Service. (2008c, 1. Jan.). Tailored Access Operations. https://www.aclu.org/foia-document/Tailored-Access-Operations. Zugegriffen: 18. Mai 2016.

National Security Agency. Central Security Service. (2008d, 30. Juni). Metadata Policy Confercne. https://www.aclu.org/foia-document/metadata-policy-conference. Zugegriffen: 18. Mai 2016.

National Security Agency. Central Security Service (2008e, 5. Aug.). Memorandum Opinion. https://www.aclu.org/sites/default/files/field_document/fisc_opinion_and_order_re_702_dated_09.04.2008_ocrd.pdf. Zugegriffen: 13. Okt. 2016.

National Security Agency. Central Security Service. (2009a, 24. März). Draft NSA IG Report. https://www.aclu.org/foia-document/draft-nsa-ig-report. Zugegriffen: 11. Mai 2016.

National Security Agency. Central Security Service. (2009b, 21. Jan.). STELLARWIND Classification Guide. https://www.aclu.org/sites/default/files/assets/stellarwind-classification-guide.pdf. Zugegriffen: 11. Mai 2016.

National Security Agency. Central Security Service. (2009c, 4. Aug.). Classification Guide for Foreign Intelligence Surveillance Act (FISA)/ Protect America Act (PAA)/ FISA Amendments Act (FAA) Activities (2–48). https://assets.documentcloud.org/documents/1061348/fisa-faa-classification-guide.pdf. Zugegriffen: 17. Mai 2016.

National Security Agency. Central Security Service. (2009d, 6. Nov.). Corporate Partner DNI Access Initiated at NSAW. https://www.aclu.org/sites/default/files/field_document/Corporate%20Partner%20DNI%20Access%20Initiated%20at%20NSAW.pdf. Zugegriffen: 17. Mai 2016.

National Security Agency. Central Security Service. (2009e, 24. März). ST-09–0002 Working Draft. https://www.aclu.org/files/natsec/nsa/20130816/NSA%20IG%20Report.pdf. Zugegriffen: 13. Okt. 2016.

National Security Agency. Central Security Service. (2010a, 16. Juni). BLARNEY Team Provides Outstanding Support to Enable UN Security Council Collection. https://www.aclu.org/sites/default/files/field_document/BLARNEY%20Team%20Provides%20Outstanding%20Support%20to%20Enable%20UN%20Security%20Council%20Collection.pdf. Zugegriffen: 18. Mai 2016.

National Security Agency. Central Security Service. (2010b, 16. Juni). Classification Guide: (U//FOUO) PROJECT BULLRUN/2–16. http://cryptome.org/2013/09/nsa-bullrun-2–16-guardian-13–0905.pdf. Zugegriffen: 18. Mai 2016.

National Security Agency. Central Security Service. (2010c, 1. Jan). The NSA and GCHQ's Quantumtheory Hacking Tactics. https://www.aclu.org/foia-document/nsa-and-gchqs-quantumtheory-hacking-tactics. Zugegriffen: 18. Mai 2016.

National Security Agency. Central Security Service. (2010d, 1. Mai). Social Convergence. https://www.aclu.org/foia-document/social-convergence. Zugegriffen: 18. Mai 2016.

National Security Agency. Central Security Service. (2010e, Juni). Stealthy Techniques can crack some of SIGINT's Hardest Targets. https://www.aclu.org/files/natsec/nsa/20140722/Stealthy%20Techniques%20Can%20Crack%20Some%20of%20SIGINT's%20Hardest%20Targets.pdf. Zugegriffen: 18. Mai 2016.[33]

National Security Agency. Central Security Service. (2010 f., 1. Mai). Leaky Phone Apps. https://www.aclu.org/foia-document/leaky-phone-apps. Zugegriffen: 18. Mai 2016.

National Security Agency. Central Security Service. (2011a, 21. Sep.). Quantum Computing. https://www.aclu.org/foia-document/Quantum-Computing. Zugegriffen: 18. Mai 2016.

National Security Agency (2010g, 21. Sep.). CIA Colleagues Enthusiastically Welcome NSA Training. https://www.aclu.org/files/natsec/nsa/CIA%20Colleagues%20Enthusiastically%20Welcome%20Nsa.pdf. Zugegriffen: 13. Okt. 2016.

National Security Agency. Central Security Service. (2011b, 3. Juni). Forward-based Defense with QFIRE. https://www.aclu.org/sites/default/files/assets/qfire.pdf. Zugegriffen: 18. Mai 2016.

National Security Agency, Central Security Service. (2012a, 23. Feb.). SIGINT Strategy 2012–2016. http://www.nytimes.com/interactive/2013/11/23/us/politics/23nsa-sigint-strategy-document.html?ref=politics&_r=2&v. Zugegriffen: 15. Feb. 2014.

National Security Agency, Central Security Service. (2012b, 13. Apr.). (U//FOUO) Dragons, Shrimp, and XKEYSCORE: Tales from the Land of Brothers Grimm. https://www.aclu.org/sites/default/files/field_document/Report%20on%20Analytic%20Modernization%20Outreach%20Campaign's%20Success.pdf. Zugegriffen: 17. Mai 2016.

33 Zu diesem Dokument ist kein konkretes Datum vorhanden.

National Security Agency, Central Security Service. (2012c, 9. Juni). Boundless Informant Frequently Asked Questions. https://www.aclu.org/nsa-boundless-informant-frequently-asked-questions. Zugegriffen: 17. Mai 2016.

National Security Agency, Central Security Service. (2012d, 1. Jan). Fairview Statistics. https://www.aclu.org/foia-document/fairview-statistics. Zugegriffen: 17. Mai 2016.

National Security Agency, Central Security Service. (2012e, 1. Okt.). Cotraveler Overview. https://www.aclu.org/foia-document/cotraveler-overview. Zugegriffen: 17. Mai 2016.

National Security Agency, Central Security Service (2012 f., 4. Mai). Letter to HPSCI Chairman Rogers and Ranking Member Ruppersberger. https://www.aclu.org/foia-document/letter-hpsci-chairman-rogers-and-ranking-member-ruppersberger. Zugegriffen: 13. Okt. 2016.

National Security Agency, Central Security Service. (2012g, 19. Sep.). Report On The NSA's Access To Tempora. https://www.aclu.org/foia-document/report-nsas-access-tempora. Zugegriffen: 18. Mai 2016.

National Security Agency. Central Security Service. (2013a, 9. Aug.). Administration White Paper. https://www.eff.org/files/filenode/section215.pdf. Zugegriffen: 11. Mai 2016.

National Security Agency. Central Security Service. (2013b, 30. Sep.). NSA/CSS POLICY MANUAL. 1–52 https://archive.org/stream/pdfy-1DTzIjxwBF4HeOro/NSA%20Policy%20Manual%201–52%20Classification%20Guide#page/n0/mode/2up. Zugegriffen: 17. Mai 2016.

National Security Agency. Central Security Service. (2013c, 29. Juni). PRISM Powerpoint Slides Re Data Acquisition. https://www.aclu.org/foia-document/PRISM-powerpoint-slides-re-data-acquisition. Zugegriffen: 17. Mai 2016.

National Security Agency. Central Security Service. (2013d, 14. Okt.). Content Acquisition Optimization Powerpoint Slides. https://www.aclu.org/foia-document/content-acquisition-optimization-powerpoint-slides. Zugegriffen: 17. Mai 2016.

National Security Agency. Central Security Service. (2013e, 13. Apr.). PRISM Overview Powerpoint Slides. https://www.aclu.org/foia-document/PRISM-overview-powerpoint-slides. Zugegriffen: 17. Mai 2016.

National Security Agency. Central Security Service. (2013 f., 8. Juli). Primary FORNSAT Collection Operations. https://www.aclu.org/foia-document/primary-fornsat-collection-operations. Zugegriffen: 17. Mai 2016.

National Security Agency. Central Security Service. (2013g, 11. Juni). NSA Boundless Informant Powerpoint Slides. https://www.aclu.org/foia-document/nsa-boundless-informant-powerpoint-slides. Zugegriffen: 17. Mai 2016.

National Security Agency. Central Security Service. (2013h, 11. Juni). Boundless Informant World Use Map. https://www.aclu.org/foia-document/boundless-informant-world-use-map. Zugegriffen: 17. Mai 2016.

National Security Agency. Central Security Service. (2013i, 29. Okt.). Boundless Informant Statistics on Germany. https://www.aclu.org/foia-document/boundless-informant-statistics-germany. Zugegriffen: 17. Mai 2016.

National Security Agency. Central Security Service. (2013j, 8. März). Boundless Informant Data Record. https://www.aclu.org/foia-document/Boundless-Informant-Data-Record. Zugegriffen: 17. Mai 2016.

National Security Agency. Central Security Service. (2013k, 4. Dez.). Chalkfun Foreignness. https://www.aclu.org/foia-document/chalkfun-foreignness. Zugegriffen: 17. Mai 2016.

National Security Agency. Central Security Service. (2013l, 9. Aug.). NSA Missions, Authorities, Oversight, and Partnerships. https://www.aclu.org/foia-document/nsa-missions-authorities-oversight-and-partnerships. Zugegriffen: 18. Mai 2016.

National Security Agency. Central Security Service. (2013m, 3. Aug.). PRISM Microsoft Skydrive Collection. https://www.aclu.org/files/natsec/nsa/20140722/PRISM-Microsoft%20Skydrive%20Collection.pdf. Zugegriffen: 18. Mai 2016.

National Security Agency. Central Security Service. (2013n, 3. Apr.). NSA CSEC Partnership. https://www.aclu.org/foia-document/nsa-csec-partnership. Zugegriffen: 18. Mai 2016.

National Security Agency. Central Security Service. (2013o, 22. März). Visit Précis. https://www.eff.org/files/2014/09/22/20140914-intercept-ferguson_visit_precis.pdf. Zugegriffen: 18. Mai 2016.

National Security Agency. Central Security Service. (2014a, 13. Mai). Special Source Operations. Corporate Partner Access. https://www.aclu.org/foia-document/special-source-operations-corporate-partners. Zugegriffen: 17. Mai 2016.

National Security Agency. Central Security Service. (2014b, 13. Mai). FAA702 Operations and PRISM Collection Details. https://www.aclu.org/foia-document/faa702-operations-and-PRISM-collection-details. Zugegriffen: 17. Mai 2016.

National Security Agency. Central Security Service. (2014c, 12. März). Selector Types. https://www.aclu.org/files/natsec/nsa/selector-types.pdf. Zugegriffen: 17. Mai 2016.

National Security Agency. Central Security Service. (2014d, 13. Mai). Fairview Corporate Partner. https://www.aclu.org/foia-document/fairview-corporate-partner Zugegriffen: 17. Mai 2016.

National Security Agency. Central Security Service. (2014e, 13. Mai). Oakstar: International Cooperation. https://www.aclu.org/foia-document/oakstar-international-cooperation. Zugegriffen: 17. Mai 2016.

National Security Agency. Central Security Service. (2014 f., 8. Juni). Running Strategic Analytics Affecting Europe and Africa. https://www.aclu.org/foia-document/running-strategic-analytics-affecting-europe-and-africa. Zugegriffen: 17. Mai 2016.

National Security Agency. Central Security Service. (2014g, 17. Mai). DNI Discovery Options. https://www.aclu.org/foia-document/dni-discovery-options. Zugegriffen: 17. Mai 2016.

National Security Agency. Central Security Service. (2014h, 12. März). Menwith Hill Station Leverages XKEYSCORE For Quantum Against Yahoo and Hotmail. https://www.aclu.org/foia-document/menwith-hill-station-leverages-XKEYSCORE-quantum-against-yahoo-and-hotmail. Zugegriffen: 17. Mai 2016.

National Security Agency. Central Security Service. (2014i, 12. März). There Is More Than One Way Quantum. https://theintercept.com/document/2014/03/12/one-way-quantum/ Zugegriffen: 18. Mai 2016.

National Security Agency. Central Security Service. (2014j, 12. März). Technology Directorate Analysis of Converged Data. https://www.aclu.org/foia-document/nsa-technology-directorate-analysis-converged-data. Zugegriffen: 18. Mai 2016.

National Security Agency. Central Security Service. (2014k, 18. März). Tasking of SCAWALAG. https://www.aclu.org/sites/default/files/assets/fromsso-key-brief-overview.pdf. Zugegriffen: 18. Mai 2016.

National Security Agency. Central Security Service. (2014l, 18. März). Adding a Country To Mystic Efforts Mentioned. https://www.aclu.org/foia-document/adding-country-mystic-efforts-mentioned. Zugegriffen: 18. Mai 2016.

National Security Agency. Central Security Service. (2014m, 23. Juni). Joint SIGINT Activity Annual Report for 2007. https://www.eff.org/files/2014/06/23/report_on_the_nsa-bnd_cooperation_known_as_joint_sigint_activity_jsa.pdf. Zugegriffen: 18. Mai 2016.

National Security Agency. Central Security Service. (2014n, 18. Juni). JSA Restrictions. https://www.aclu.org/foia-document/jsa-restrictions. Zugegriffen: 18. Mai 2016.

National Security Agency. Central Security Service. (2014o, 13. Mai). Approved SIGINT Partners. https://www.aclu.org/foia-document/approved-sigint-partners-and-fad-fy-12-ccp-funding-partners. Zugegriffen: 18. Mai 2016.

National Security Agency. Central Security Service. (2014p, 22. Juli). NSA Strategic Partnerships. https://www.aclu.org/files/natsec/nsa/20140722/NSA%20Strategic%20Partnerships.pdf. Zugegriffen: 18. Mai 2016.

National Security Agency. Central Security Service. (2014q, 13. Mai). Overview Briefing. https://www.aclu.org/foia-document/nsa-overview-briefing. Zugegriffen: 13. Okt. 2016.

National Security Agency. Central Security Service. (2015, 4. Juni). NSA Slideshow On Computer Network Operations (CNO) Legal Authorities. https://www.aclu.org/foia-document/nsa-slideshow-computer-network-operations-cno-legal-authorities. Zugegriffen: 18. Mai 2016.

Nolte, W. M. (2010). Intelligence Analysis in an uncertain Environment. In L. K. Johnson (Hrsg.) *The Oxford Handbook of National Security Analysis* ( S. 404–421). Oxford: Oxford University Press.

Obama, B. (2012). Presidential Policy Directive 20. http://fas.org/irp/offdocs/ppd/ppd-20.pdf. Zugegriffen: 13. Okt. 2016.

Obama, B. (2013, 23. Mai). Remarks by the President at the National Defense University. www.whitehouse.gov/the-press-office/2013/05/23/remarks-president-national-defense-university. Zugegriffen: 29. Jan. 2013.

Obama, B. (2014, 17. Jan.). Remarks by the President on the Review of Signals Intelligence. http://www.whitehouse.gov/the-press-office/2014/01/17/remarks-president-review-signals-intelligence. Zugegriffen: 5. Feb. 2014.

Office of the Director of National Intelligence. Members of the IC. https://www.odni.gov/index.php/intelligence-community/members-of-the-ic#usmc. Zugegriffen: 21. Nov. 2016.

Office of the Director of National Intelligence. (2013, 8. Juni). Facts on the Collection of Intelligence Pursuant to Section 702 of the Foreign Intelligence Surveillance Act. https://www.dni.gov/files/documents/Facts%20on%20the%20Collection%20of%20Intelligence%20Pursuant%20to%20Section%20702.pdf. Zugegriffen: 13. Okt. 2016.

Office of the Director of National Intelligence. (2015a, 27. Nov.). ODNI Announces Transition to New Telephone Metadata Program. http://www.dni.gov/index.php/newsroom/press-releases/210-press-releases-2015/1292-odni-announces-transition-to-new-telephone-metadata-program. Zugegriffen: 12. Dez. 2015.

Office of the Director of National Intelligence. (2015b, 27. Juli). Statement by the ODNI on Retention of Data Collected Under Section 215 of the USA Patriot Act. http://icontherecord.tumblr.com/post/125179645313/statement-by-the-odni-on-retention-of-data. Zugegriffen: 15. Aug. 2015.

Omand, D., Bartlett, J., Miller, C. (2012). Introducing Social Media Intelligence (SOCMINT). *Intelligence and National Security.* (27) 6, 801–823.

Omand, D. (2010). *Securing the State.* London: Hurst & Company.

Patterson, S. (2012). *Dark Pools. High-Speed Traders. A. I. Bandits, and the Threat to the Global Financial System.* New York: Crown Business.

Parker, C. B. (2014, 12. März). Stanford students show that phone record surveillance can yield vast amounts of information. Stanford News. http://news.stanford.edu/news/2014/march/nsa-phone-surveillance-031214.html. Zugegriffen: 17. März 2014.

Pitzke, M. (2013, 26. Nov.). Resolution gegen Abhöraktionen: Die Uno kuscht vor der NSA. Der Spiegel. http://www.spiegel.de/netzwelt/netzpolitik/nsa-spaehaffaere-uno-resolution-gegen-abhoer-aktionen-abgeschwaecht-a-935625.html. Zugegriffen: 5. Juni 2014.

Poitras, L. (2012, 23. Aug.). Op-Doc: The Program (Stellar Wind). Youtube. Eigenes Transkript. https://www.youtube.com/watch?v=6PIPHNlAxY4. Zugegriffen: 13. Okt. 2016.

Poitras, L., Rosenbach, M., Schmid, F., Stark, H. (2013, 29. Juni). Geheimdokumente: NSA horcht EU-Vertretungen mit Wanzen aus. Der Spiegel. http://www.spiegel.de/netzwelt/netzpolitik/nsa-hat-wanzen-in-eu-gebaeuden-installiert-a-908515.html. Zugegriffen: 26. Nov. 2013.

Priest, D., Linzer, D. (2004, 10. Juli). Panel Condemns Iraq PreWar Intelligence. The Washington Post. http://www.washingtonpost.com/wp-dyn/articles/A39864–2004Jul9.html. Zugegriffen: 20. Feb. 2014.

Rich, S., Gellman, B. (2014, 2. Jan.). NSA seeks to build quantum computer that could crack most types of encryption. The Washington Post. http://www.washingtonpost.com/world/national-security/nsa-seeks-to-build-quantum-computer-that-could-crack-most-types-of-encryption/2014/01/02/8fff297e-7195–11e3–8def-a33011492df2_story.html. Zugegriffen: 11. Jan. 2014.

Richelson, J. T. (1999). *The U. S. Intelligence Community.* 4. Aufl. Boulder, Colorado: Westview Press.

Richelson, Jeffrey T. (2016): *The US. Intelligence Community,* Boulder, Colorado: Westview Press, 7. Auflage.

Risen, J., Poitras, L. (2013, 22. Nov.). N. S. A. Report Outlined Goals for More Power. http://www.nytimes.com/2013/11/23/us/politics/nsa-report-outlined-goals-for-more-power.html. Zugegriffen: 21. Sep. 2014.

Risen, J., Poitras, L. (2014, 31. Mai). N. S. A. Collecting Millions of Faces from Web Images. The New York Times. http://www.nytimes.com/2014/06/01/us/nsa-collecting-millions-of-faces-from-web-images.html. Zugegriffen: 4. Juni. 2014.

Robarge, D. S. (2007, 14. Mai). Richard Helms: The Intelligence Professional Personified. In Memory and Appreciation. https://www.cia.gov/library/center-for-the-study-of-intelligence/csi-publications/csi-studies/studies/vol46no4/article06.html. Zugegriffen: 29. Jan. 2015.

Roberts, D., Kiss, J. (2013, 9. Dez.). Twitter, Facebook and more demand sweeping changes to US surveillance. The Guardian. http://www.theguardian.com/world/2013/dec/09/nsa-surveillance-tech-companies-demand-sweeping-changes-to-us-laws. Zugegriffen: 12. Dez. 2013.

Rosenbach, M., Schmundt, H., Stöcker, C. (2015, 27. Jan.). SPIEGEL-Veröffentlichung: Experten enttarnen Trojaner »Regin« als Five-Eyes-Werkzeug. Der Spiegel. http://www.spiegel.de/netzwelt/netzpolitik/nsa-trojaner-kaspersky-enttarnt-regin-a-1015222.html. Zugegriffen: 2. Feb. 2015.

Rudolf, P. (2007). *Imperiale Illusionen. Amerikanische Außenpolitik unter Präsident George W. Bush*. Stiftung Wissenschaft und Politik (Hrsg.), Internationale Politik und Sicherheit. Baden-Baden: Nomos.

Sanger, D. E., Smale, A. (2013, 16. Dez.). U. S.-Germany Intelligence Partnership Falters Over Spying. The New York Times. http://www.nytimes.com/2013/12/17/world/europe/us-germany-intelligence-partnership-falters-over-spying.html. Zugegriffen: 17. Dez. 2013.

Sanger, D. E., Shanker, T. (2014, 30. Jan.). N. S. A. Choice Is Navy Expert on Cyberwar. The New York Times. http://www.nytimes.com/2014/01/31/world/vice-admiral-to-be-named-nsa-director.html?src=twr. Zugegriffen: 2. März 2014.

Sanger, D. E., Schmitt, E. (2014, 11. Feb.). Spy Chief Says Snowden Took Advantage of ›Perfect Storm‹ of Security Lapses. The New York Times. http://www.nytimes.com/2014/02/12/us/politics/spy-chief-says-snowden-took-advantage-of-perfect-storm-of-security-lapses.html?hp & _r=0. Zugegriffen: 15. Feb. 2014.

Sanger, D. E., Perlroth, N. (2014, 22. März). N. S. A. Breached Chinese Servers Seen as Security Threat. The New York Times. http://www.nytimes.com/2014/03/23/world/asia/nsa-breached-chinese-servers-seen-as-spy-peril.html?hp & _
r=0 & gwh=6AEA6E44960DA911748E0955006F5588 & gwt=pay. Zugegriffen: 23. März 2014.

Sanger, D. E. (2015, 3. Feb.). President Tweaks the Rules on Data Collection. The New York Times. http://www.nytimes.com/2015/02/03/world/president-tweaks-the-rules-on-data-collection.html?_r=0. Zugegriffen: 3. Feb. 2015.

Savage, C. (2013, 17. Dez.). Judge Questions Legality of N. S. A. Phone Records. The New York Times. http://www.nytimes.com/2013/12/17/us/politics/federal-judge-rules-against-nsa-phone-data-program.html?hp&_r=2&. Zugegriffen: 18. Dez. 2013.

Savage, C. (2014, 24. März). Obama to Call for End to N. S. A.'s Bulk Data Collection. The New York Times. http://www.nytimes.com/2014/03/25/us/obama-to-seek-nsa-curb-on-call-data.html?hp & _r=0 & gwh=03ABCFF57D39119718F4A3DAEAA7B53E & gwt=pay. Zugegriffen: 24. März 2014.

Savage, C., Peters, J. W. (2014, 18. Nov.). Bill to Restrict N. S. A. Data Collection Blocked in Vote by Senate Republicans. The New York Times. http://www.nytimes.com/2014/11/19/us/nsa-phone-records.html?_r=0. Zugegriffen: 20. Nov. 2014.

Savage, C. (2015, 30. Juni). Surveillance Court Rules That N. S. A. Can Resume Bulk Data Collection, http://www.nytimes.com/2015/07/01/us/politics/fisa-surveillance-court-rules-nsa-can-resume-bulk-data-collection.html?_r=0. Zugegriffen: 7. Aug. 2015.

Scahill, J., Deveraux, R. (2014, 5. Aug.). Watch Commander: Barack Obama's Secret Terrorist-Tracking System, by the Numbers. The Intercept. https://theintercept.com/2014/08/05/watch-commander/. Zugegriffen: 7. Aug. 2014.

Schlesinger, S., Kinzer, S. (2005). *Bitter Fruit: The Story of the American Coup in Guatemala*. Cambridge, Massachusetts: Harvard University Press.

Scola, N. (2014, 8. Okt.). Google's Schmidt: Surveillance fears are 'going to end up breaking the Internet. The Washington Post. https://www.washingtonpost.com/news/the-switch/wp/2014/10/08/googles-schmidt-surveillance-fears-are-going-to-end-up-breaking-the-internet/. Zugegriffen: 28. Nov. 2014.

Senate Select Comittee on Intelligence. (2014). Committee Study of the Central Intelligence Agency's Detention and Interrogation Program. United States Senate. Executive Summary. http://fas.org/irp/congress/2014_rpt/ssci-rdi.pdf. Zugegriffen: 20. Nov. 2015.

Serle, J. (2015, 2. Feb.). Almost 2,500 now killed by covert US drone strikes since Obama inauguration six years ago: The Bureau's report for January 2015. The Bureau of Investigative Journalism. https://www.thebureauinvestigates.com/2015/02/02/almost-2500-killed-covert-us-drone-strikes-obama-inauguration/. Zugegriffen: 10. Jan. 2016.

Serwer, A. (2013, 5. Dez.). Obama: NSA leaks identified some areas of concern. MSNBC, http://www.msnbc.com/hardball/nsa-leaks-raised-legitimate-concerns. Zugegriffen: 17. Dez. 2013.

Soltani, A., Peterson, A., Gellman, B. (2013, 10. Dez.). NSA uses Google cookies to pinpoint targets for hacking. The Washington Post. Zugegriffen: 14. Dez. 2013.

Sale, Richard (2003): *Traitors. The Worst Acts of Treason in American History from Benedict Arnold to Robert Hansen,* New York: Berkley Publishing Group.

Spiegel Online. (2013a, 25. Aug.). Neue NSA-Dokumente: US-Geheimdienst hörte Zentrale der Vereinten Nationen ab. http://www.spiegel.de/politik/ausland/nsa-hoerte-zentrale-der-vereinte-nationen-in-new-york-ab-a-918 421.html. Zugegriffen: 25. Nov. 2013.

Spiegel Online. (2013b, 08. Sep.). CIA und deutsche Dienste betrieben jahrelang Geheimprojekt. http://www.spiegel.de/politik/deutschland/cia-und-deutsche-dienste-betrieben-jahrelanges-geheimprojekt-in-neuss-a-920958.html. Zugegriffen am 28.05.2014.

Spiegel Online. (2014a, 23. März). US-Geheimdienst: Ex-NSA-Chef entschuldigt sich bei Deutschen. http://www.spiegel.de/netzwelt/netzpolitik/nsa-ex-chef-hayden-entschuldigt-sich-bei-deutschland-a-960 231.html. Zugegriffen: 23. März 2014.

Spiegel Online. (2014b, 16. Juli). Spionageaffäre: Obama und Merkel sprechen über Geheimdienstkooperation. http://www.spiegel.de/politik/ausland/bnd-cia-spionageaffaere-merkel-und-us-praesident-obama-telefonieren-a-981236.html. Zugegriffen: 20. Aug. 2014.

Spiegel Online. (2014c, 7. Sep.). Horchposten in Bad Aibling: BND speichert Datenverkehr aus Krisenregionen. http://www.spiegel.de/politik/deutschland/bnd-speichert-datenverkehr-aus-krisenregionen-a-990228.html. Zugegriffen: 21. Sep. 2014.

Spiegel Online. (2014d, 31. Aug.). Geheimdienste: Auch Briten und Amerikaner spionierten die Türkei aus. http://www.spiegel.de/politik/ausland/ueberwachung-nsa-und-gchq-spionierten-tuerkei-aus-a-989081.html. Zugegriffen: 10. Sep. 2014.

Spiegel Online. (2014e, 14. Sep.). NSA und GCHQ verfügen laut Snowden-Unterlagen über Zugänge zu Netzen der Deutschen Telekom und von Netcologne. http://www.spiegel.de/spiegel/vorab/nsa-und-gchq-zugang-zu-netzen-der-deutschen-telekom-und-netcologne-a-991418.html. Zugegriffen: 21. Sep. 2014.

Spiegel Online. (2015a, 10. Mai). Wegen Russlandgeschäften: BND sollte Siemens für die NSA ausspionieren. http://www.spiegel.de/politik/deutschland/bnd-affaere-angeblich-siemens-im-nsa-auftrag-ausspioniert-a-1033035.html. Zugegriffen: 22. Juni 2015.

Spiegel Online. (2015b, 7. Mai). Spionageaffäre: BND stoppt Weitergabe von Internet-Daten an NSA. http://www.spiegel.de/politik/deutschland/bnd-gibt-weniger-daten-an-nsa-weiter-a-1032498.html. Zugegriffen: 6. Juni 2015.

Spiegel Online. (2016, 2. Feb). Safe-Harbor-Ersatz: EU und USA einig über neue Regeln für Datenaustausch. http://www.spiegel.de/netzwelt/netzpolitik/safe-harbor-ersatz-eu-und-usa-beschliessen-neue-regeln-a-1075304.html. Zugegriffen: 2. Feb. 2016.

Strobel, W. (2015, 30. Juni). U.S. court rules NSA can temporarily resume bulk phone data collection. Reuters. http://www.reuters.com/article/us-usa-security-nsa-idUSKCN0PA2G220150630. Zugegriffen: 7. Aug. 2015.

Sullivan, S. (2013, 18. Juni). NSA head: Surveillance helped thwart more than 50 terror plots. The Washington Post. The Washington Post. http://www.washingtonpost.com/blogs/post-politics/wp/2013/06/18/nsa-head-surveillance-helped-thwart-more-than-50-terror-attempts/. Zugegriffen: 20. Nov. 2013.

The Guardian. (2013, 9. Juni). Whistleblower Edward Snowden: ›I don't want to live in a society that does these sort of things.‹ http://www.theguardian.com/world/video/2013/jun/09/nsa-whistleblower-edward-snowden-interview-video. Zugegriffen: 9. Nov. 2013.

The Intercept. (2014a, 25. Aug.). ICREACH Wholesale Sharing (2007). https://theintercept.com/document/2014/08/25/icreach-wholesale-sharing-2007/. Zugegriffen: 10. Sep. 2014.

The Intercept. (2014b, 14. Sep.). Treasure Map Presentation. https://theintercept.com/document/2014/09/14/treasure-map-presentation/. Zugegriffen: 21. Sep. 2014.

Tye, J. N.(2014, 18. Juli). Meet Executive Order 12 333: The Reagan rule that lets the NSA spy on Americans. The Washington Post. https://www.washingtonpost.com/opinions/meet-executive-order-12333-the-reagan-rule-that-lets-the-nsa-spy-on-americans/2014/07/18/93d2ac22–0b93–11e4-b8e5-d0de80767fc2_story.html. Zugegriffen: 12. Jan. 2015.

U. S. Department of Justice. (2014, 8. Dez.). Joint Statement From the Office of the Attorney General and the Office of the Director of National Intelligence on the Declassification of Renewal of Collection Under Section 501 of the Foreign Intelligence Surveillance Act. http://www.justice.gov/opa/pr/joint-statement-office-attorney-general-and-office-director-national-intelligence. Zugegriffen: 20. Nov. 2015.

U. S. Department of State. (2014, 27. Feb.). Secretary Kerry: Remarks With German Foreign Minister Frank-Walter Steinmeier After Their Working Lunch. http://www.state.gov/secretary/remarks/2014/02/222 657.htm. Zugegriffen: 3. März 2014.

Walker, P. (2013, 24. Dez.). Edward Snowden broadcasts Channel 4's alternative Christmas Day message. The Guardian. http://www.theguardian.com/world/2013/dec/24/edward-snowden-channel-4-christmas-day-message. Zugegriffen: 16. Jan. 2014.

Washington Post. (2013, 29. Aug.). Inside the 2013 U. S. intelligence 'black budget'. http://apps.washingtonpost.com/g/page/national/inside-the-2013-us-intelligence-black-budget/420/. Zugegriffen: 25. Mai 2016.

White House. (2002). The National Security Strategy of the United States of America. http://www.state.gov/documents/organization/63562.pdf. Zugegriffen: 18. Mai 2016.

White House. (2010). National Security Strategy. https://www.whitehouse.gov/sites/default/files/rss_viewer/national_security_strategy.pdf. Zugegriffen: 18. Mai 2016.

White House. (2015). National Security Strategy. https://www.whitehouse.gov/sites/default/files/docs/2015_national_security_strategy.pdf. Zugegriffen: 18. Mai 2016.

WikiLeaks. (2015a, 3. Juli). The Euro Intercepts. https://wikileaks.org/nsa-germany/. Zugegriffen: 15. Aug. 2015.

WikiLeaks. (2015b, 8. Juli). All the Chancellor's Men. https://wikileaks.org/nsa-germany/. Zugegriffen: 18. Aug. 2015.

WikiLeaks. (2015c, 20. Juli). NSA Helped CIA Outmanoeuvre Europe on Torture. https://wikileaks.org/nsa-germany/. Zugegriffen: 18. Aug. 2015.

Wirtschaftswoche. (2013, 4. Nov.). Das große Lauschen. http://www.genios.de/presse-archiv/artikel/WW/20131104/spionage-das-grosse-lauschen/3CB8D0E0-EF30–41FC-B47D-1217A7CF96EB.html. Zugegriffen: 4. Mai 2016.

Wise, David (1995): *Nightmover. How Aldrich Ames Sold the CIA to the KGB for $4,6 Million*, New York: Harper Collins Publishers.

Wise, D., Ross, T. B. (1966). *Die unsichtbare Regierung*. Frankfurt am Main: Verlag Heinrich Scheffler.

Woodward, B. (2003) *Bush at War. Amerika im Krieg.* Stuttgart/München: Deutsche Verlags-Anstalt.

ZEIT ONLINE. (2014a, 13. Juli). Deutsche Politik offenbar gezielt ausgespäht. http://www.zeit.de/politik/ausland/2014–07/cia-nsa-spionage-deutschland. Zugegriffen: 20. Juli 2014.

ZEIT ONLINE. (2014b, 2. Sep.). BND-Agent versorgte US-Behörden mit Gesprächsprotokollen. http://www.zeit.de/politik/deutschland/2014–09/bnd-agent-informationen. Zugegriffen: 9. Sep. 2014.

ZEIT ONLINE. (2015a, 8. Mai). Noch größere Dimension der NSA-Anfragen beim BND. http://www.zeit.de/politik/2015–05/bnd-affaere-ueberwachung-nsa-selektoren-zahl. Zugegriffen: 10. Mai 2015.

ZEIT ONLINE. (2015b, 16. Aug.). US-Telekomkonzern half Geheimdienst NSA. http://www.zeit.de/politik/ausland/2015–08/nsa-affaere-att-half-bei-ueberwachung. Zugegriffen: 22. Aug. 2015.

# Abkürzungsverzeichnis

| | |
|---|---|
| ACLU | American Civil Liberties Union |
| Air Force ISR | Air Force Intelligence Surveillance and Reconnaissance |
| AP | Analysis Point |
| ASIS | Australian Secret Intelligence Service |
| AUMF | Authorization for Use of Military Force |
| AWF | Analysis Work File |
| BfV | Bundesamt für Verfassungsschutz |
| BND | Bundesnachrichtendienst |
| BSI | Bundesamt für Sicherheit in der Informationstechnik |
| CES | Cryptanalysis and Exploitation Service |
| CFI | Committee on Foreign Intelligence |
| CIA | Central Intelligence Agency |
| CMS | Community Management Staff |
| CNA | Cyber Network Attacks |
| CND | Cyber Network Defense |
| CNE | Cyber Network Exploitations |

| | |
|---|---|
| CNN | Cable News Network |
| CNO | Cyber Network Operations |
| COMINT | Communication Intelligence |
| COSI | Committee on Operational Cooperation on Internal Security |
| CSC | Computer Science Corporation |
| CSEC | Communications Security Establishment Canada |
| CSS | Central Security Service |
| CTG | Counter Terrorism Group |
| DCI | Director of Central Intelligence |
| D/CIA | Director of CIA |
| DDCI | Deputy Director of Central Intelligence |
| DDCI-MA | Deputy Director of Central Intelligence for Management |
| DEA | Drug Enforcement Administration |
| DHS | Department of Homeland Security |
| DI | Directorate of Intelligence |
| DIA | Defense Intelligence Agency |
| DNI | Director of National Intelligence |
| DNI | Digital Network Intelligence |
| DNR | Dialed Number Recognition |
| DOD | Department of Defense |
| DOE | Department of Energy |
| DOJ | Department of Justice |
| DOS | Department of State |

| | |
|---|---|
| DS | Directorate of Support |
| DS&T | Directorate of Science and Technology |
| EAS | Europol Analysis System |
| ECTC | European Counter Terrorism Centre |
| EGF | European Gendarmerie Force |
| EIS | Europol Information System |
| ELINT | Electronic Intelligence |
| EPA | Europäische Polizeiakademie |
| EPCTF | European Police Chief Task Force |
| ETC | European Technical Center |
| EU | Europäische Union |
| EUGH | Europäischer Gerichtshof |
| EU INTCEN | EU Intelligence Analysis Centre |
| FAA | FISA Amendments Act |
| FAD | Foreign Affairs Directorate |
| FBI | Federal Bureau of Investigation |
| FISA | Foreign Intelligence Surveillance Act |
| FISC | Foreign Intelligence Surveillance Court |
| GAO | Government Accountability Office |
| GCHQ | Government Communications Headquarters |
| GCSB | Government Communications Security Bureau |
| HUMINT | Human Intelligence |
| HPSCI | House Permanent Select Committee on Intelligence |

| | |
|---|---|
| HSC | Homeland Security Council |
| I&A | Office of Intelligence and Analysis |
| I&CI | Office of Intelligence and Counter-Intelligence |
| IMINT | Imagery Intelligence |
| INR | Bureau of Intelligence and Research |
| IRTPA | Intelligence Reform And Terrorism Prevention Act |
| ISE | Information Sharing Environment |
| JMIP | Joint Military Intelligence Program |
| JSA | Joint SIGINT Activity |
| JWICS | Joint Worldwide Intelligence Communication System |
| MAC | Metadata Analysis Center |
| MASINT | Measurement and Signatures Intelligence |
| MID | Military Intelligence Digest |
| MIP | Military Intelligence Program |
| NATO | North Atlantic Treaty Organization |
| NCS | National Clandestine Service |
| NCSC | NSA/CSS Commercial Solutions Center |
| NDR | Norddeutscher Rundfunk |
| NFIP | National Foreign Intelligence Program |
| NGA | National Geospatial-Intelligence Agency |
| NGP | National Geospatial Intelligence Program |
| NIC | National Intelligence Council |
| NIE | National Intelligence Estimates |

| | |
|---|---|
| NIMA | National Imagery and Mapping Agency |
| NIP | National Intelligence Program |
| NRO | National Reconnaissance Office |
| NSA | National Security Agency |
| NSC | National Security Council |
| NTCT | National Counterterrorism Center |
| ODNI | Office of the Director of National Intelligence |
| OIA | Office of Intelligence and Analysis |
| OICI | Office of Intelligence and Counter-Intelligence |
| ONI | Office of Naval Intelligence |
| OSINT | Open Source Intelligence |
| OSN | Online Social Networks |
| OSS | Office of Strategic Services |
| OSP | Office of Special Plans |
| RAN | Radicalisation Awareness Network |
| ROC | Remote Operations Center |
| PATRIOT | Providing Appropriate Tools Required to Intercept and Obstruct Terrorism |
| PESCO | Ständige Strukturierte Zusammenarbeit |
| PGP | Pretty Good Privacy |
| PSP | President's Surveillance Program |
| PTTR | President's Terrorist Threat Report |
| PWGT | Police Working Group on Terrorism |
| SEIB | Senior Executive Intelligence Brief |

| | |
|---|---|
| SID | Signals Intelligence Directorate |
| SIGINT | Signal Intelligence |
| (SIS) | Schengener Informationssystem |
| SMS | Secratary's Morning Summary |
| SOCMINT | Social Media Intelligence |
| SSCI | Senate Select Committee on Intelligence |
| SSEUR | SIGINT Seniors Europe |
| SSO | Special Source Operations |
| SUSLAG | Special United States Liaison Activity Germany |
| TAO | Tailored Access Operations |
| TECHINT | Technical Intelligence |
| TELINT | Telemetry Intelligence |
| TIARA | Tactical Intelligence and Related Activities |
| UNO | United Nations Organization |
| USA | United States of America |
| USUN | U.S. Mission to the United Nations |
| VIS | Visa-Informationssystem |
| WDR | Westdeutscher Rundfunk |